华为

磨难与智慧

HUAWEI'S
HARDSHIP AND WISDOM

王永昌　著

中国社会科学出版社

图书在版编目（CIP）数据

华为：磨难与智慧 / 王永昌著 . —北京：中国社会科学出版社，2019.11（2019.12 重印）

ISBN 978 – 7 – 5203 – 5654 – 1

Ⅰ.①华… Ⅱ.①王… Ⅲ.①通信企业—企业管理—经验—深圳　Ⅳ.①F632.765.3

中国版本图书馆 CIP 数据核字（2019）第 243226 号

出 版 人	赵剑英	
责任编辑	喻　苗	
责任校对	胡新芳	
责任印制	王　超	

出　　版	中国社会科学出版社	
社　　址	北京鼓楼西大街甲 158 号	
邮　　编	100720	
网　　址	http://www.csspw.cn	
发 行 部	010 – 84083685	
门 市 部	010 – 84029450	
经　　销	新华书店及其他书店	
印　　刷	北京君升印刷有限公司	
装　　订	廊坊市广阳区广增装订厂	
版　　次	2019 年 11 月第 1 版	
印　　次	2019 年 12 月第 2 次印刷	
开　　本	710 × 1000　1/16	
印　　张	17.75	
字　　数	223 千字	
定　　价	58.00 元	

凡购买中国社会科学出版社图书，如有质量问题请与本社营销中心联系调换
电话：010 – 84083683
版权所有　侵权必究

序

伟大的磨难

> 我除了痛苦,就没有不痛苦。
>
> ——任正非

公元 2019 年,一场空前惨烈的"磨难"降临华为,重重地落在华为当家人任正非的身上。

2019 年,可以说是"华为之年"。2019 年的世界,因 5G 技术而翻江倒海,因华为"事件"而热闹非凡。

大家都知道,如今的华为已成长为并将进一步成长为一个伟大的企业,但"伟大的背后都是磨难"。

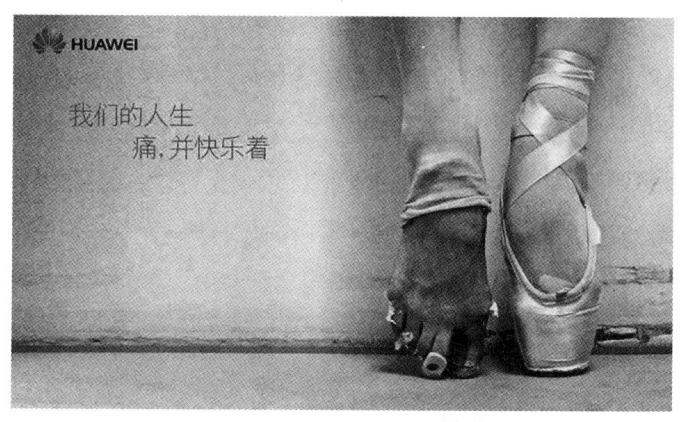

图 1 芭蕾脚(亨利·路特威勒摄)

华为：磨难与智慧

这个"芭蕾脚"是美国著名摄影艺术家亨利·路特威勒（Henry Leutwyler）的摄影作品，一双饱经风霜的芭蕾舞者的两只脚（一只穿着芭蕾舞鞋，一只多处伤痕的裸脚）。这幅作品构图对比鲜明、充满冲击力。

大家知道，芭蕾舞是高贵典雅的艺术，庄重而优美。但它绝非轻易就能掌控。优美极致的芭蕾舞是舞者通过痛苦的磨难用汗水换来的，是付出了艰辛代价的。任正非先生看到这幅照片时，感慨地说："这不正是华为的真实写照吗?! 华为就是凭一双烂脚走到了今天!"① 后来，华为买断了"芭蕾脚"这幅照片的版权和使用权。华为今日的业绩，就是由苦难炼就的。

成功的背后是艰辛。华为就是用这双"烂脚"，走上了世界，走到了今天。这张图上配的文字，就是"我们的人生，痛，并快乐着"。这张图表达了华为人的成长苦难及心志。从一定意义上说，没有痛苦，就得不到快乐，没有苦难，就换不来辉煌。

2018年12月5日，华为首席财务官、任正非女儿孟晚舟在加拿大转机时，被加拿大当局代表美国政府暂时扣留，后被监视居住。孟晚舟女士回到家人身边的第一时间，发了这张华为广告图，但上面的广告语则改为"伟大的背后都是苦难"。

"伟大的背后都是苦难。"用法国思想家、文学家罗曼·罗兰这句名言，来形容华为的成长和当下面临的困局是很贴切的。但笔者经慎重思考，将"苦难"改为"磨难"更为贴切，因为伟大都是"磨"出来的，"磨"比"苦"更积极，更能反映华为如今空前悲壮的"磨难"，也更能表达我们对华为的理性认知和心愿！

---

① 参见华为的《蓝血文章》：《华为2015年关键词：芭蕾脚》。

序
伟大的磨难

图 2　孟晚舟微博

的确，华为的过去和现在不只是"苦难"，而是崛起中的"磨难"。"磨难"本来就是奋进者的"礼物"。华为是在"磨难"中诞生，在"磨难"中成长的；今天的华为，将在"磨难"中成熟；未来的华为，也必将在"磨难"中高飞！

是的，越是伟大的、辉煌的，就越要经受重重的磨难。这几乎是伟业诞生成长的普遍规律。古人云："天将降大任于斯人也，必先苦其心志，劳其筋骨，饿其体肤，空乏其身，行拂乱其所为，所以动心忍性，曾益其所不能。"今日的华为和华为创始人任正非先生，不就是正在经历着这样的磨难考验吗？风雨过后见彩虹，磨难过后百花艳。

成立于1987年、注册资金2万多元、由几个人几乎白手起家创办的华为公司，经过30多年的卧薪尝胆、艰苦拼搏，终于由一棵小树苗，成长为参天大树，成为一家在信息通信技术领域叱咤风云的世界级科技企业。正当华为组织千军万马雄心勃勃地向5G技术、向世界信息技术高峰发起冲刺的关键时刻，一场史无前例的"世纪灾难"，降临到了华为和任正非身上。

华为：磨难与智慧

半年多来，美国方面又是抓捕华为高官孟晚舟，给华为断供货源；还到处宣扬什么华为产品有安全"后门"，签发国家紧急状态总统令；甚至国内禁用华为产品，胁迫动员盟国禁用华为产品。霎时间，黑云压城城欲摧。

面对当今世界头号强国美国的极限打压，华为能挺住吗？

对华为来说，来自美国倾国之力和美国借世界可借之力的全面剿杀，无疑是一场空前严酷的生死劫难。对任正非来说，美国的打压既是意料之中的，又是意料之外的。因为，任正非早预料到总有一天会与对手在"山顶碰面"，但是，这次美国下手之狠，却是难以预料到的。2019年6月17日下午2时，他在深圳与《福布斯》著名撰稿人乔治·吉尔德和美国《连线》杂志专栏作家尼古拉斯·尼葛洛庞帝进行了100分钟的交流。任正非在谈话中坦言：华为曾经意识到，公司发展到较前沿的时候，必然会有市场上的竞争，会产生矛盾摩擦，等等。但却没有想到美国打击华为的战略决心如此之大、如此坚定不移，打击的面如此之宽。[①] 它们不仅打击零部件供应，还不让华为参加很多国际学术组织，不能跟大学加强合作，甚至不能跟有美国成分的网络链接。

这次美国对华为狂风暴雨般的极限打压，不但超出了任正非的预料，而且也超出了世界上正常人的想象力，甚至连华为的美国竞争对手都想象不到。

但是，华为就是华为。今天的华为，早已不是弱不禁风的小

[①] 本书中凡直接引用（有引号者）或间接引用（用任正非说、任正非指出等表明）任正非原话的，主要来自：《以客户为中心——华为公司业务管理纲要》（黄卫伟主编，中信出版社2016年7月第1版）；《以奋斗者为本——华为公司人力资源管理纲要》（黄卫伟主编，中信出版社2014年11月第1版），以上二本书皆为任正非有关讲话、文章的原文摘编。此外，更多的还来自于：1994—2018年任正非400余篇讲话稿（数据来源：https://github.com/HuijieL/RenZhengfei），以及2019年以来任正非接受国内外媒体采访的一系列采访录（见之于各类媒体报道）。考虑到这些材料均可公开查到、来源多样以及本书引用数量较多等因素，就不再一一注明出处。特向原作者致谢并向读者说明。——笔者

序
伟大的磨难

花小草，而是世界通信行业的参天大树了。任正非多次信心满满地表示，美国的打压阻挠不了华为前进的步伐。尽管华为先前没有预测到美国的打压会有这么严重，但我们已经做了一些准备，就像这架"烂飞机"一样，我们保住了发动机这个心脏，保护好了油箱，它照样能飞。

任正非提到的"烂飞机"，就是这架飞机：

图 3　华为宣传图

这是一架苏联二战时期生产的伊尔-2战机。这个型号战机的最大特点是，哪怕翅膀被打烂，机身遭受多少枪林弹雨，只要要害部位没打坏，它仍旧不会散架，仍然能够飞回来。这个特点充分体现了坚韧不拔的精神和百折不挠的意志。华为在受到美国极限打压后，任正非看到了这张照片：一架伤痕累累的二战期间的苏式战机照片，他触景生情，浮想联翩，感慨万千。他觉得今天的华为就如同这架飞机一样，遭到了狂风暴雨般的打击，全身伤痕累累，但是它没有打垮，没有掉落，仍然坚强地在飞翔，在历经磨难后将会安全着落并重新飞向更高的蓝天。

这个图上的文字用了"没有伤痕累累，哪来皮糙肉厚，英雄自古多磨难"。这句话充分体现了任正非、19万华为人（2019年年中华为员工超过了 19 万人）的共同心志。

没有磨难哪来"皮糙肉厚"？哪能跳出美轮美奂的舞蹈？哪能成为鹰击长空的战机？芭蕾舞者的脚和这架飞机都说明了这个道理，也真实地反映了华为成长的道路和战胜这场血腥"劫难"的钢铁般意志。

前不久，中央电视台记者董倩采访了任正非先生。董倩在采访一开头便说：目前华为正受到美国全力打压，会产生什么严重影响？大家都在担忧华为的生死存亡。

是的，大家想一想，华为是中国的一家民营企业，居然受到了美国举国之力的围剿、打压，而且美国不只动用了整个国家的力量，甚至动员了美国可以动员的世界力量来围剿华为。

那么，面对如此险风恶浪，华为能安全着陆、生存下去吗？

美国是当今世界的第一强国，而华为仅仅是中国的一家民营企业，美国居然找了种种借口对中国的一家企业下如此狠手。一般来说，世界上很多国家面对美国的打压、围剿，往往都要败下阵来，何况是区区一家企业呢！

但是，在这样一个严峻的时刻，任正非先生却显得非常淡定、从容、大气。2019 年 5 月 21 日他接受了中央电视台董倩的采访。事先任正非给了她一个采访主题，他说我接受你的采访，但主要是谈谈教育问题，而不是谈华为的问题。董倩感到很奇怪，在华为面对美国全面遏制和打压的生死存亡的时刻，任正非居然那么从容淡定地要谈谈教育问题？

不光记者，社会各界都在担心华为的生死问题。但是，任正非先生说，我们从来没有想过要死亡。最近，我们公司准备给华为将士们发一批奖杯，做了 2 万多个奖杯，上面写了一句话，就是"不死的华为"。

看来，华为人是考虑过"死亡"问题的，但"置之死地而后

序
伟大的磨难

生"。华为人选择了奋起,选择了"生"的决战。即使在战斗中倒下了,也是"潇洒走一回"!何况华为人坚信"绝不会死"!这就是今天华为19万将士们的坚强意志!华为人雄赳赳气昂昂,义无反顾地选择了生死决战!

当我们听到任正非讲出"不死的华为"这句话的时候,一方面感到热血沸腾,另一方面感到一种伟大的悲壮。由此我们作为炎黄子孙,就不能不想到,今天华为19万将士为了华为的尊严和华为的生存,也为了我们民族的尊严和梦想,而决死奋战的时刻,我们全国14亿人民,应该给华为19万将士,给任正非先生,送去14亿个奖杯,上面应该重重写上:"不朽的华为!"

今天的中国人,自然应有世界眼光、人类胸怀,对自己对世界都要以开放的心态,虚心学习和借鉴各国的先进文明成果,也要尽其所能为全人类的共同进步做出贡献!但是,在人类文明进步的大道上,无论是过去、现在还是未来,从来都不可能风平浪静、一马平川,而总是荆棘丛生、暗流汹涌。这就需要我们自身强大起来,同一切进步力量一起,去辨别风雨迷雾,战胜艰难险阻,开辟前行道路,迎接灿烂的明天!

华为是"打不死的鸟"!
华为是"打不烂的飞机"!
"烧不死的鸟就是凤凰!"
打不烂的飞机就是高飞的"战鹰"!
任正非如此说。
华为正在经历空前的磨难。
华为正在磨难中冲锋突围、擎旗前行!
凤凰涅槃,浴火重生。
一只强壮的东方凤凰,正从烈火中汲取巨大能量,飞向新的蓝天!

目 录

第一章 "不能因为我们领先了美国就要挨打":华为的生死对决 …… (1)
- 一 2019年,是"华为之年" …… (1)
- 二 美国是如何极限打压华为的 …… (2)
- 三 华为就美国用不当手段打压华为的声明 …… (5)
- 四 美国为何要打压华为? …… (8)
- 五 "不能因为我们领先了美国就要挨打" …… (14)
- 六 "美国优先"的病态发难 …… (17)
- 七 中美战略博弈将是长期的 …… (18)

第二章 "我不懂政治":任正非的政治智慧 …… (21)
- 一 "打锣卖糖,各干一行" …… (21)
- 二 为何要打压华为,"只有美国政治家知道" …… (23)
- 三 "我最适合继续担任CEO" …… (27)
- 四 坚持把华为事件与中美贸易战分开 …… (29)
- 五 坚持把网络安全与信息安全分开 …… (31)
- 六 坚持把华为产品与爱国分开 …… (34)
- 七 坚持把爱国与民粹主义分开 …… (35)

八　坚持把政治与法律分开 …………………………………（37）
　　九　坚持把政治与市场分开 …………………………………（39）
　　十　坚持把企业与国家分开 …………………………………（40）
　　十一　坚持把美国企业家与政治家分开 ……………………（40）
　　十二　坚持把美国与世界分开 ………………………………（43）
　　十三　华为为什么要有党组织？ ……………………………（45）
　　十四　"淡"到深处即智慧 …………………………………（46）

第三章　"以客户为中心"：华为的经营智慧 ………………（47）
　　一　掌控不了的客户恰恰是企业生存的根本 ………………（48）
　　二　企业到底是以股东、员工还是以客户为中心？ ………（49）
　　三　为客户服务是华为存在的唯一理由 ……………………（51）
　　四　客户永远是华为之魂 ……………………………………（52）
　　五　华为的使命是实现客户的梦想 …………………………（54）
　　六　客户需求是华为发展的原动力 …………………………（54）
　　七　真谛就是企业一切围绕客户转 …………………………（57）
　　八　对产品、服务满意度负责 ………………………………（60）
　　九　帮助客户解决未来问题 …………………………………（62）
　　十　让利于客户、供应商和合作伙伴 ………………………（63）
　　十一　以客户为中心就是要帮助客户创造价值 ……………（63）

第四章　"以奋斗者为本"：华为的管理智慧 ………………（65）
　　一　华为人悟出的"大道理" ………………………………（66）
　　二　"不奋斗，华为就没有出路" …………………………（67）
　　三　华为文化的核心是奋斗精神 ……………………………（70）
　　四　华为的劳动者与奋斗者 …………………………………（72）

目录

五　"奋斗者"是有长期回报的文化现象 …………… (76)
六　"芭蕾脚"就是奋斗精神 ……………………… (78)
七　从蜘蛛、蜜蜂、萤火虫、乌龟等动物那里吸取
　　"奋斗文化"基因 ………………………………… (79)
八　从"狼性文化"走向"人性""灰度"文化 …… (82)
九　不能让雷锋吃亏 ………………………………… (88)
十　人力资源管理体系要引导队伍冲锋奋斗 ……… (89)
十一　颇具特色的集体领导制度 …………………… (90)
十二　群体化的股权结构 …………………………… (92)
十三　奋斗者是群体的奋斗 ………………………… (95)
十四　忘却艰苦奋斗就意味着背弃华为文化 ……… (96)
十五　凡有人的地方就有华为人的艰苦奋斗 ……… (97)

第五章　"做有高度的事业"：华为的理想情怀 ……… (99)
一　这个青年为什么后来成了哲学家？ …………… (99)
二　华为的远大理想，是为中华民族和人类
　　社会服务 ………………………………………… (100)
三　华为视理想为至上价值 ………………………… (102)
四　拒绝机会主义的诱惑 …………………………… (103)
五　华为的目标理想是要"站在世界最高点" …… (104)
六　华为的"方向大致正确" ……………………… (105)
七　"生存永远是第一位的" ……………………… (107)
八　任正非是一个现实的行动的理想主义者 ……… (108)

第六章　"傻傻地走自己的路"：华为的工匠精神 ……… (110)
一　华为的成功就是阿甘的"傻" ………………… (110)

3

二　华为没看"路两旁的鲜花" …………………………（111）
三　多"戴帽子"不能证明我能做好5G …………………（112）
四　华为"坚持只做一件事" ………………………………（113）
五　"下一个倒下的也许就是华为" ………………………（115）
六　小公司都可以复制的三大"真经" ……………………（118）
七　华为未来仍将为人类信息化服务 ……………………（119）

第七章　"无人区的生存法则"：华为的创新逻辑 ………（121）
一　华为成功的最大密码是科技创新 ……………………（121）
二　中华民族要复兴就必须有自己的科技支撑 …………（122）
三　创新是企业的核心竞争力 ……………………………（123）
四　"任式"的创新观 ………………………………………（125）
五　华为开始有能力进行"前瞻性研究" …………………（127）
六　任正非倡导开放式的自主创新 ………………………（128）
七　把钱变知识与把知识变钱 ……………………………（129）
八　华为在"无人区"的"迷航"中"领航" ………………（131）
九　"用一杯咖啡吸收宇宙能量" …………………………（132）
十　在全球建立"强大的能力中心" ………………………（133）
十一　"思想火花研究院" …………………………………（134）

第八章　"强者在均衡中产生"：华为的灰度艺术 ………（136）
一　任正非为什么倡导"开放、妥协、灰度"？ …………（136）
二　华为不能做"黑寡妇" …………………………………（142）
三　"华为开放就能永存" …………………………………（143）
四　妥协是一种"丛林智慧" ………………………………（146）
五　"宽容是一种美德" ……………………………………（148）

目　录

六　"方向大致正确"就是灰度 …………………………（149）
七　"领袖就是要掌握灰度" …………………………（151）
八　"深淘滩，低作堰" ………………………………（152）
九　独霸世界的终将灭亡 ……………………………（155）

第九章　"很荣幸成为乔布斯的同学"：华为的竞争风范 …………………………………………（157）
一　"我们家都是乔布斯的粉丝" ……………………（157）
二　我是拉宾的学生：对所有的竞争对手都要友好 …………………………………………………（159）
三　我们把竞争对手叫"友商" ………………………（161）
四　为什么"备胎"备而不用？ ………………………（163）
五　我们还在向美国公司下订单 ……………………（165）
六　我们不买美国供应商的产品就"没有良心" ……（166）
七　华为能自己生产还会再购买美国公司的产品吗？ ……………………………………………（167）
八　"华为不需要美国芯片"吗？ ……………………（167）
九　诺基亚、爱立信多赚钱也是为人类服务 ………（168）
十　华为手机为何要卖高价？ ………………………（169）
十一　共同为人类服务 ………………………………（170）
十二　任正非的文明竞争观 …………………………（172）

第十章　"唯有惶者才能生存"：华为的忧患意识 ………（173）
一　华为的冬天总会到来的 …………………………（173）
二　华为早有"极限生存假设" ………………………（176）
三　迟早会和"美国在山顶上交锋" …………………（177）

5

四　华为"备胎"是多方面的 …………………………（178）
　　五　华为完全能补上"备胎"中的漏洞 ………………（179）
　　六　美国恐怕一时建不成先进的信息网络 ……………（180）

第十一章　"功劳簿的反面就是墓志铭"：华为的
　　　　　自我批判 ………………………………………（183）
　　一　有自我批判的公司才能生存发展 …………………（184）
　　二　"只有自我批判才会成为强者" ……………………（185）
　　三　华为红旗能打多久取决于自我批判 ………………（187）
　　四　成功的模式"不可能复制" …………………………（188）
　　五　"世界上唯一不变的就是变化" ……………………（189）
　　六　"英雄是有一定时间性的" …………………………（190）
　　七　"天将降大任于斯人也，必先苦其心志" …………（191）
　　八　自我批判是为了提升华为的核心竞争力 …………（192）
　　九　"从泥坑里爬起来的人就是圣人" …………………（193）
　　十　新员工年终的"神秘的礼物" ………………………（195）
　　十一　华为有一支蓝军 …………………………………（196）
　　十二　"2012实验室就是批判的武器" …………………（199）
　　十三　"屁股对着老板的人"反而会提拔 ………………（200）
　　十四　华为"不是以老板为中心" ………………………（201）

第十二章　"我手里提着一桶糨糊"：华为的哲学智慧 …（204）
　　一　哲学是什么？ ………………………………………（205）
　　二　"文件里面充满了哲学" ……………………………（208）
　　三　把生命注入企业，企业要防止"熵死" ……………（215）
　　四　"唯有文化才会生生不息" …………………………（219）

五　华为文化的"四大支柱"及其他 …………………（220）
　　六　客户至上：华为的生命之本 ……………………（226）
　　七　奋斗为本：华为的生命之力 ……………………（227）
　　八　诚实守信：华为的生命之基 ……………………（229）
　　九　开放创新：华为的生命之道 ……………………（230）
　　十　妥协灰度：华为的生命之圈 ……………………（232）
　　十一　自我批判：华为的生命之源 …………………（234）
　　十二　"糨糊哲学"：华为的生命之核 ………………（235）

第十三章　任正非的心灵内核 …………………………（239）
　　一　任正非创造了"三个华为" ………………………（239）
　　二　任正非是企业思想者 ……………………………（242）
　　三　任正非的企业本体论 ……………………………（243）
　　四　任正非的企业理想论 ……………………………（243）
　　五　任正非的企业主体论 ……………………………（244）
　　六　任正非的企业战略论 ……………………………（245）
　　七　任正非的企业动力论 ……………………………（246）
　　八　任正非的企业危机论 ……………………………（248）
　　九　任正非的企业生态论 ……………………………（250）
　　十　任正非的思想是有力量的 ………………………（252）
　　十一　任正非的心灵内核 ……………………………（257）

结束语　玫瑰花与大蛋糕 ………………………………（260）

后　记 ……………………………………………………（263）

第一章

"不能因为我们领先了美国就要挨打"：华为的生死对决

> 美国为什么打击我们的5G，为什么不打我们的终端？就是因为我们5G很厉害，5G是网络的连接设备，不是终端。所以，最重要还是我们的连接设备在国际上所占有的地位。
>
> ——任正非

从古到今，恐怕没有任何一家企业，会出现类似于华为这样的事件：美国从政府到国会，从总统到国务卿，如此"关心"外国的一家民营企业，举全国之力并动员国际力量对其进行围剿扼杀。这也许是史无前例的世界性大事件。

一 2019年，是"华为之年"

美国如此挥舞制裁大棒，企图全面封锁华为，一时间，华为事件成为全球最热门的事件。不但美国政客嘴里天天离不开"华为"，华为事件更是成了各国政要们茶余饭后的谈资。

2019年也许可以说是"华为之年"。华为成了世界各国普遍关注的对象。华为"事件"成了国际性的大事件。

2019年的世界，因华为而热闹非凡。

也许，从某种意义上的确可以说，"做小事靠朋友，办大事靠对手"。美国如此强力打压华为，正说明华为本身很厉害，也很强大。一个世界强国与一个民企"对决"，美国动用政治、行政、法律、安全、经济、军事、外交、舆论等手段极限剿杀华为，一时黑云压城城欲摧，华为的命运前途的确让人担忧，但华为居然挺住了，华为号这架巨型"飞机"虽遭枪林弹雨，但仍在高高飞翔。"对决"的结果，我们拭目以待，但相信"烧不死的鸟就是凤凰"！

2019年，不只是美国，世界上绝大多数国家，都要就是否使用华为5G设备而"烦恼"，有的是公开表态，有的是不选边站。一家企业的事情，被上升到多国政府层面来讨论，除了华为还有谁？华为还牵动了多少人的政治前途，包括英国前国防大臣，就是因为英国高层的华为泄密事件而辞职，今后还有没有类似案例也很难说。能让全世界人民同时关注一个企业、一件事并且时间那么长，可能华为事件算是开了历史先河。

华为的"那点事儿"，成为2019年国际政治、经济、科技、外交、舆论的一个重大热点。华为现在走进了全球的各个角落，走进了世界人民的心里。2019年的华为，尽管风雨兼程，尽管万般磨难，却也是华为成长过程中带有转折性、标志性的一年。这一年也可以说，是华为冲向珠穆朗玛峰之巅的遭遇战。

从2019年开始，华为将迈入一个新的历史纪元，站在新的发展起点。尽管现在仍经历艰难的考验，但新的长征开始了。

华为人向新的高地进军了！

二　美国是如何极限打压华为的

近年来，美国对华为的遏制、打压手段主要有：

第一章
"不能因为我们领先了美国就要挨打":华为的生死对决

（1）在政治和意识形态上"妖魔化"华为。美国政府和特朗普反复强调表示：从安全、军事角度华为是非常危险的，必须把华为包括在"贸易协议"里。美国荒唐地煽动意识形态对立，把经济、企业问题政治化、意识形态化。任正非指出："现在西方有些人认为华为设备运作有阴谋，这种意识形态就像工业革命时期砸坏纺织机一样，认为先进的纺织机破坏了世界。华为卖的是一个裸设备，这个设备上没有意识形态。这个设备是由运营商来掌控的，不是华为。所以，我们不要回到工业革命砸毁纺织机的时代。"

（2）时不时用政府行政手段封杀华为。长期以来，华为与美国相关企业有着广泛而互利的友好合作，华为也曾有意拓展美国市场，但美国政府常常以国家安全为由，无端干预华为的市场业务开展。比如，2018年1月，华为本来要在拉斯维加斯CES大展上宣布与美国电信运营商AT&T达成合作协议。结果，在最后一刻，AT&T放弃与华为合作，不在美国售卖华为的智能手机。而这次合作失败的直接原因是，美国18名国会议员2017年12月20日向联邦通信委员会（FCC）主席发送联名信，要求FCC对这起合作展开调查。AT&T为了保持和美国政府的良好关系而不得不屈从。与此同时，另外三家运营商T-Mobile、Sprint和Verizon，也都无法与华为合作。这样，华为手机最终无法进入占美国手机市场销量80%的四大运营商渠道，只能以零售方式，在亚马逊网站、百思买超市售卖。2018年3月，美国最大的电子产品零售商百思买（Best Buy），也被停止从华为采购手机和销售华为产品。

（3）直接启用法律手段封杀华为。比如，特朗普签署美国《2019财年国防授权法案》。该法案第889条要求，禁止所有美国政府机构从华为购买设备和服务。尤其令人发指的是，在美国政府指使下，2018年12月1日，华为首席财务官孟晚舟在加拿大温哥华被捕，美国向加拿大要求引渡她。美国指控孟晚舟涉嫌在某企业与伊朗的交易中误导了某相关跨国银行，使后者面临违反美国制裁的风险。同日，外交部发言人耿爽表示，中方已就该事件分别向加方、美方提出严正交涉，并表明严正立场，要求对方立即对拘押理由作出澄清，立即释放被拘押人员，切实保障当事人的合法、正当权益。2018年12月11日，特朗普表示，如果有利于美国国家安全，如果有助于美中达成贸易协议，他愿意跟美国司法部干预孟晚舟案。2019年1月29日，美国向加拿大提出引渡孟晚舟的请求。同年3月1日，加拿大司法部批准继续推进有关中国公民孟晚舟的引渡听证会。至今，事态还在发展中。

2019年3月7日，华为宣布针对美国《2019财年国防授权法案》第889条的合宪性向美国联邦法院提起诉讼，请求法院判定这一针对华为的销售限制条款违宪，并判令永久禁止该限制条款的实施。

（4）特朗普居然签署"国家紧急状态"总统令封杀华为。2019年5月15日（中国时间16日），美国总统特朗普签署了一份总统令，宣布美国进入"国家紧急状态"。在"国家紧急状态"下，美国总统有权绕过国会颁布的一些法令而行使"特别权力"。在此之前，特朗普为了取得修建美国与墨西哥边境墙的所需经费，也启动过"国家紧急状态"，而这一次则是为了与中国打贸易战。虽然特朗普没有说明进入"紧急状态"后要做什么，但司马昭之心，路人皆知：目标只有一个，就是禁止华为进入美国市场。依据这个总统令，美国商务部被赋予了更大的权力去禁止美国企业使用华为这种会"威胁美国国家安全"的设备。同时，2019年5月16日，美国商务部工业与安全局（BIS）又将华为列入一份会威胁美国国家安全的"实体名单"中，从而禁止华为从美国企业那里购买技术或配件。这样，华为的产品不能进入美国

第一章
"不能因为我们领先了美国就要挨打"：华为的生死对决

市场，也无法从美国市场购入所需产品。随后，5月20日，谷歌等与华为合作的美国企业不得不终止部分合作，甚至连一些国际性协会和学术性组织以及联邦快递，都参与了围剿华为的"大合唱"。迫于种种压力，美国政府不得不于5月21日决定，将对华为的禁令延迟90天，直到8月中旬生效。美方的理由是，华为及其商业伙伴需要时间升级软件以及处理一些合同义务问题。其间美国企业对华为的供货交易，自然要经过美国当局的审查批准才行。美国当局损人害己的做法，遭到美国不少企业的反对，有的甚至直接起诉政府当局。美国当地时间8月19日，《华盛顿邮报》报道，美国商务部决定针对华为禁令的宽限期将再次延长90天，并宣称将46家华为子公司列入禁止出口的"实体名单"中，"以使华为更难绕过（美国）制裁"。

（5）美国动用外交手段，企图联手国际力量封杀华为。也许华为的实力出乎美国想象，也许美国太想一棍子打死华为，它除了动用国家力量并举全国之力剿杀华为外，还利用其世界霸主的地位和盟友"圈子"，企图举世之力来置华为于死地。一时间，确实也有一些国家因屈服于美国的胁迫而拒绝华为产品。比如，2018年8月23日，澳大利亚政府以"国家安全"为由禁止华为和中兴参与其国内的5G网络基础设施建设。但除了澳大利亚、新西兰、波兰等少数几个美国"铁粉"禁止华为提供5G技术外，多数国家或不选边站或不禁止华为参与竞标。美国外交努力的效果并不理想。看来，市场的力量与行政的力量还是有界限的，国家间的利益也是有差异的。再说，人皆有良知，人心并不是可有可无的。

三 华为就美国用不当手段打压华为的声明

2019年9月3日，华为就"美国司法部对华为展开新的调查"做出声明，全文转录如下：

有关媒体报道称美国司法部对华为展开新的调查的声明[①]

2019年8月30日，《华尔街日报》报道了美国司法部针对华为进行所谓窃取商业秘密刑事调查，有关该报道提及的Oliveira等事件和美国政府近期的调查行为，华为严正声明如下：

2014年5月28日，在葡萄牙公民Rui Pedro Oliveira主动要求下，华为美国子公司人员与其进行了一次短暂会晤，会上，Oliveira先生主动推销其伸缩摄像头设计方案。华为并未使用Oliveira先生的设计方案。2017年，华为开始销售自主研发的EnVizion 360全景摄像头，而华为的研发团队从未接触过源于Oliveira先生的信息。华为的设计方案是不可伸缩、带两侧鱼眼镜头的全景摄像头，与Oliveira先生可伸缩的单侧镜头的非全景摄像头设计方案完全不同。从2018年4月到2019年3月，Oliveira先生通过邮件声称华为公司的EnVizion 360摄像头侵犯其所持有的美国专利，并多次威胁如果华为不支付其高额费用，将通过媒体和政治途径给华为施加压力。

华为坚信自主研发的产品不侵权，并提供了翔实的材料予以证明（附图以其外观设计专利为例和华为产品进行对比说明），但Oliveira先生继续通过媒体扭曲事实、抹黑华为，甚至试图通过其政府高层给华为施压使华为屈服并支付其高额费用。在不堪其扰的情况下，为维护华为的声誉及合法权益，2019年3月26日，华为先行向美国法院提出请求确认未使用Oliveira专利，这本是一个非常普通的民事诉讼程序，

[①] 全文引自2019年9月3日13时16分：华为公共及政府事务部发布。发布在华为公司心声社区——华为家事。

第一章
"不能因为我们领先了美国就要挨打"：华为的生死对决

但 Oliveira 先生拒绝接受法庭传票的送达，拖延参与美国法庭程序。这种明显的利用当前的国际政治环境、通过媒体歪曲事实进行投机的行为，不应被鼓励，更不应成为美国司法部刑事调查的事由。

一段时间以来，美国政府不仅动用其政治和外交影响力，游说各国政府禁止使用华为设备，更是动用其国家机器，滥用司法、行政权力，采用各种不正当手段骚扰、影响华为或合作伙伴的正常业务。包括：

1. 通过执法机构威胁、恐吓、要挟、利诱、策反华为在职或离职员工为其工作；

2. 以不正当的方式搜查、扣押甚至拘捕华为员工或合作伙伴；

3. 设置各种陷阱或圈套，冒充华为员工，创造案件，试图形成对华为不利的不实指控；

4. 采取网络攻击的方式不正当地刺探华为的内部网络和信息系统；

5. 通过 FBI 上门约谈的方式进行施压，要求华为员工作为内应配合获得华为信息；

6. 动员和策划与华为有商业合作或有商业冲突的公司对华为进行不实指控或钓鱼；

7. 搜集各类虚假的针对华为的负面报道，并以此为依据展开调查；

8. 将历史上已经解决的民事案件，以技术秘密窃取等理由，进行选择性的刑事调查或起诉；

9. 通过恐吓、拒发签证、扣货等方式，阻挠正常的商业活动和技术交流。

事实上，所有这些所谓的刑事案件，没有涉及任何一项

华为：磨难与智慧

核心技术，也没有足够的事实和证据支撑其指控。美国政府采取的这些恶劣行为的目的无非是希望将华为抹黑为通过盗窃他人商业秘密发展起来的公司，打击和限制华为的全球领先地位。我们对此坚决反对。

华为的发展，得益于30年的持续的研发投入和全球18万员工的持续努力，得益于客户、供应商和合作伙伴对我们的信任和支持。世界上没有任何一家企业可以通过"偷窃"成为全球领先的高科技企业。

附：Oliveira外观设计专利和华为EnVizion 360摄像头对比，两者明显不同：

1. Oliveira外观设计是单向镜头伸缩，只有一侧有镜头。

2. 华为是两侧均有镜头，不能伸缩，具有Oliveira所没有的大弧面。

华为公司在上述声明中，从企业的层面列举了美国动用其国家机器，滥用司法、行政权力，采用各种不正当手段骚扰、影响华为或其合作伙伴的正常业务的一些做法。作为世界上一个堂堂大国或者说强国，居然会如此处心积虑地采取那么多上不了台面的手段打压一家为世界科技发展做出巨大贡献的企业，实在令人发指。

四　美国为何要打压华为？

美国为什么要动用国家的力量对中国一家民营企业进行空前围剿和全方位打压？这是有深刻的国际政治格局背景的。

从整个中美关系的历史背景，或者从国际政治、经济、军事整个格局来看，如果说今天中国进入了新时代，那么当今世界则

第一章
"不能因为我们领先了美国就要挨打"：华为的生死对决

进入了大变局时代，世界出现了百年未遇的大变局。

这个大变局、大时代，其中一个非常重要的方面，就是中美关系的历史性变化。显然，中美关系是当今世界各种政治力量变化中一个极为重要的方面。尽管美国仍然是当今世界最强大的国家，它的综合实力也好，经济、科技实力也罢，如今还没有任何一个国家可以轻易撼动它的地位。但另一方面，中国正在快速崛起。中国已经成为世界第二大经济体，正步入全面复兴时代，中国的国际地位正在全面提升，正阔步迈向世界政治舞台的中央，中国正成为世界格局演变中越来越重要的一环。这是客观事实，也是必然趋势。中国的发展崛起同样也是对世界发展的贡献。但美国的政客们却不是这样想的。

大家知道，从中美关系的战略角度讲，过去几十年时间里，中国和美国更多的是合作关系，特别是加入WTO以后，中国更多地与世界、与美国保持着合作的基调。当然，分歧、矛盾、冲突、竞争始终是存在的，但总体上是能牵手合作的。而美国之所以能和中国搞好关系，有一个尽人皆知的重要原因，就是他们认为只有把中国纳入到世界体系之中，美国才能慢慢演变中国，最终把中国纳入到西方体系，进入美国大叔的怀抱，就像当年把苏联解体一样。

但是，经过这三四十年的发展，美国人认为他们的既定目标没有实现，而且中国正在一步步地强大起来，美国人觉得吃亏上当了，认为中国对美国构成了严重"威胁"。早在奥巴马时代，美国人就已经有了这么一种认知，而且也采取了许多防控和遏制手段。特朗普上台后，情况更加明显。

近几年来，美国的社会精英们似乎已经完成了对中国整个战略认知的转型。这个认知就是认为：如此下去，中国不可能被纳入西方体系，投入美国的怀抱，中国终将坚持走自己的社会主义道路，中国共产党也将继续执政下去，所以美国觉得中国的发展跟他们不是同一条道路，中国的强大将是对他们的挑战，中国已成为美国的主要竞争对手（敌人）了。美国当局还预测，如今中国的实力已经可以与他们相抗衡了，或者说对他们的强大和霸主地位构成了威胁。而且，他们还认为，现在是遏制中国的最后"窗口期"，错过这个"窗口期"就将"后患无穷"了。

正因为这样，他们不惜动用各种手段对中国进行围堵。如果说过去中美两国之间是既合作又斗争但以合作为主的状态的话，那么，现在就陷入到了以竞争、摩擦、抗衡为主的阶段。当然，我们用的"竞争"是个中性词，竞争当中肯定有合作。我们希望有更大的合作，但现在看来博弈性、抗衡性的"竞争"将成为主旋律。看来，"修昔底德陷阱"是存在的，而且在很大程度上难以完全回避，我们只能正视它，化解它。但毫无疑问，造成这种局面的主因在美国。

所以，对华为也好，对其他企业也罢，遭到美国打压是难以完全避免的，而且越是先进的科技型企业就越有可能遭到美国的打压。

那么，美国为什么要重点打压华为公司呢？

这次美国全力封杀华为事件，其实质就是中美两国之间历史性摩擦中的一场"遭遇战"。美国总统特朗普2017年举着"美国优先"大旗走马上任，不久便在世界轨道上横冲直撞，让美国纷纷"退群"，到处挥舞大棒，动不动就发起贸易战，动用各种手段打压别国，搞得世界不安宁，企图"乱中取利"，以巩固其霸主地位。由于多种原因，中国成了美国打压的重点对象。如同华为进军现代科技最前沿必然会有"遭遇战"一样，中华民族正进入全面复兴和步入世界舞台中央的历史关口上，也必然会遭到老牌强国的挤压和遏制。

第一章
"不能因为我们领先了美国就要挨打":华为的生死对决

显然,华为——科技含量高、具有较强竞争力的中国科技企业,便成了美国首先要打压、剿杀的对象。我们知道,信息网络技术是当今世界科技发展最前沿、应用最广泛、影响最深刻的引领性技术,因而这个领域的中国科技企业,比如中兴、华为等数十家企业,就被列入美国要制裁打压的"实体清单"。2018年,美国封杀中兴在很大程度上"得手",随后,又以种种不当借口,集中火力扑向更令美国"揪心"的华为。

美国之所以对以华为为代表的中国科技型企业重点进行打压,就是因为它们的科技水平逐渐赶上了美国,甚至在某些领域超过了美国。可惜的是,像华为这样的科技型企业中国实在太少了。

华为是一家令国人自豪的企业。今天的华为已经不是过去的华为。经过33年的发展,华为已经由一棵小小树苗成长为参天大树,成为当今先进科技领域的世界级的科技型企业。大家知道,华为已经成为世界上最先进的通信设备的最大供应商,抢占了信息技术的最前沿,而且在5G技术上处于最领先地位。用任正非的话说,起码领先世界2—3年。的确,华为已经成为当今世界信息技术领域里最前沿的一家企业,它是可以和美国高通、谷歌、英特尔等公司并肩成为世界领先的15家企业之一。

我们知道,信息技术核心有三个主要组成部分。

第一,芯片(集成电路)/半导体。这是信息技术、智能社会的心脏,所有信息的储存、运算都要由它来完成。中国是全球最大的半导体与集成电路的消费市场,但目前90%依赖进口,自给比例仅10%左右,每年的进口额超过2000亿美元。中国在集成电路领域的资本与研发投入与美国存在较大差距。但中国近几年正加快发展。芯片技术从制造工艺角度讲,现在最先进的是7纳米,前不久,中国已成功研发出了3纳米的芯片,指甲盖大小的空间便能安装数百亿个晶体管。① 但是世界上现在制造工艺最先进的是 7 纳米,也许中国目前还不具备 7 纳米的制造水平。在芯片技术方面,华为的"麒麟""巴龙"已经进入到了世界第一方阵,但它也许要同其他先进企业合作才能生产。目前全球最先进的 IC(集成电路,即芯片)制程工艺只掌握在三星、台积电和英特尔三家公司手里。台积电是当今世界第一的芯片代工企业,其量产 7 纳米芯片的技术在世界上首屈一指,占据世界芯片代工市场的半壁江山。据说,华为最新的旗舰机 P30 使用的 7 纳米麒麟芯片,就是由台积电生产供货的。

第二,软件/操作系统。这是信息技术、智能社会的大脑,负责信息处理的规划决策、操作规则、资源调度。现在世界上主要有安卓系统;还有苹果的 iOS 系统,不过苹果是封闭不对外的,只供苹果产品自用;还有微软的 Windows 系统。中国软件系统水平怎么样?这是我们最为担忧的。正当我们深感担忧的时候,传来了一个振奋人心的消息,2019 年 8 月 9 日,华为正式发布鸿蒙系统(Harmony OS),实行开源。2019 年 8 月 10 日,荣耀正式发布荣耀智慧屏、荣耀智慧屏 Pro,并搭载鸿蒙操作系统。(据国家知识产权局商标局网站显示:"华为鸿蒙"申请日期是 2018 年 8 月 24 日,注册公告日期是 2019 年 5 月 14 日,专用权限期是从 2019 年 5 月 14 日到 2029 年 5 月 13 日)。我认为,"鸿蒙"这个名字太漂亮了。"鸿蒙"是指中国古代传说中盘古开天辟地之前,世界一团混沌的"元气",这种"元气"叫"鸿蒙",这个时代叫"鸿蒙时代"。"鸿蒙"是天地的起源,体现了华为从零做起的决心,更体现了华为自主创新的情怀。对中国来说,对华为来说,"华为鸿蒙"系统的确是开天

---

① 参见《参考消息》2019 年 5 月 28 日第 16 版。

第一章
"不能因为我们领先了美国就要挨打":华为的生死对决

辟地的。"鸿蒙"完全可以代替安卓、苹果、微软的系统,可用于大屏、PC、汽车等各种不同的设备上,还可以随时用在手机上。"鸿蒙"最大的特点是低时延,甚至可到毫秒级乃至亚毫秒级。鸿蒙OS实现模块化耦合,对应不同设备可弹性部署。鸿蒙OS有三层架构,第一层是内核,第二层是基础服务,第三层是程序框架。这令我们振奋。

第三,通信设备。这是信息技术、智能社会的神经纤维和神经末梢,负责信息的传输与接收。通信设备是华为的强项,在世界上是领先的。而且,中国在通信和智能手机终端市场上总体都处于世界领先水平。

在当今世界信息技术领域中,虽然美国仍是半导体集成电路、软件、互联网云计算和高端智能手机市场的绝对霸主,但同时能够在芯片、软件和通信设备方面对美国发起冲击,并站在了世界领先地位的,目前全球只有华为一家企业。正因为这样,美国看到了华为的厉害。美国是信息技术发源地,现在总体上在信息技术领域仍处于垄断地位,虽然华为在某些方面,或者主导方面进军到了第一方阵,但美国总体上还是领先于世界。不过美国人觉得如此发展下去,华为掌控的信息技术可能会成为世界领头雁,对美国构成巨大的威胁。美国人对5G技术的认知、对信息技术的认知,也许比我们深刻得多。他们认识到5G技术将在世界经济、科技、文化、军事等各个方面带来革命性的变化,而且认为未来军事的竞争将集中在高科技领域,尤其目前阶段主要会在5G技术方面展开激烈的竞争。

正因为这样,美国要对华为进行围剿、压制,这是美国打压华为的真正目的之所在。他们要赶在将成未成之际,或者说5G技术最后冲刺的关键时刻,先下手为强,把华为、中国打压下去,以除"后患",巩固美国优先的霸主地位。

五 "不能因为我们领先了美国就要挨打"

华为高管们早就认识到，从事现代通信技术这个行业，迟早是会与美国方面产生"冲突"的。因为，在这个领域美国人一直处于领先地位。本来，华为现在从事的5G产业美国并没有，理应不会产生强烈的冲突。然而事实恰恰相反。真正的缘由，也是因为关涉美国在这个产业的领先地位。

2019年5月21日、2019年7月18日，有新华社记者和意大利记者提问：华为在电信市场上已经有多年的运营历史，在4G出现时并不记得有人讨论过安全问题，为什么5G给大家带来如此大的关于网络安全的担忧？美国为何要如此打压华为？任正非回答说：美国"政治家怎么想的我真不知道。我觉得不能因为我们领先了美国就要挨打"。至于为什么在3G、4G时代美国人不发难，而到了5G时代矛盾冲突就那么大呢？原因很简单，就是因为美国在3G、4G上有一定的领先地位，而5G是以华为为首引领发展的，"有些人一时接受不了"这个事实。

美国人说华为5G设备有"后门"，"不安全"。美国人拿不出任何真凭实据，而且，中国政府明确要求企业不准安装后门。华为有没有后门，可以经过美国或任何其他国家的严格审查。再说，华为在美国并没有网络，怎么会危害美国的国家安全呢？美国为何这么着急呢？任正非提出了质疑。

有记者问：有一些人批评说，华为发展到今天主要靠"偷"知识产权和获得政府支持，您的看法是什么？

任正非霸气回答：5G等技术"美国都没有做出来，我们已经做出来了，我们怎么去'偷'美国没有的技术？怎么去'偷'美国还没有发明的东西？至于我们是不是有政府的背景，我们是由

第一章
"不能因为我们领先了美国就要挨打":华为的生死对决

KPMG审计的,你们可以问他们要审计报表,妄断不见得是正确的。如果我们技术上落后于美国,美国政客有必要这么费劲打我们?正是因为我们领先了,才打我们"。

任正非指出:其实我们华为非常多的技术远远领先了西方公司,不仅是5G,还有光交换、光芯片……这些领先的数量之庞大,是非常非常复杂艰难的技术,同行会比较清楚。因此,美国的指控是不存在的。华为不可能靠"偷"美国的东西而变成今天这么强大。现在我们很多东西连美国都没有,怎么去"偷"呢?同时,也不能只看华为存在的一些问题和缺点,应该看到华为对人类社会的重大贡献。现在华为有8万多项专利,这是信息社会的基座,华为是有贡献的。华为在美国就注册了1.1万多项专利,这是美国法律已经赋予了的权利。华为还给各个相关国际标准组织提供了5.4万多份文件,这些都为人类信息社会做出了贡献,应该看到我们华为公司对人类社会的贡献。

长期以来,华为公司高度尊重知识产权,决不会去窃取别人的知识产权。至于现在发生的两件官司,任正非说:"我们要相信法庭最终的公正判决,而不是由我来说明。"过去几十年来,华为也在美国经历过很多官司,包括知识产权的官司,"这些官司华为都没有输,至少证明我们在这个问题上还是做得比较好的"。这就是历史和底气。

美国打压华为的实质,就在于5G技术的先进性和华为在5G行业的领先性。据介绍,5G的容量是4G的20倍,是2G的1万倍;耗电每个比特相比4G下降了10倍;体积下降到1/3,下降了70%。5G基站只有一点点大,20公斤,就像装文件的手提箱那么大,不需要铁塔了,可以装在杆子上、挂在墙上,还有耐腐蚀材料,几十年都不会腐蚀,可以把5G装在下水道里。这就很适合欧洲这样的老城区。5G带宽的能量非常大,能提供非常多的

华为：磨难与智慧

高清内容，传播8K电视很简单。费用可以下降100倍，这样老百姓也能看高清电视，文化就会快速提升。国家发展要靠文化、哲学、教育，这是发展国家的基础。因此，5G市场应用广泛，将产生深远影响，它的低时延特性，使其可以广泛应用于工业等领域，加速万物互联互通，显著提升社会信息化水平。如果说4G改变生活的话，那么5G将改变社会。

而目前，在5G技术方面，华为处于世界领先地位。世界上做5G设备的厂家就那么几家，能做微波的厂家更少。能够把5G基站和最先进的微波技术结合起来的，世界上只有华为一家能做到。5G和微波技术全世界只有华为做得最好。微波能传100G，5G基站能传10G，它们叠在一起，更具先进性。基站不需要光纤用微波超宽带回传，这是一种非常经济、非常科学的方式，它特别适合地广人稀的农村。如果不采用华为技术和设备，成本就会极高。也许那些现在禁用华为5G技术的国家，今后还会来求华为公司把5G技术卖给它们呢！

美国打击华为的5G，但5G只是华为网络连接产业的一部分。任正非介绍说，华为不只是5G领先世界，光传输、光交换、接入网和核心网也是远远领先世界的。这个产业依靠我们自己的芯片和软件，完全可以独立存在，不受美国影响。现在华为这架"飞机"，只是翅膀的边缘可能被打出很多的"洞"，但它的核心部分是以自己为中心的，而且是真正领先世界。任正非说，越是高端的技术，我们的"备胎"就越充分。美国政客低估了我们的力量。我们只在一些边缘产品方面没有"备胎"，这些产品本来迟早是要淘汰的，这些的确受到了影响。但在最先进的领域不会有多少影响，在5G、光传输、核心网等领域，不仅不会受到什么打击，还会长期领先世界很多年。

任正非继续告诉记者们：美国为什么打击我们的5G，为什么

第一章
"不能因为我们领先了美国就要挨打"：华为的生死对决

不打我们的终端？就是因为我们5G很厉害，5G是网络的连接设备，不是终端。所以，最重要的还是我们的连接设备在国际上所占有的地位。终端仅仅是海外业务受了点影响，国内业务反而增长了，综合起来，整体下降不会那么大，不算多大的问题。

任正非透露说，美国可能不用我们的设备，但是美国政府每年采购IT设备达850亿美元，这850亿美元中就含有我们华为大量的专利。所有IT行业中，都有我们的贡献。在IT行业中，我们华为在世界上已经是最先进的公司之一了。今后5G将会应用到各个领域，但无论是哪个公司提供的5G设备，都会含有华为的贡献。

任正非还宣告："我们不只是5G，很快就进入6G了。"

六 "美国优先"的病态发难

美国被认为是自由市场经济、民主法治、公平道义的代表，却也常常做一些不可告人的不光彩的事。美国以救世主、强国、伟大自居，却容不得别人进步，大搞"只许州官放火，不许百姓点灯"的闹剧。美国打压华为，正是"美国优先""让美国再次强大"的一种病态体征和病态发作。

有人说，任正非应该给特朗普总统发个举世无双的大奖杯。因为，特朗普让华为声名大振、家喻户晓，让世人都知道了华为的实力，并顺带科普了一下5G技术，而这是花再多的广告费都难达到的效果的。还有，美国封杀华为的行为，让世人进一步看清了"美国优先"的利己主义、保护主义的本质，再次领教了美国人的霸凌品行。

当今世界正处于一个百年未有之变局的转型时期。国际政治力量日趋复杂多元，美国虽然仍是世界头号强国，但其实力和领导世界的能力均有所削弱。中国等新兴发展中国家实力快速增强。俄罗斯艰难转型后国际影响力有所回升。欧盟各国内部与美国盟友矛盾加深。世界经济格局版图、全球产业链和利益链加快分化重组。以现代信息技术为引领的新一轮科技变革汹涌澎湃。狭隘的民粹主义、保守主义、国家利己主义、单边主义思潮浊浪翻滚。今日之世界，新旧世界格局和世界秩序正处于重大变革和转型时期，各国纷纷调整或制定相应的应对战略。

这个大变局时期，也是矛盾纷争多发时期。中美之间的贸易战及其多方面的摩擦博弈，正是世界大分化、大变局的一个重大表现。

七 中美战略博弈将是长期的

事物发展总有其客观规律。世界格局变迁和大国兴衰也有其内在逻辑，并非凭人们的主观想法就能轻易改变的。

当前，中国进入了新时代，世界也步入了大变局。大变局之一，就是中美关系开始发生重大的转折性变化。

经过40年改革开放，中国一路高歌猛进，经济总量上成为居美国之后的世界第二大经济体，整体实力大为提升，正越来越走近世界舞台的中央。相对来说，世界头号强国的美国实力有所削弱。特朗普竞选总统时，提出的口号就是要美国至上，美国优先，让美国再次强大。美国的政界精英们，认为中国已成为美国主要的竞争对手，鼓吹美国全球利益的主要威胁来自中国。

在过去一个时期，美国曾欢迎中国的改革开放，也支持中国加入世贸组织。这是为什么呢？在美国政治精英们的"算计"中，一方面中国发展起来后美国可以获得更多的市场；另一方面可以促使中国在改革开放中"走进西化"，进而"演变"中国。

第一章
"不能因为我们领先了美国就要挨打"：华为的生死对决

但是，几十年后，他们发现中国发展起来了，却并没有向美国靠拢，而是继续走自己的路，大有与美国在全球推行的制度、模式"分庭抗礼"之势。他们觉得美国"吃亏"了，不但原来的目标没有实现，反而对美国构成了严重威胁。

从历史角度来看，很有意思的是，美国自建国以来，凡是发现世界上出现发展比较强劲的国家，尤其成为"世界老二"的国家，它们就一定会想方设法予以打压围剿。原来比美国强或者快要赶上它的国家，基本上都被它压垮、搞掉了，美国可以说是"整"老二的高手。现在，中国经济体量已处在世界第二的位置。国际学界有一个"修昔底德陷阱"的理论，揭示了这样一个带有普遍性的现象：世界上发达的第一强国，与新冒出来的第二强国之间肯定是会发生摩擦、战争的。不管是否赞成"修昔底德陷阱"之说，但的确是有相当普遍性的。现在，中美之间发生大规模战争的可能性也许不大，但是摩擦却是肯定的，是难以完全避免的，甚至未来博弈的摩擦有可能更多。问题在于如何管控好这种摩擦。我们曾把中美关系比作夫妻关系，现在热恋期、蜜月期已经过去了，已经失恋、分居了。未来，也许摩擦、争吵不会少。

前一段时间，美国前副总统拜登在一个非正式场合表示"中国人没有吃掉我们（美国）的午餐"，引起了民主党、共和党两大阵营的大"围攻"，说他"疯了"。最后他不得不加以解释，实际上是认错了。这足以说明美国主流社会对中国的认知到了何种对抗的地步。

目前，美国政府主要通过以下几种"战法"来打压中国。

第一，贸易战。美国对中国发起了大规模的贸易战，中美反复谈判，往往今天谈成这样，明天又很难说。谈了一年多，至今没有达成实质性的和解。

第二，科技战。美国对中国的企业，尤其是高科技企业进行围追堵截。对以华为、中兴为代表的企业全面发动科技战争。有一种说法是，过去战争用枪炮，现在更常态的武器是钞票、电脑。科技战实际上也是一种战争。

第三，人才战。现在中国人才到美国去，绝大多数都会受到美国安全情报部门的严格审查，而且国安情报部门动不动就会找上门和你谈话。现在中国人要到美国去留学，审查很严格，很难拿到签证。

第四，金融战。广义的金融货币战一直都是存在的，只是方式、程度不同而已。狭义的金融货币战，就是阶段性大规模的人为货币投放、操纵汇率等。这种金融货币战一旦发生，其破坏性很大。北京时间2019年8月1日凌晨2时，美联储货币政策委员会宣布将联邦基金利率下调25个基点至2%—2.25%，为该行自2008年12月16日后首次降息。由此引发世界汇率、资本市场的明显波动。

早在2014年，任正非就清醒看到："中国越强大，美国就越打击。打击不是抽象的，看好一个苗头打一个。其实美国打的不是华为，是中国。因为美国不希望中国变强大，总要找到一个具体着力点。所以我们认为困难也是会存在的，而且我们也不知道接下来的困难还会有多大，就是努力前进，自己想办法如何去克服。"

第二章

"我不懂政治"：任正非的政治智慧

> 我不懂政治，也不是政治家，政治的事情要问特朗普去，他是政治家。
>
> ——任正非

面对美国全面打压华为而制造的"华为事件"这个敏感话题，任正非如何正确应对，是需要有开阔的国际视野、超群的谋略胆识、敏捷的思维逻辑、精准的语言技巧的。对于现在的任正非先生来说，"不懂政治""不问政治"，也许就是"最大的政治"、最好的政治智慧。

一 "打锣卖糖，各干一行"

日本媒体有位记者问任正非：对您的经营哲学我很有感触，您过去提到，作为商人不应该谈政治，是不是过去有经验和教训才提到这点？

任正非回答说："我认为，'打锣卖糖，各干一行'。我作为商人，对政治不懂，如果我干预政治，结果是错的，对国家就有害。那就干脆不要过问政治，而是擅长干什么就做什么。"

2019年2月21日，有记者问任正非：您觉得美国遏制中国、打压华为是在嫉妒中国吗？

任正非回答道："我不太了解两个政府之间的相互关系、两个国家之间的相互关系，我们作为商业公司，基本上不过问政治，我们关心的是自己的发展。作为我个人的态度来看，我主张中国继续开放。"

2019年5月24日，当有国外记者问美国是否实施限制中国崛起的战略时，任正非明确回答："我不懂政治，也不是政治家，政治的事情要问特朗普去，他是政治家。"

任正非的巧妙回答，既正面回避了敏感政治问题，又让人觉得"话中有话"。

我们知道，在现实生活中，经济与政治、市场与政府的关系从来都是紧密相连的。企业看起来只是单一的社会组织，但企业经营的过程总是与社会、与政治、与政府有着内在的关联性。世界上没有完全脱离政治的经济，也不存在完全的自由市场经济。政府与市场永远都是相辅而行的"两只手"。美国被认为是自由市场经济的典范，美国当局对华为的极限打压，谁会相信纯粹是经济、市场竞争行为呢？

面对中美之间如此复杂而重大的政治经济问题，任正非的最佳选择应是坚守华为是企业、自己是企业家、华为的诉求是市场商业行为这一基本定位，并尽最大可能去回避或淡化政治问题，在不得不涉及政治时，则应"点到为止"。否则，很容易"弄巧成拙"或掉入某些记者设下的"圈套"。我们从任正非接受国内外记者的一系列访谈中，可以领悟到任正非识时处世的政治智慧。其中的关键就是，坚守自己只是华为的CEO，坚持把政治与企业行为分开，以"不懂政治"态度来处理政治问题。任正非坚守自己的企业家定位，防止以"政治家"口气说话。

如今，华为的市场已覆盖170多个国家与地区，服务于30亿

第二章
"我不懂政治"：任正非的政治智慧

世界人口，截至2019年6月，华为已经在全球范围内签订了50多份5G商用合同，5G基站的累计发货量已经达到15万套。作为国际化、世界级企业的华为，其生存和发展客观上需要处理好各国的"政治环境"。为此，任正非不但明见高远，而且花费大量精力去处理与政府和社会各界的关系。他明确规定，华为把法律遵从作为自己在全世界生存、服务、贡献的最重要的基础。任正非说，我们不仅要遵守各国法律、联合国决议，而且在敏感地区还不得不视美国国内法为"国际法"，"不然，我们就不可能全球化"。但即便如此，美国照样不手软，仍处处找碴儿剿杀。

企业家不但要掌握经济方面的知识，而且还要尽量多了解政治、法律、外交、文化等领域的知识，以便应对各种错综复杂的问题。

二 为何要打压华为，"只有美国政治家知道"

华为事件明显有政治性，美国的所作所为也是政治家们的"游戏"。国内外有不少舆论都认为，中美贸易摩擦和美国打压华为等科技型企业，是在美国视中国为主要威胁对手、对中国实施全面遏制战略背景下发生的。

在采访任正非的过程中，国外有不少记者追问他如何看待这个敏感问题，任正非都十分机智地回避或转换了话题。记者问：任先生，您有非常丰富的经历和经验，又创造了这样一个了不起的成功公司，去过很多的国家，对于国际上近年来发生的事情有许多了解。有些人说，现在国际格局可能到了一个转折点，会出现新的"冷战"，这对人类社会会带来新的风险吗？

对此，任正非同样机警地回答：我不认为我有能力去分析这样的问题，我的能力只是"集中精力管企业，两耳不闻华为公司以外的事情。包括中国的事情，我也不发表言论，因为我也不了解中国其他企业的做法"。"我到其他国家是去旅游，如果你要问我哪个地方咖啡好喝，哪个地方的风景好看，我可以滔滔不绝介绍给你，但是你问这个国家的政治，我是不懂的。"

有记者问，现在美国实行贸易保护主义，对华为实施制裁，还质疑华为公司治理、财务等各种问题，您认为美国为什么要针对华为？

显然，对这个问题的回答需要政治智慧和思维技巧。因为，作为政治性问题，应尽可能淡化，但就华为层面、包括5G技术层面问题，则应尽可能阐明华为的立场。

对此，任正非很得体地从多个侧面予以阐述。

其一，政治层面的问题，他始终坚持，"政治家怎么想的我真不知道"，美国为什么要打压华为，要问美国总统特朗普。有记者问，为什么现在美国看起来那么害怕华为呢？任正非回答说："我也不了解，为什么这么大一个国家会害怕一家小公司？美国是世界上科技创新最厉害的地方，而且美国是科技力量和人才聚集的国家，怎么会害怕一个华为呢？可能他们自己假设得太厉害了，我们实际上并没有想象的那么伟大。"

有记者问：现在围绕5G似乎在进行新的冷战，为什么会出现这样的情况？任正非首先回答"我不知道"，接着阐明不应把5G政治化："我觉得5G就是一个普通技术，就像信息的'水龙头'一样，它这个'水龙头'就是大一点，放的'水'多一点，怎么把这个'水龙头'当成核弹了呢？不知道是谁发明的。"

其二，政治家们对5G技术不了解。任正非指出，现在，全世界被5G这件事情闹得天翻地覆，美国把它看作比"原子弹"还恐怖。5G标准来自土耳其教授在2007年发表的一篇数学论文，我们投入了几千名科学家和专家来分解这篇论文，全世界

第二章
"我不懂政治"：任正非的政治智慧

其他公司也投入了几万名科学家和专家，努力做出5G的标准来了。5G只是一种通信信息技术，也可以说是人工智能的一个工具。尽管5G有容量大、速度快、时延低以及构建物联网等广泛应用价值，但它只是一种技术和工具，不能无限夸大它的价值和作用。

有些政治家把5G当成军控设备，把5G看作是原子弹那样的武器，以为有军事安全问题。其实，5G是造福人类的技术，给人们提供信息通道和管道，而信息通道和管道是控制在运营商、所在国政府手里的。5G只是一个信息传播的工具，传播内容与工具没有直接关系。任正非举例说，就像麦克风，不能说麦克风能够传递声音就是危险的，"危险"只是谁说了什么话，麦克风作为传声工具本身并不存在危险性。政治家们把5G看作是"核武器"，是因为他们对5G技术本身认识得不够深刻，而且把工具与内容、目的与手段混为一谈了。

其三，美国政治家对我们华为不够了解。也许隔行如隔山，也许有更多战略意图。美国政治家们对华为的成长历程和发展现状的理解，也许上述两种状况兼而有之吧。有记者问，美国打压华为是不是嫉妒华为？任正非说：我相信美国这么一个有伟大胸怀的国家不会嫉妒我们这根"小草"。美国这个国家在过去几十年是绝对的强势，未来的几十年美国还会有相对的优势，我们只在一个窄窄的面，"小草"冒出来了，美国会为这个"小草"去嫉妒吗？不会，美国有这么大的科技力量，有这么强的未来，不会因为嫉妒而打压我们。他们可能还是不够了解我们，如果了解我们，可能不会有这样的想象，希望政府领导人像你一样，看看我们的生产基地，看看我们的研究单位，看看我们的环境，看看我们科学家做的事情是如此之尖端、如此之细致，它可能就了解了。因为美国本来是一个创新型国家，创新型国家的心胸最宽广了，比我宽广多了，我都没有嫉妒过别人，美国不会嫉妒我们。

有记者问任正非：您是否认为西方并不理解像华为这样的中国公司，也并不理解中国？任正非回答说：西方也仅仅是一些政治家们不够了解，西方的企业、西方的科学家们应该对华为很了解的。这些公司并不会对哪个公司有敌意，因为我们同是一个行业，大家相互都知道共同的水平是什么。不过，可能政治家们不够理解，因为他们会想，像中国"这么贫穷落后的地方，怎么会冒出这么先进的公司来？"因此，我们欢迎他们来实地看看，来做些了解，我们会接待他们的，"他们问什么，我可以回答什么"。美国政治家们只靠媒体宣传或者仅凭想象来了解华为是不够的。他们没有亲临过华为公司，是不太会知道华为真正是什么样的。当然，美国政治家也可以找一些美国科学家和相关企业座谈了解华为，因为他们对我们华为是比较清楚的，这样对我们华为就会了解了。如果美国的政治家们来我们华为公司参观，他们原来想象的华为公司只是"茅草屋"的观念就会改变，来了之后就会看到我们华为的创新能力，相信他们会认为华为应该成为合作的伙伴。如果美国更多的政治家到我们公司来看看，看看我们原始性创新的步伐，他们就会觉得我们华为应该也是他们的好朋友，华为应该是可以信赖的。

有记者问：针对华为的国家安全的担忧，您会告诉特朗普总统哪些信息呢？

任正非回答：我会告诉他，大气层厚度只有1000多公里，将来信息社会云的厚度不会低于几千公里，这么庞大的未来市场，有大量的机会，不是零和游戏，而是大家共同建设这样一个很大的信息社会。华为只是在连接领域里稍微走快了一步。美国有更广泛更强大的力量，可以在这个大云中占有更大的份额。

因此，美国大可不必如此打压华为。

第二章
"我不懂政治":任正非的政治智慧

事实上,华为的发展不但不会对美国构成威胁,而且是造福包括美国在内的世界人民的。现在,华为参加了世界上300多个标准组织,提供了几万项提案,这些都足以说明华为在世界行业体系中做了什么事情、有什么样的贡献。任正非笑言:"特朗普先生可以不用问我,他去问美国的大公司、问美国的科学家,这些科学家和大公司比美国的政治家们更了解华为,因为他们跟我们有几十年的磨合和相处,这样他可以找到一个正确的判断华为公司的例子。包括我们的竞争对手,他也可以去邀请他们喝咖啡,听听他们对华为是怎么看的,他们了解华为。"任正非自信地告诉世人:华为是一家"非常光明磊落的公司",是对世界同行业发展和人类信息技术发展有重要贡献的企业。

其四,美国政治家凭想象认为华为是一家"危险公司"。有记者问任正非,近来美国总统特朗普、国务卿蓬佩奥多次讲话,说从安全、军事角度讲,华为是一家"危险"的公司。对此,你们华为如何回应呢?任正非回答说:我们真不知道他们为什么会把华为理解为"危险公司"。我们为世界30亿人提供了信息通信服务,帮助非洲等艰苦地区发展信息服务。我们就像过去的传教士一样,在深山老林里努力传播文化,我们的精神几乎有了宗教般的虔诚,在尽力为人类服务,怎么会认为我们是"危险"的公司呢?因此,任正非希望美国政治家能有理有据地讲清楚华为的"危险性",他们自己是否有信心把他们讲的这句话解剖给大家听一听?为什么不拿出事实依据来?

三 "我最适合继续担任CEO"

在应对美国极限打压的极为重大而敏感时期,任正非清醒地坚守自己是华为CEO的身份定位。

2019年7月18日，任正非接受意大利一些媒体记者采访。意大利《晚邮报》记者问：在美国制裁的危急时刻，您是否还是一个企业CEO、企业领头人的岗位？

任正非说：在这个危机时刻，我最适合继续担任CEO，我有能力领导这个公司走出黑暗，走向光明。即使得不到美国的帮助，公司也会持续良好发展，会独立生存下去，而且还会生存得很好，处于世界前列。

意大利《共和报》记者问：在5G上，现在华为也好，中国也好，实现了对美国技术的超车，您认为未来的趋势是不是中国在越来越多的技术上超越美国，美国的举动是不是为了遏制中国的增长呢？

这是个带有重大政治性的全局问题。任正非恰如其分地回答："我不代表中国，不知道中国会不会超车，因为我没有精力去关注整个社会。我只能代表华为，也只了解华为。"

记者继续追问：现在美国对华为的攻击是不是为了遏制中国技术的超越呢？

任正非继续回答："我不知道，问美国才会清楚。美国对华为的制裁和遏制，也许是美国的一种误会。我欢迎美国政府官员多来华为看看，可能他们就消除误会了。我认为，未来几十年，美国还是世界上最强大的科技国家。"

有记者甚至提出了十分刁钻敏感的话题：我理解作为一个企业对于政治这块为什么关注，我们觉得作为一个总部在中国的企业，走向海外时怎么能够完全不受中国政府的影响？对这一点你怎么回应？

任正非机智回应：我们到外国做生意的目的是去赚钱，中国政府和我们走向海外有什么关系？我们没有什么关系，就是在中国遵守中国法律，出国遵守外国的法律，最多是外汇赚的钱汇入中国的时候，要受外汇管理局的管理，这里有一点压力；或者海外汇回来的利润向中国政府缴税时，税率是不是有一点优惠，我还不清楚。因此，没有感到有什么特别关系。我不代表别的中国公司走向海外。我对其他公司一点都不了解。我就一心一意面对华为的运作，要么就读一点书，因此，不知道别的公司怎么做，我就无法回答别的公司的问题了。至于中国的问题，我们也只研究适合我们经营的法律，跟我们无关的法律我们不去触碰，所以我不可能像一个政治家一样评价法律。

"我是一个企业，还不是一个'家'。"任正非作为一个企业家、作为华为的创始人和CEO，在应对如此重大国际事件的过程中，充分展示了自己的胸怀和智慧。

四 坚持把华为事件与中美贸易战分开

美国打压华为事件是在中美贸易摩擦背景下发生的，实际上也是美国在中美贸易战中企图占据有利地位、讨价还价的一个大筹码。也许美国当局原以为华为如同中兴公司一样，很快就会崩溃而向美求饶。但华为的实力和韧劲让美国大出意料，华为不但挺住了，而且士气昂扬，继续有序发展，甚至放言：美国要想建5G先进网络，若干年内还离不开华为！

但就应对策略来讲，华为既要淡化"夹在"中美两国贸易战之间的局面，又不能完全回避。

比如，有国外记者问任正非：您今天坐在这里，预估一下中美贸易战会持续多长时间？在这之前有位中国前任高级官员说可能会延续到2035年，而马云说可能会持续20年，您的预判呢？

任正非是这样回答的：我不知道怎么预判。我只管我们公司，公司可大可小，打一打，我们缩小一点，变成小乒乓球；再大一点,变成排球;再大一点,变成篮球。大与小,对我们来说可以随时调整。

这个回答很风趣,也很有智慧。既回避了作为企业家不该去轻率预测事关中美贸易前景的国家利益关系大问题,又告诉大家华为在中美贸易战背景下"被打"的事实。

还有记者追问:你们在实际操作中会用什么样的步骤来拒绝国家的请求呢?

任正非首先告诉大家:"从来都没有发生过这种事情。德国报纸发布了一篇文章,说华为公司的系统没有找到后门。英国说华为受到了全世界最严厉的审查,所以英国才会信任我们,坚持要用我们的设备。这是历史证明的,未来我们更不会去做这个事情。"

2019年6月19日,美国CNBC记者采访任正非时问:昨天特朗普总统发推特说,他跟中国国家主席习近平在日本大阪G20会议期间有一个对话,现在美国把华为放在中美贸易的核心位置,您怎么看?

任正非回答说:第一,华为在美国没有什么产品销售,因此中美之间的贸易问题与华为几乎没有什么关系。第二,中美两国是两个很庞大的"球",我们在中间只是一颗小芝麻,起不到任何减缓的作用。我认为,美国是一个法治国家,华为和美国的问题还是要通过法律来解决,我们还是相信法庭最后的判决。

记者又继续追问:华为可能在美国并没有多少生意,如您所说,华为并不想被搅和在中美贸易战中间。但是您之前确实也说了,华为是被夹在中间了。那您有没有抱有一种期望,就是在G20峰会的时候,在习近平主席可能与特朗普总统的会面中,华为能成为一个谈判的话题?您有这样的期望吗?

任正非答道:我认为,可能我们华为并没有这么重要吧,两个伟大的人物谈话,把我们作为一个喝茶谈话的谈资?我觉得不大现实。

记者说:您提到华为可能并不值得大家有这么多的关注,但看一看美国的很多政治人物,包括特朗普总统在内,他们确实是花了很多时间来谈论华为的。

任正非答:可能是因为打不死我们,怎么打我们都不死,可能以后还不会死,他们要几年都这么关怀下去,是不是很疲惫?我们和美国政府的沟通,各个渠道都在进行。因为美国是一个法治国家,我们在法庭里沟通,就是在和美国政府沟通。美国政府出具证据给法庭,我们也出具证据给法庭,让法庭来判断我们是有错还是没错,还是错多少,做出裁决,这才是最主要的问题。作为一个谈判筹码,我觉得我们不值得,我们也不愿意。

尽管华为不愿意成为中美贸易谈判的一个筹码,但事实上在中美贸易战期间,特朗普明确说要在中美谈判中把华为作为一个重要话题。但对于华为 CEO 的任正非来说,最佳应对之策是淡化华为在中美贸易战中的"色彩",这样既能把握好政治"尺度",又能掌握可进可退的主动性。

五 坚持把网络安全与信息安全分开

美国打压华为的最冠冕堂皇的理由,是说华为设备不安全,装有"后门"。美国以唯我独尊的世界霸主气势,到处向盟友施压:我们美国不用华为的设备,全世界也不能用华为的设备;如果你们用了华为的设备,中国政府有可能通过华为设备从事间谍活动,我们美国就不与你们共建共享情报安全信息系统了。事实到底如何?这是首先要澄清的问题。

第一,网络安全与信息安全不是一回事。任正非指出:"网络安全和信息安全是两回事,我们是管道,只卖了设备给别的公司,设备里面装什么东西是控制在运营商手里,不是在我们手里。"而作为网络系统,谁都不能保证绝对不会发生故障。对此,任正非指出:"最近一些公司在很多个国家瘫痪了,我们从来不认为它们有多大的罪责,它们面对现实也要不断改进。没有一个人会在这个网络上是常胜将军,我们也不是,但是我们有故障保障系统,确保这些故障能够很好地排除。"

第二,历史事实可以说明问题。过去30年的历史证明,"我们没有后门",如果说我们华为有"后门",请拿出事实证据来,而且从网络设备运行技术上讲,华为的网络安全保障也是最好的。华为过去的体系"围墙"是建得最为安全的,防攻击能力是世界最强的,这是美国一个叫Cigital公司评价的。美国既然到处指责华为有"后门",那就拿出事实和证据,可是"美国至今也没有提供我们有什么危害安全问题的证据,就把我们放到这个名单中"。

最近有记者问蓬佩奥:你们的"证据呢?"蓬佩奥则说:"你问的问题是错的。"任正非以牙还牙:"我认为,把我们放到实体清单中也许是错误的。"

第三,华为在设备中绝不可能安装"后门"。任正非明确表示:"我们公司绝不可能安装'后门',我们公司也绝不可能从事任何间谍活动。而且我们也不会接受谁的指示来安装'后门',如果有这个行为,那我就把这个公司解散了。""华为年销售收入几千亿美元,不会因为装'后门'这一点引起全世界客户和国家的反感,否则以后我们就没有生意了。没有生意,我们怎么偿还银行的钱?我也不会冒这个险。'解散公司'表明了一种决心,表明我们不会做这件事,更不会把任何信息交给别人。"

有记者故意向任正非发难:如果国家发生危机,找到您说

第二章
"我不懂政治"：任正非的政治智慧

"需要你们给国家帮助，需要进入你们的网络，需要你们提供一些信息，这些对国家、对政府、对人民是有利的"。

看看任正非是如何回答这个难题的："我们绝对不会安装'后门'，绝对绝对不会做这件事。因为我们是为人类服务，不是为情报服务，为什么要去安装'后门'？"

任正非甚至表示，为了维护客户利益和华为尊严，个人生死可以置之度外。对此，连中国政府高层领导都已明确表态"不会让企业安装'后门'"。2019年2月16日，中共中央政治局委员、中央外事工作委员会办公室主任杨洁篪在慕尼黑的安全会议上发言，明确告诉全世界："中国政府从来不会指引任何企业去安装'后门'，中国政府要求所有企业都要遵守国际法、遵守联合国法律、遵守各个国家的法律，在任何地方都要合规经营。"

第四，华为可以公开签"无后门协议"。为了表明华为尊严，任正非向世界公开承诺："前三十年，我们一次也没有过（指'后门'），现在在这种特殊环境中，中国政府已经明确表态'不让企业做这个事'，因此，我们也敢向世界所有国家表示'我们可以签无后门协议'。如果这些国家认为我们说了不算数，要国家说了算数，我们签约时，也会邀请中国政府出来证明我们的签约是有国家做证，支持不搞后门活动。特别是慕尼黑会议上，中央外事工作委员会办公室主任已经公开宣传，就表明了中国政府的态度。"

试问，世界上有哪个企业敢这样公开承诺的？本来无须这样做，但为了揭穿美国的谎言而不得不为之，当然也是将了美国一"军"。

第五，5G只是造福人类的技术。美国自我"恐惧"，把5G当成了军控设备。任正非笑谈道："5G不是原子弹，原子弹破坏人类，是有安全问题的。5G是造福人类，给人们提供信息通道和管道，信息通道和管道是控制在运营商手里，控制在所在国政府手里，我们提供的只是一个裸的设备，像自来水管和自来水龙头一样，不会对安全产生多大危险。"任正非以通俗的例子解释说，华为卖给这个世界的就是一个"自来水管道"，5G基站就像个"水龙头"一样，可以放出"水"来、放出信息来。华为本身不控制这个网络设备，控制这个网络设备的是运营商，而运营商受所在国法律管理。

美国也许过度自我"恐慌"了。其实，美国在世界上是处于绝对优势的国家，即使未来有一些国家追上来了，也不一定能很快超越美国，美国的优势将是长期的，美国大可不必过度"恐慌"，即便在个别领域、个别公司有新的突破或赶上美国，那也应该是值得高兴的，"因为我们共同为人类提供一种更好的服务，这些服务怎么会被认为是威胁呢？"

美国总认为自己的信息不安全，会受到华为的"威胁"。任正非调侃说："美国都没有我们的设备，它的安全与我们有什么关系呢？以后它也不会买我们的设备，美国安全和我们有什么关系呢？"

第六，需要指出的是，美国如此向盟友施压不能采用华为产品，背后到底是有什么想法只能由历史和合理的逻辑推理来说明。美国监听盟国及领导人信息早已是公开的事实。如果欧洲用了华为的设备，美国也许就很难搞到他们想要的情报了，因为他们进不到华为设备里来。欧洲也提出了"信息数据不要离开欧洲"。正如任正非透露的，如果采用华为设备，"这样他们想进也进不来了，因为我们的设备没有后门，他们进不去欧洲的信息网络"了。

六　坚持把华为产品与爱国分开

为了保持企业产品的市场理性，任正非站在国家发展大局和

第二章
"我不懂政治"：任正非的政治智慧

华为长远发展的战略高度，十分理智和自信地强调，要把爱国和商品分开，不能说用华为的产品就爱国，不用就是不爱国。华为产品只是商品，如果喜欢就用，不喜欢就不用，不要与爱不爱国简单挂钩，要防止用一个企业、一个产品去"绑架"一个国家、一个民族。

央视记者董倩问任正非：您提到不希望别人因为爱国而买华为手机。现在国内很多人觉得您是"民族英雄"，您愿意接受这样的称号吗？

任正非明确指出：不接受，我根本不是什么英雄，我从来都不想当英雄。任何时候，我们是在做一个商业性的东西，商品的买卖不代表政治态度。现在小姑娘都买化妆品，口红一擦，在我们年轻时代那就是资产阶级思想，现在擦口红，还有谁说是资产阶级的东西？没有了。所以，口红不代表意识形态，那么手机也不代表意识形态，你喜欢用什么就用什么。

这个时代变了，买苹果手机就是不爱国吗？那还改革开放做什么？商品就是商品，是个人喜好的事，与爱不爱国没什么关系。媒体炒作有时候比较偏激，偏激的思想对一个国家是没好处的。

董倩问：您希望民众现在用一种什么样的心态面对华为公司？

任正非回答：希望没心态，平平静静、老老实实"种地"去，该干什么干什么，多为国家产一个土豆就是贡献。

七　坚持把爱国与民粹主义分开

美国发起中美贸易战，尤其举全美国之力极限打压华为，激起中国人民的爱国情怀。面对爱国热情，必须保持理性，以国家全局和长远利益为重，防止把正常的爱国情怀引入民族主义和民粹主义的死胡同。对此，任正非鲜明地把爱国与民粹主义分开。

民粹主义是一种狭隘和极端的排外思潮，它通常借"爱国"之名而行祸国殃民之事。民族主义、民粹主义有百害而无一利，会阻碍国家改革开放大局。任正非鲜明地说，我们的态度是不能为了华为一家公司而牺牲国家利益，牺牲了国家实施改革开放的大政策。虽然近代中国因西方国家的践踏而受到严重挫折，但我们仍然坚定地支持国家继续走向更加开放的未来。

大家都明白，如今华为成了中美贸易战的前沿阵地，但任正非表示，华为没有这么伟大，中美两个大板块之间的冲突，怎么会让华为这颗小芝麻夹在中间呢？我们华为能起什么作用呢？我任正非也不是民族英雄。正是为了捍卫国家利益、市场规则和人类全球化开放大局，任正非理智地防止和拒绝用华为去"捆绑"国家大局。

2019年5月21日，有记者问：现在大家对华为有两派鲜明的情绪：第一，很鲜明的爱国主义，把对华为的支持上升到支持爱国的高度上；第二，华为绑架了全社会的爱国情绪，要是不挺华为就不爱国。现在情绪化越来越严重了。

对此，任正非十分冷静，指出，"我的小孩用苹果产品，就不爱华为了？不能这么说"，"不能说用华为产品就爱国，不用就是不爱国。华为产品只是商品，如果喜欢就用，不喜欢就不用，不要和政治挂钩"，"千万不能煽起民粹主义的风"。民粹主义是害国的。因为国家未来的前途在"开放"。任正非希望社会各界能够理性地对待华为事件，也要求华为人不要去煽动民族情绪。他说："余承东总说老板不为我们宣传。我们制止他们瞎喊口号，不要煽动民族情绪。"任正非的这番言论，征服了在场采访的媒体人，也向世界展示了当今中国企业家的胸怀。

当有记者问"民粹主义、民族主义会让你觉得担忧吗"时，任正非明确表态："我们坚决反对民粹主义和狭隘的民族主义，经济要走向全球化，要合作共赢。世界这么大，怎么会只有一家公司做这个事情呢？不赞成。即使我们真能做到第一，也要和大家团结在一起，为人类共同服务，而不是自己去服务。"

华为对外宣传一直是务实低调的。对此，任正非甚至风趣地说，其实，我们公司以前一直是胆小的，因为美国打击我们，我们被迫挺起腰来了，是美国把我们逼成了英雄。现在民间虽然有一些情绪，但民族主义和民粹主义不代表国家和社会的发展方向。面对美国对华为的殊死打压，任正非希望华为人"可以潇洒一点，对美国更多地赞扬。希望他们不要反美，希望不要引导我们的员工最终有一种狭隘的民族心理反美，也不要有着民粹主义的思想导致最终落后。我们向美国学习先进开放，那么我们将来有一天会先成为发达的公司"。从"孟晚舟事件"以来，任正非在应对美国所发起的对华为的巨大挑战时，坚持以理性、平和的心态来应对，始终强调以法律的确定性来应对政治的不确定性，反对将华为事件上升到国家政治外交层面，反对用民族主义和民粹主义来绑架华为和国家。

这是一种具有历史深度的智慧，具有时代高度的胸襟，是当代中国人应有的气度和自信。

八　坚持把政治与法律分开

美国倾其一国之力打击华为，说华为有"安全"问题，但美国却一直没有拿出什么证据来。其实，美国打压华为的政治目的是司马昭之心，路人皆知的。华为也早有准备，就是坚持把政治与法律分开，或者说，化政治问题为法律问题，用法律的确定性来应对政治的不确定性。

比如，任正非说，我们华为为什么特别强调要遵纪守法？为了企业的持续健康发展，最好的应对之策是坚持守法，努力规范企业经营行为。"如果我们哪一方面触碰了红线，就不会存在了。不只是其他国家的红线不能触碰，中国的红线也不能触碰。"

尽管政治与法律难以完全分开，有时候法律常常成为政治的工具。但有时候法律也可以是制约、抵制不当政治的有力武器。因为，法律相对来说是公正、公开、稳定的社会准则。

这次美国动用国家司法、行政等手段打压华为，无端拘留孟晚舟，启动所谓"国家紧急状态"和"实体清单"禁止华为与美国的市场交易。对此，任正非沉着冷静、从容理性，不感情用事，不急不躁，反复强调：美国、加拿大不是公正、透明的法治国家吗？那么，"美国已经起诉了我们，我们也起诉了美国政府，既然进入了法律程序，有什么好谈的？还是通过法庭来解决吧"，我们"相信美国司法系统是公开透明的"，"我们跟美国政府在法庭上见"。任正非说，我女儿没有犯罪，没有犯罪事实，"我们相信美国和加拿大的司法是公开透明的……我们耐心等待法律解决，我也没有感到委屈"。既然"已经走向了法律，走向了司法程序，我就不具体评价这个东西。美国和加拿大的法律首先是公开的、透明的，然后是公平、公正的。美国要把它所有的往来（材料）公开，我们才知道这里面的过程和原因，那我们才能做出法律上的判断和法律上的辩护。因此这些都交给法律处置了，我们不去做个人评价"。

任正非在回答相关国家记者提问时说："没有证据判刑，我相信美国不会这么做，我相信加拿大也不会这么做，因为你们是一个世界闻名的国家，你们是一个法治国家，你们把法律放在至高无上的位置。所以必须按照法律、按照事实、按照证据、按照公开透明的所有程序来处置问题，那时候需要怎么处置就怎么

第二章　"我不懂政治"：任正非的政治智慧

处置。"

美国认为华为会危害美国的安全，这样讲有什么证据呢？任正非说，现在世界上说"网络安全"的就说我们华为一家。难道爱立信没有网络安全问题？思科就没有网络安全问题？诺基亚就没有网络安全问题？怎么就说华为有网络安全问题？而且在美国国家网络里，没有华为的东西，美国的国家安全是不是就安全了？事实上，美国网络同样不安全。因此，我们为了澄清这个问题，就对美国政府进行起诉。这个起诉利用了美国的法律，美国国家制度是三权分立的，没有对我们经过审判，就颁布法案禁止我们，美国自己违反了法律。"当然，在这个问题上，也不知道我们能否成功，但是我们必须在一种广阔的范围内和美国博弈。到底是你有证据，还是我没有问题？"

世人都说事实胜于雄辩，那就拿出证据吧，并在法庭上用证据说话。这说明华为是有底气的，是坚守法律至上原则的。

九　坚持把政治与市场分开

美国以所谓国家安全为由，把华为列入制裁的"黑名单"，不但禁止美国政府部门采购华为产品，而且禁止美国企业向华为供货和购买华为产品，禁止大学、科研单位与华为合作，甚至与华为有关的物流、邮件都在"禁运"范围。一直标榜奉行自由市场经济的美国，给自己做了非常反面的例证。

但任正非坚持市场中性原则，十分大度地说："美国不购买我们的设备，是市场经济的自由行为，买家不买、卖家不卖，这没有问题。"言下之意，堂堂的美国为什么连市场经济的基本规则都不讲呢？美国政府的做法也让美国企业界怨声载道，美国的联邦快递甚至状告美国商务部，因为政府禁令让他们无所适从，屡屡违背市场常理和商规商德，在世界上出丑并走向被告席。

十　坚持把企业与国家分开

这次华为事件不但直接涉及中美关系，而且涉及世界上不少国家的内政外交。因此，华为如何应对，无疑会涉及国家间（尤其中美）的关系。任正非十分清楚，应坚守华为只是企业的定位，防止因华为事件而影响国家利益，或者掉入某些政治"陷阱"。

比如，有记者问任正非：你寄希望于中国和美国的贸易对话来解决华为问题吗？任正非回答：华为几乎在美国没有什么销售，因而与中美贸易没什么关系；中美两国贸易这么大的事情，我们是不知道两国之间要对什么话；"我们关心的就是我们自己企业的小事情，希望对话就不要提到我们，我们不值得他们对话"。华为的问题摆在中国的桌面上，只是一个很小的问题；摆在美国的桌面上还不够芝麻大，所以不值得拿到桌面上来讨论。我们自己有能力解决，我们还是相信法律，通过法律来解决华为和美国的关系问题。任正非有时把华为比作"西红柿"或者"小芝麻"，而且清醒地坚守自己的企业定位，以掌握应对的主动性。

十一　坚持把美国企业家与政治家分开

当问及任正非面对来自美国政府的打击，华为还会不会和美国企业加强合作时，任正非表示，美国的企业都是富于道德良心的，这些公司是非常好的。华为过去30年的发展，没有离开世界上所有先进发达的公司的支持与帮助，所以华为现在受到一些挫折不是发自他们的本心，而是发自一些政治家对事物认识的不同

第二章
"我不懂政治"：任正非的政治智慧

看法。

华为一路走来，是华为人奋斗的结果，也是向美国和西方先进公司学习的结果。事实上，华为不仅仅是一家中国企业，更是一家世界性企业，华为的国际化程度已相当高。以至于有人说，华为是一个"最美国化"的公司，任正非甚至称自己是"亲美派"，也许美国"打错"人了。任正非非常坦诚地告诉世人，华为的产品研发体系是IBM设计的，人力资源体系是Hay Group设计的，组织架构是Mercer设计的，财务体系是普华永道设计的，销售体系是埃森哲设计的，供应链体系也是IBM设计的。他还说过这样的话：决心要穿一双"美国鞋"，我们不能摇摆，如果我们今天摇摆这样，明天摇摆那样，我们将会一事无成。所以要坚定不移地向IBM学，集中精力向IBM学，不摇摆。华为的伟大和成功之处，是坚定不移地向西方国家和日本等一流企业学习先进技术、管理、文化和价值观，不断提升国际化水平。任正非对美国等先进企业心存感激。华为实力不强的时候都加强和美国企业的合作，现在更要加强合作。

任正非在接受媒体采访中多次强调：我们最重要的还是把自己能做的事情做好，美国政府做的事不是我们能左右的。他说，我们还是非常感谢美国公司的，30多年来美国公司一直伴随着我们公司的成长，做了很多贡献，教我们明白了该怎么走路。正如大家所知道的，华为绝大部分的顾问公司都是美国公司，典型的有IBM、埃森哲等几十家企业。美国企业多年来给了我们很大支持。"特别是在最近的危急时刻，体现了美国企业的正义与良心。前天晚上（指2019年5月19日），徐直军半夜两三点打电话给我，报告了美国供应商努力备货的情况，我流泪了，感到'得道多助、失道寡助'。今天，美国的企业还在和美国政府沟通审批这个事情。"

华为人也很理解美国企业的难处。华为被列入美国商务部的实体清单后，美国公司卖产品给华为都必须拿去审批过才能交易。美国是法治国家，美国企业不能不遵守相关法律。任正非敏捷地把美国的政治家与美国企业家区分开来，希望媒体不要老骂美国企业，大家多为美国企业说话。

对美国政治家尤其是美国总统特朗普的"两面性"也要做客观分析。虽然对特朗普的"评价"涉及了政治、外交，但任正非坚守从企业家的角度去评论，也就是主要从特朗普的企业减税方面去说他的"伟大"问题。任正非说："过去我说特朗普是伟大的总统，仅仅指减税这一面。今天并不改变这个看法，不因为打击我就改变看法，不因为我的家庭受难就改变看法。如果我没有这样的胸怀，就没有今天的华为。""我讲特朗普伟大，讲的是减税这一条。特朗普人格有两面性，因此这么好的政策没有得到世界追捧，而且让美国股市狂跌。他没有用好这个政策，等他明白过来，别人也不敢相信他说话算数，可能就失去了成为伟大总统的机会。但是他给全世界各国政府都提了醒，一定要减轻企业负担，让企业缴税少一点，用于开发新产品、用于改善设备，这样国家才能恢复竞争力。中国也减了4%的税。"但问题是两个方面："一个要政策优惠环境，一个要恪守信用。"光有政策优惠环境，不讲信用，今天抓这个人，明天打那个企业，谁敢到美国投资和做生意呢？

当主持人问及任正非面对来自美国政府的打击，华为还会不会和美国企业加强合作时，任正非表示，我们当然希望合作下去。"华为以前不坚强的时候都加强和美国企业的合作，现在坚强了为什么要惧怕跟他们合作呢？""我们已经很坚强了，我们是打不死的鸟。"华为毫无疑问要继续走开放之路，只要有可能，就会坚定地与美国企业合作。

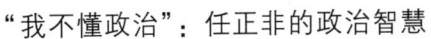

第二章
"我不懂政治"：任正非的政治智慧

有记者问：您是否认为西方并不理解像华为这样的中国公司，也并不理解中国？任正非回答：西方也仅仅是政治家不够了解，西方的企业、西方的科学家们应该对华为很了解的。我们并不会对哪个公司有敌意，因为我们同是一个行业，大家彼此了解各自的水平。

任正非把美国政治家与企业家区分开来，既符合客观事实，又团结了自己的合作伙伴。

十二　坚持把美国与世界分开

虽然美国在当今世界影响力很大，但世界不是铁板一块，美国不可能指挥一切、左右一切。即便是美国的传统盟国，也不可能都听美国的。

当有记者问到这个问题时，任正非分析道：美国的盟友可能会相信，也可能不相信。对相信美国说法的国家，我们可以等一等，以后再说。有些国家觉得华为是可信的，那我们就走快一点。"世界太大了，我们根本都走不过来，如果全世界同时都要买我们的东西，我们公司会崩溃的，我们没有这么多东西可以卖给大家，也生产不过来。我们认为，分期、分批的一些国家接受我们，对我们有序地发展是有好处的。"

有记者问：假设美国成功说服西方的合作伙伴把华为设备挡在市场之外，您觉得这样对华为的生意有多大的影响？

任正非回答：西方不亮，还有东方亮；黑了北方，还有南方。美国不代表全世界，美国只代表一部分人。

任正非指出：不管美国人如何打压我们，它不可能扼杀掉华为，"因为这个世界离不开我们，因为我们比较先进。我认为，即使它说服了更多的国家暂时不用我们（产品），我们可以收缩变小一点。我们不是上市公司，不为了报表而奋斗，收缩小一点，我们的队伍就更加精干"，发展会更成熟，人们也会更欢迎和喜爱华为的产品。

"西方不亮，还有东方亮。"华为5G技术处于全球领先水平，具有极大的市场竞争优势。毫无疑问，世界上不会所有国家都与中国为敌，也不会全部跟着美国走，一起拒绝华为产品。任正非十分自信："接受华为的国家会获得很大成功，历史会证明，华为对信任我们的国家会做出很大贡献。"

任正非十分注意把美国与世界分开，指出欧洲不是美国，世界更不是美国，美国人并不能左右一切。毫无疑问，欧洲市场是美国打压华为成效如何的关键地区，而任正非则坚信：欧洲不会完全跟着美国走，甚至美国的相关企业大多数反而跟华为的沟通很密切。

目前全世界只有华为的5G做得最好。美国的打压扩大了华为的影响力，合同订单不但没有减少反而增加了。因此任正非说，要感谢美国政治家给华为的宣传，我们还不用付广告费，真要谢谢他们。他希望西方记者帮助"转告他们，我很谢谢他们给我们做了宣传"。

美国的打压虽然给华为经营造成了一些困难，但影响大大低于人们的想象。比如，2019年7月30日华为公布了上半年业绩，营收达到4013亿元，同比增长23.2%，净利润率增长为8.7%。上半年华为的智能手机销量增长24%，出货量达到1.18亿台。截至2019年7月份，华为获得了全世界30个国家的50个5G合同，其中有28个合同来自欧洲。即使受到美国如此打压，2019年上半年，华为5G基站发货量超过15万个，5G订单数跃居世界第一。据了解，华为的竞争对手诺基亚获得了42个5G订单后几乎未再获得新的订单，爱立信有22个5G订单，比中国中兴的5G

订单数（25个）还要少。看来，世界上众多国家都有自己的判断，并没有相信美国所说的"华为存在安全威胁"。

十三 华为为什么要有党组织？

华为设立党组织也成了一个十分敏感的政治问题。

有记者提问说：现在对于华为的一些误解或者说一些需要澄清的地方，一定程度上也是由于您本人和中国军队和中国共产党的联系所引发的。有人说您享受只有中国政府员工才有的一些特权，有人说华为在内部设立了党委，这也引发了很多人对华为的疑问。华为和中国政府到底有多紧密的关系？为什么要在华为公司设立党委？党委存在的必要性是什么？党组织行使的职责是什么？

我们来听听任正非是如何回答这个棘手问题的："我们是在中国这个环境下注册的，和中国政府的关系就是要遵守中国的所有法律，要遵守中国所有的管理规定，要向中国政府缴纳税收，要解决员工就业问题，包括周边环境的社会责任问题。华为成立共产党组织是在摩托罗拉和IBM、可口可乐中国公司也成立之后，在我们成立之前，他们已经先成立了。这是中国法律要求，我们得依法经营。在我们公司，党委起到的作用就是团结员工、教育员工好好努力工作，创造财富，为国家、为人民，也为自己。主观上是为了自己，但是客观上是为了国家、为了人民。因为主观上自己挣到钱了，但是要缴税，缴税就是为了国家。所以，我们党委起到的作用只是教育员工的作用，不参加任何经营决策。"

中国法律规定，无论是中国企业还是外资企业，都必须建立共产党组织，这是法律。所以我们必须遵守法律。任正非解释说，这"就像英国人很热爱英国，中国人也会热爱中国。英国人也要拥护它的执政党，不拥护执政党为什么投票给它？投票给它就是拥护它。中国的执政党就是中国共产党，我们也要拥护它，不拥护怎么行呢？一样的。每个国家，人民热爱自己的国家，拥护自己的执政党，这个国家才能前进。国外选民有权发表自己的意见，中国现在的网络也在发表各种意见，国家也在不断改革，这个问题是可以理解的"。

任正非讲得有理有据，是令人信服的。

十四 "淡"到深处即智慧

企业看起来只是单一的社会组织，但企业经营的过程总是与社会、与政治、与政府有着内在关联的。世界上没有完全脱离政治的经济，也不存在完全的自由市场经济。政府与市场永远都是相辅而行的"两只手"。美国被认为是自由市场经济的典范，美国当局对华为的极限打压，谁会相信纯粹是经济、市场竞争行为呢？

任正非的上述见解和一系列答记者问，看似轻描淡写，甚至有点不近情理，但这就是大智若愚，就是大事来临仍从容，是一种大智慧。"轻"到极致是深刻，"淡"到深处即智慧。任正非看似不太多讲政治，但处处展示政治智慧，不上美国人的当，而且善于团结同盟力量，尽量扩大华为的"朋友圈"。

中外企业的生存和发展都离不开国家，都需要政府资源，因而不能不讲政治。华为事件提醒我们的企业家，经营好企业是需要有政治头脑、政治智慧的。走向国际化的企业，就更需要懂一些国际常识和国际政治。

第三章

"以客户为中心"：华为的经营智慧

我们坚持以客户为中心，快速响应客户需求，持续为客户创造长期价值进而成就客户。为客户提供有效服务，是我们工作的方向和价值评价的标尺，成就客户就是成就我们自己。

——任正非

企业作为市场主体和商业活动组织，它的生命存在和价值意义是通过整个经营活动来实现的。企业的生存和发展涉及多方面的利益主体或者说利益相关者，比如，有投资入股的股东，有企业高管团队，有企业员工，有市场客户，有经营合作者等。企业在经营活动中有没有占主导地位的利益主体？如何平衡处理好众多利益者的利益关系？这就需要具备高超的企业经营智慧。华为的经验，任正非的智慧，首先就体现在企业经营方面。坚持以客户为中心、以奋斗者为本，长期艰苦奋斗，这是华为公司的核心价值观，坚持自我批判、自我超越，是华为公司自我纠偏的内在机制。正如任正非指出，华为公司从经历了长期艰难曲折的奋斗历程中，悟出了"以客户为中心，以奋斗者为本"的企业文化，形成了自我批判、自我纠偏的机制。这是华为一切工作的魂，是华为的胜利之本。

华为"以客户为中心"的经营管理智慧十分丰富，具体经营管理制度办法很多。这里我们着重从基本理念和思路角度做一个概述。

一 掌控不了的客户恰恰是企业生存的根本

企业是市场经济运行的基础和主体，那么，企业的基础和主体（指中心、核心）又是什么呢？这涉及企业的本质问题，也是企业经营管理学的基本问题。

任正非是一位很善于学习思考、总结提炼的企业家。他在谈早期下海创业时的下述一段话，引起了我的思考。

20世纪80年代，那时候多数人根本不懂市场经济为何物。比如，这个东西买进来10块钱，怎么卖出去12块钱？这种做法是不是投机倒把行为？做买卖的人是骗子吗？当时人们的思想观念还处于禁锢之中。那时候也谈不上什么企业家，只是有"厂长"。任正非部队转业到深圳创业，开始在一家公司的下属小公司担任责任人。在经营中缺乏经验，又对人家过于信任，结果被人家骗走了200万元，然后就设法追款讨债，也没有钱请律师打官司，最后只能在市场经济大海中为学游泳付了学费。他在大海中呛了一大口海水。他还自己学法律，自己当律师，几乎把这方面的法律书都读了一遍。

任正非在实践中，"悟出一个道理，市场经济就两个东西，一个是货源，一个是客户，两个之间的交易就是法律。我永远不可能掌握客户，能掌握的就是货源，我能遵守的就是法律。这就是我们做研发的动机，自己要研究商品，通过合法交易手段，从客户那里把钱赚过来"。

后来，钱没有讨回来，原来的公司就把他辞了。任正非只好

第三章
"以客户为中心"：华为的经营智慧

重新去创业。那时候，中国刚改革开放不久，允许知识青年回城，政府没法给他们安排工作，允许他们卖大碗茶、卖馒头什么的。在深圳，还允许一部分人创办科技型公司。任正非用2万多元钱，和几个人一起，创办了华为。这是生活所迫，也是任正非追求事业所致。创办华为公司后，任正非就沿着从实践中悟出的思路，去组织好货源，以合理价格再卖给客户，赚取客户的钱。"就是这么一个道理，建设这个公司，走到今天。"

任正非在实践中悟出的市场经济经营活动的"一个道理"：一个是货源，一个是客户，两个之间的交易就是法律。实际上是生产者、消费者、政府（调控、规则）三者之间的关系。而他说的这句话颇令人深思：我"永远不可能掌握客户，能掌握的就是货源，能遵守的就是法律。"作为生产者、产品供应者的企业，自然能掌控产品货源，法律也是主动要遵守的，但唯一不能自主掌握的便是客户（消费者）。因此，客户是企业生存和发展的关键所在。如何做到以确定性（能掌握）去驾驭不确定性（不能直接掌握），从而保证企业能生存下来、发展起来，这是企业经营管理的核心密码之所在。

任正非的高明之处，就在于他一涉足市场经济就掌握了企业生存的核心密码，而且30多年坚守其道。

二 企业到底是以股东、员工还是以客户为中心？

一个企业生存和发展的利益相关者很多，但最主要是三个大群体：一是投资、出资者或者说是产权所有者的股东，二是企业的员工，三是企业产品（服务）的客户（消费者）。对企业来说，这三个群体都十分重要。但到底哪个是最为关键的呢？

这实际上涉及何以是企业、何以是企业存在的意义等根本性问题，也就是企业为谁而存在的问题。在这个问题上，国内外微观经济学和企业经营管理理论，大致有三大类理念和观点。

第一种观点认为，企业（公司）是为股东价值最大化而存在的。理由是，企业是股东投资建立的，投资人追求的是投资价值回报最大化。企业只有为股东获得相对更高的投资回报率，股东才会支持企业经营方向，续聘经理人，不会撤资转让。这种观点在资本市场发达的国家较为流行。

第二种观点认为，企业（公司）的价值是为了员工利益最大化。理由是，企业的主体、主人是企业员工，股东和企业利益归根到底是企业员工创造出来的。因此，在顾及企业股东利益的同时，应使企业管理者和员工利益最大化，使企业成为全体员工共同生活、共同成长、共同实现人生价值的家园。这种观点在社会主义国家和受儒家思想影响较大的东南亚国家较为流行。

还有一种观点认为，企业是为了利益相关者价值最大化而存在的。企业利益相关者包括客户、员工、股东、供应商、合作伙伴、社区、政府等与企业利益攸关的社会群体。理由是，要回报股东、满足股东利益，首先要满足客户、员工、社区等利益攸关群体的利益。这是一种照顾到各个相关方利益的有"共享"而无重心的观点。这种观点在欧洲许多国家和日本比较流行，而且通常受到这些国家和地区相关法律的支持。

华为的理念与上述三种观点有所不同。华为认为：为客户服务是华为存在的唯一理由。因为客户满意是一个企业生存的基础，企业不是因为有了满意的股东、满意的员工才得以长期存在，而是因为客户对企业提供的产品和服务感到满意而支付钱款，企业才得以持续生存和发展。因此，让企业的一切都必须紧紧围绕以客户为中心运转。这就是华为"以客户为中心"的理念和做法。

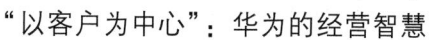

第三章
"以客户为中心"：华为的经营智慧

任正非指出："公司唯有一条道路能生存下来，就是客户的价值最大化。有的公司是为股东服务，股东利益最大化，这其实是错的，看看美国，很多公司的崩溃说明这一口号未必就是对的；还有人提出员工利益最大化，但现在日本公司已经有好多年没有涨工资了。因此我们要为客户利益最大化奋斗，质量好、服务好、价格最低，那么客户利益就最大化了，客户利益大了，他有再多的钱就会再买公司的设备，我们也就活下来了。我们的组织结构、流程制度、服务方式、工作技巧一定要围绕这个主要的目的，好好地进行转变来适应这个时代的发展。"

三 为客户服务是华为存在的唯一理由

当然，企业到底以哪个主体利益为中心，不同国家、不同行业、不同企业，甚至同一个企业在不同发展阶段，都可能有不同的选择。但从普遍意义上讲，华为坚持的"以客户为中心"是有道理的。

我们来看看任正非的更为具体的观点。

首先，企业为什么要存在？企业存在是干什么的？企业作为从事生产和管理经济活动的一个组织，作为市场经济活动的单元主体，它的创办和存在，是为了满足社会和市场的需要，更具体、确切地说，企业是为了生产和提供满足客户需要的产品和服务。如果企业不能提供满足客户需要的产品和服务，或者说不能为客户提供优质的产品和服务，企业就无存在的必要，就可能被市场淘汰，导致其破产。因此，企业的存在，"公司的可持续发展，归根结底是满足客户需求"。

其次，企业是商业组织，它的存在和发展必须有利润，而利润只能从客户那里来。这一点，正是任正非反复强调的。他不厌其烦地告诉华为人："从企业活下去的根本来看，企业要有利润，但利润只能从客户那里来。华为的生存本身是靠满足客户需求，提供客户所需的产品和服务并获得合理的回报来支撑；员工是要给工资的，股东是要给回报的，天底下唯一给华为钱的，只有客户。我们不为客户服务，还能为谁服务？客户是我们生存的唯一理由。"

"华为是一个功利集团，我们一切都是围绕商业利益的。因此，我们的文化叫企业文化，而不是其他文化或政治。因此，华为文化的特征就是服务文化，因为只有服务才能换来商业利益。"

最后，客户是决定企业命运的关键所在。企业利益相关各方都很重要，但决定企业长久生存和命运的是客户。客户不但让企业有利润回报，而且具有流动性、可变性，是企业最难掌控的要素，是企业最需要也最难维护的利益相关者。

正因为如此，华为才义无反顾地坚持以客户为中心的企业发展战略和基本价值理念。正如任正非指出：我们华为人要充分理解、认真接受"为客户服务是公司存在的唯一理由"，要以此来确定各级机构和各流程的责任，从内到外，从头到尾，从上到下，都要以这一条标准来进行组织结构的整顿与建设。这是我们一切工作的出发点与归宿。

四　客户永远是华为之魂

华为把"以客户为中心"升华为公司的灵魂和基本的生存之道。

在任正非看来，在这个世界上对华为最好的是客户，只有他们给我们钱，让我们过冬天。我们公司过去的成功是因为我们没有只关注自己，而是长期关注客户利益的最大化，关注运营商利益最大化，并且千方百计地做到这一点。坚持客户利益最大化是

第三章
"以客户为中心":华为的经营智慧

我们华为的魂,客户是永远存在的,华为的魂就永远同在。我们只要能真正认识到这个真理,华为就可以长久生存下去。

任正非指出,华为的魂是客户,我们就要琢磨客户在想什么,我们做什么东西卖给他们,怎么才能使客户的利益最大化。我们天天围着客户转,就会像长江水一样循环,川流不息,奔向大海。一切围绕客户来运作,运作久了就会淡化企业的领袖作用。我们华为要建立一系列以客户为中心、以生存为底线的管理体系,而不是依赖企业家个人的决策制度:这个管理体系在进行规范运作的时候,企业之魂就不再是企业家利益,而变成了客户需求。牢记:客户永远是企业之魂。

有人问任正非:"你们的商道是什么?"

任正非说:"我们没有商道,就是为客户服务。"没有客户的支持、信任和压力,就没有华为的今天。吃水不忘挖井人,永远不要忘记客户的需求是我们的发展之魂。

任正非说,其实我们华为总结的方法来自于中国五千年的文明,也来自共产党的文化。五千年文明讲"童叟无欺",就是以客户为中心;共产党讲"为人民服务",也是以客户为中心。我们为客户服务,我想赚你的钱,就要为你服务好。客户是送钱给你的,送你钱的人你为什么不对他好呢?其实我们华为就这点价值,这个"秘密",没有其他什么东西。

所以华为没有独特的文化,没有超越中国五千年的基础文化。将这种精神文化付诸实行,比如"艰苦奋斗""冲锋在前""不让雷锋穿破袜子"等。

其实,这才是传统文化在当代的传承和光大,是一种现代的转换和创新,是华为的特色和高明之处。华为坚持以客户为中心,聚焦核心,不为其他利益诱惑所动,力出一孔,利出一孔,长期艰苦奋斗,终于进入了世界信息与通信技术领先企业的行列。

五 华为的使命是实现客户的梦想

华为人把自己的梦想与客户的梦想相结合，视客户的梦想为自己的使命。这是以客户为中心理念在企业发展目标上的体现。

20世纪90年代初，华为就提出了自己的目标追求，就是实现客户的梦想。任正非2004年在《华为公司的核心价值观》一文中指出：实现客户的梦想，"这已成为华为人共同的使命。以客户需求为导向，保护客户的投资，降低客户的资本支出（CAPEX，Capital Expenditure）和运营支出（OPEX，Operational Expenditure），提高了客户竞争力和盈利能力。至今（指2004年）全球有超过1.5亿电话用户采用华为的设备。我们看到，正是由于华为的存在，丰富了人们的沟通和生活。今天，华为形成了无线、固定网络、业务软件、传输、数据、终端等完善的产品及解决方案，给客户提供端到端的解决方案及服务。全球有700多个运营商选择华为作为合作伙伴，华为和客户将共同面对未来的需求和挑战"。

这是2004年华为的发展状况，如今，华为沿着客户需求——丰富人们的沟通和生活——已成长为世界级企业。人类实现越来越安全快捷、大容量、万物互联的沟通（通信）需要，始终是华为的目标和使命。

六 客户需求是华为发展的原动力

通常情况下，企业通过寻找市场商机（市场需求）来组织经营活动，但那些研发能力强的先进企业，则可以通过自己研发和生产的新产品去引领市场、创造市场需求。但即便如此，高明的

第三章
"以客户为中心":华为的经营智慧

企业家也必须清醒地认识到,创造新的市场需求并不能凭空想象,而只能适度超前地把握市场需求。

正如任正非所说:"为客户服务是华为存在的唯一理由,客户需求是华为发展的原动力。"新技术、新产品的研发如同寻找"真理"一样,是一个不断摸索的复杂过程。也许在很短的时间内不能找到真理,但只要抓住了客户需求,就会慢慢找到。"我们只要始终坚持以客户需求为导向,就最有可能适应规律,顺应市场,持续长期地健康发展。"华为人坚信:"我们认为市场最重要,只要我们顺应了客户需求,就会成功。如果没有资源和市场,自己说得再好也是没有用的。"

其实,许多技术发明和新产品开发,本身就直接来自客户的需求。任正非指出:"我们的接入网、商业网、接入服务器等概念都来自于与客户交流,实际上就是客户的发明。很多知识智慧在客户手中,我们要多与客户打交道,乐意听取客户意见。客户骂你的时候就是客户最厉害的地方,客户的困难就是需求。"华为在市场上的竞争不能靠低价取胜,而是靠优质的服务取胜,这就需要依靠服务职业化来保证。长期以来,华为能够在竞争中生存,也是因为有"服务好"这一条。在哈佛大学写的华为案例中,总结了华为公司之所以能在国际竞争中取得胜利的原因,最重要的一条,就是"通过非常贴近客户需求的、真诚的服务取得了客户的信任"。这就是整个华为公司的职业化精神。

企业发展的动力来自于技术创新,高科技企业更是如此。但是,技术在哪一个阶段是最有效、最有作用的呢?这就需要我们去看清客户的需求,客户需要什么我们就做什么。卖得出去的东西,或略微抢先市场一点点的产品,才是客户的真正技术需求。超前太多的技术,当然也是人类的瑰宝,但必须牺牲自己来完成。IT泡沫破灭的浪潮使世界损失了20万亿美元的财富。从统计分析可以得出，几乎100%的公司并不是因为技术不先进而死掉的，而是技术先进到别人还没有对它完全认识与认可，以致没有人来买。产品卖不出去却消耗了大量的人力、物力、财力，丧失了竞争力。许多领导世界潮流的技术，虽然是万米赛跑的领跑者，却不一定是赢家，反而为"清洗盐碱地"和推广新技术付出了大量的成本。但是企业没有先进技术也不行。华为的观点是，在产品技术创新上，华为要保持技术领先，但只能是领先竞争对手半步，领先三步就会成为"先烈"。明确将技术导向战略转为客户需求导向战略。通过对客户需求的分析，提出解决方案，以这些解决方案来引导开发出低成本、高增值的产品。不盲目地在技术上引导创新世界新潮流，以避免成为光荣牺牲的"先烈"。

为此，华为一再强调产品的发展路标，是客户需求导向。以客户的需求为目标，以新的技术手段去实现客户的需求，技术只是一个工具。新技术一定是能促进质量好、服务好、成本低，非此是没有商业意义的。世界将来不会缺少高科技，缺少的是自然资源。这也许会成为真理。

华为为什么能成功？就是华为理解客户的需求。任正非借用中国古时候婆婆给媳妇说的一句话，"新三年，旧三年，缝缝补补又三年"来说明华为对技术与产品的看法。这就是华为真正理解的客户需求，把客户需求看作真理。技术并不像有些人认为的那么万能，客户资源才是十分重要的。我们认为市场最重要，只要我们顺应了客户需求，就会成功。如果没有资源和市场，自己说得再好也是没有用的。因此，为客户服务是华为存在的唯一理由，这要发自几万员工的内心，落实在行动上，而不是一句口号。

由此可见，客户需求是华为发展的真正动力。尽管华为坚持高强度投资基础理论研究，但在面向市场的、商业化的技术研发时，必须恪守把握好客户的真实需求和适度超前的原则。

第三章
"以客户为中心"：华为的经营智慧

七 真谛就是企业一切围绕客户转

以客户为中心，实现客户利益最大化，既要提供优质的产品（包括服务产品），又要将这种理念渗透到企业的方方面面。

因此，基于客户需求导向的企业组织、流程、制度及文化建设、人力资源和干部管理等领域，都要围绕以客户为中心、以客户需求为导向进行企业管理。

任正非分析说，客户购买产品，一般都很关注以下五个方面：产品质量高、可靠稳定；技术领先，满足需求；及时有效和高质量的售后服务；产品的可持续发展、技术的可持续发展和公司的可持续发展；产品功能强大，能满足需要且价格有竞争力。一般公司会很容易做到其中的一条，但要同时做到这五条并不是容易的。而华为公司就要"紧紧围绕着客户关注的五个方面的内容，将这五条内容渗透到公司的各个方面"。为此，任正非强调，华为必须加强以下几个方面的建设：

（1）基于客户需求导向的组织建设。为使董事会及经营管理团队（EMT）能带领全公司实现"为客户提供服务"的目标，在经营管理团队专门设有战略与客户常务委员会，该委员会主要承担务虚工作，通过务虚拨正公司的工作方向，再由行政部门去决策。该委员会为 EMT 履行其在战略与客户方面的职责提供决策支撑，并帮助 EMT 确保客户需求驱动公司的整体战略及其实施。在公司的组织结构中，建立了战略与 Marketing 体系，专注于客户需求的理解、分析，并基于客户需求确定产品投资计划和开发计划，以确保客户需求来驱动华为公司战略的实施。在各产品线、各地区部都建立了 Marketing 组织，以贴近客户倾听客户需求，确保客户需求能快速地反馈到公司并放入产品的开发路标中。同时，明确贴近客户的组织是公司的"领导阶级"，是推动公司流程优化与组织改进的原动力。华为的设备用到哪里，就把服务机构建到哪里，贴近客户提供优质服务。华为公司在国内外都建有自己的服务机构、办事处、客户代表处，整天与客户在一起，能够知道客户需要什么，在设备使用过程中有什么问题，需要什么新的改进，都可以及时反馈到公司。

（2）基于客户需求导向的产品投资决策和产品开发决策。华为的投资决策是建立在对客户多渠道收集的大量市场需求的去粗取精、去伪存真、由此及彼、由表及里的分析理解基础上的，并以此来确定是否投资及投资的节奏。已立项的产品在开发过程的各阶段，都要基于客户需求来决定是否继续开发或停止开发。

（3）在产品开发过程中构筑客户关注的质量、成本、可服务性、可用性及可制造性。任何产品一立项就成立由市场、开发、服务、制造、财务、采购、质量人员组成的团队（PDT），对产品整个开发过程进行管理和决策，确保产品一推到市场就满足客户需求，通过服务、制造、财务、采购等流程后端部门的提前加入，在产品设计阶段，就充分考虑和体现了可安装、可维护、可制造的需求，以及成本和投资回报。并且产品一旦推出市场，全流程各环节都做好了准备，摆脱了开发部门开发产品，销售部门销售产品，制造部门生产产品，服务部门安装和维护产品的割裂状况，同时也摆脱了产品推出后，全流程各环节不知道或没有准备的状况。

（4）基于客户需求导向的人力资源及干部管理。客户满意度是从总裁到各级干部的重要考核指标之一。外部客户满意度是委托盖洛普公司帮助调查的。客户需求导向和为客户服务蕴含在干部、员工招聘、选拔、培训教育和考核评价之中，强化对客户服务贡献的关注，构建干部、员工选拔培养的素质模型，固化到招

第三章
"以客户为中心"：华为的经营智慧

聘面试的模板中。我们给每一位刚进公司的员工培训时都要讲《谁杀死了合同》这个案例，因为所有的细节都有可能造成公司的崩溃。我们注重人才选拔，但名牌大学前几名的学生不考虑，因为我们不招以自我为中心的学生，他们很难做到以客户为中心。现在很多人强调技能，其实比技能更重要的是意志力，比意志力更重要的是品德，比品德更重要的是胸怀，胸怀有多大，天就有多大。要让客户找到自己需求得到重视的感觉。

（5）基于客户需求导向的、高绩效的、静水潜流的企业文化。企业文化表现为企业一系列的基本价值判断或价值主张，企业文化不是宣传口号，它必须根植于企业的组织、流程、制度、政策、员工的思维模式和行为模式之中。长期以来，华为一直强调：资源是会枯竭的，唯有文化才会生生不息。一切工业产品都是人类智慧创造的。华为没有可以依存的自然资源，唯有在人的头脑中挖掘出大油田、大森林、大煤矿……精神是可以转化为物质的，物质文明有利于巩固精神文明。我们坚持以精神文明促进物质文明的方针。这里的文化，不仅包含了知识、技术、管理、情操……也包含了一切促进生产力发展的无形因素。华为文化承载了华为的核心价值观，使得华为的客户需求导向的战略能够层层分解并融入到所有员工的每项工作之中。不断强化"为客户服务是华为生存的唯一理由"，提升了员工的客户服务意识，并深入人心。通过强化以责任结果为导向的价值评价体系和良好的激励机制，使得我们所有的目标都以客户需求为导向，通过一系列的流程化的组织结构和规范化的操作规程来保证满足客户需求，由此形成了静水潜流的基于客户导向的高绩效企业文化。华为文化的特征就是服务文化，全心全意为客户服务的文化。

华为是一个功利组织，一切都是要讲商业利益的。但只有服务才能换来商业利益。服务的含义是很广的，不仅仅指售后服务，从产品的研究、生产到产品生命终结前的优化升级，员工的思想意识、家庭生活等，我们要以服务来定队伍建设的宗旨。我们只有用优良的服务去争取用户的信任，从而创造资源，这种信任的力量是无穷的，是我们取之不尽、用之不竭的源泉。因此，服务贯穿于我们公司及个人生命的始终。

总之，华为做到了企业的一切都要围绕客户转，坚持从客户中来到客户中去，使以客户为中心的理念和价值观得到了彻底贯彻和落实。华为建立起了以客户价值观为导向的管理制度，也确立起了以客户满意度考核各个部门和员工的标准，事事、时时都用客户满意度进行监督和考核。比如，华为曾有人搞了一个员工评议行政后勤人员的满意度调查。对此，任正非批示道：我们是以客户为中心，怎么行政系统出来一个莫名其妙的员工满意度，谁发明的？员工他要不满意，你怎么办呢？正确的做法是，我们多辛苦一些，让客户满意，有了以后的合同，就有了钱，我们就能活下去。员工应多贡献，以提高收入，改善生活。"海外伙食委员会"不是民意机构，而是责任机构，要自己负起责任来的，而不是负起指责来。全体员工不要把后勤服务作为宣泄的地方。

华为通过不断强化以责任结果为导向的价值评价体系和良好的激励机制，使华为公司的工作目标都以客户需求为导向，通过一系列流程化的组织结构和表格化的操作规程来保证满足客户需求，由此形成了静水潜流的基于客户需求导向的高绩效的企业文化。这样，华为用优良的服务去争取用户的信任，从而创造出新的资源，即无价的诚信资源，这是华为取之不尽、用之不竭的力量。

八　对产品、服务满意度负责

以客户为中心，重要的是能生产出优质的产品，能提供优质

第三章
"以客户为中心"：华为的经营智慧

的服务。任正非号召华为人要"全心全意对产品负责，全心全意为客户服务"。

客户的本能就是选择质量好、服务好、价格低的产品。而这个世界又存在众多竞争对手，质量不好，服务不好，必是死路一条。如果质量好、服务好、但成本比别人高，也许可以忍受以同样的价格卖它一段时间，但这样终究是不能持久的。"因为长期消耗会使我们消耗殆尽，肝硬化了，如何前进？"

因此，华为始终坚持追求客户的满意度，而不是追求成长的速度和存量的管理。追求客户的满意度，重要的是对产品要负责任，质量好，成本合理，全过程服务好，卖给客户的旧设备也要维护服务好。比如，不能说现在有5G，以前的2G、3G、4G设备就不去维护了。华为不能、也不会这样做。

什么是好产品？好产品犹如好歌，只有千古传唱的歌，才是好歌。都江堰就是一个好例子。几千年过去了，都江堰的设计、结构、思想，现在都没有人提出来说要改变它。这才是真正的科研成果，真正的好产品。任正非指出：我们华为的目标是以优异的产品、可靠的质量、优越的终生效能费用比和有效的服务，去满足顾客日益增长的需要。质量是我们的自尊心。他把产品质量看作人的脑袋！如果没有了质量，华为就没有了生命，所以，质量永远都是第一位的。华为公司的长远战略方针，就是要通过不断提高产品和服务质量，来提高公司的市场竞争力。

华为明确不走低价格、低成本、低质量的道路，坚持从"低成本"走向"高质量"。华为除在产品、标准、技术、维护上下功夫外，还在商业模式、管理模式、人的奋斗精神、能力与责任心等方面，全面构建产品、服务上的合理优势。如果不这样做，将会摧毁我们长期奋斗形成的战略竞争力。

任正非认为，日本在工业产品上追求"短、小、精、薄"，追求客户体验和满意度,很值得我们华为学习。华为的生产线制度,就是日本丰田公司以及很多退休老专家们来帮助设计的,也就是借鉴日本的质量管理体系。我们华为一定要使自己的产品成本低于日本,稳定性优于德国,先进性超过美国。

"我们只要把产品做好,总会有人想买的;产品不好,再怎么宣传,别人都不会买。我们唯一能做的就是简化内部管理,让内部集中精力把产品做好,把服务做好,这才是我们真正应对这个变化世界的永不改变的方法",也是华为的根本立足点。

2009年,华为产品在某个国家出了40多次事故。对此,任正非指出:我希望大家重视质量,提升质量,寻找事故发生的原因,分析是技术原因还是管理原因。在质量方面我们要向一些友商学习,他们在可靠性方面是做得不错的。我们要清醒地认识到,面对未来的风险,我们只能用规则的确定来对付结果的不确定。只有这样我们才能随心所欲不逾矩,才能在发展中获得自由,才能真正赢得客户信任。

九　帮助客户解决未来问题

以客户为中心,既要帮助客户解决眼前的现实痛点,还要帮助解决面向未来的问题,对客户未来负责。

只有解决客户面向未来的问题,客户才可能把华为作为未来的战略合作伙伴。因此,要全流程地展示公司的现实能力与远景目标,不只展示技术,要把服务、制造、交付、财务等全面地展示出来,尤其要紧紧围绕客户近期、远期的需求,把我们对这种需求的解决方案做成体验,展示给客户。

在客户面前,我们永远要保持谦虚的态度,认真倾听客户的需求,洞察未来,从客户视角去定义华为未来的解决方案。

第三章
"以客户为中心":华为的经营智慧

十 让利于客户、供应商和合作伙伴

公司经营的目标当然要追求利润,但华为公司很明确:公司不能追求利润最大化。"利润最大化实际上就是榨干未来,伤害了战略地位。"

以客户为中心,公司应追求合理的利润,产品也不能太高价,过高的价格既会损害客户利益,又会"诱导"新的竞争者进来。当然,也不能太低价,太低价会破坏产业生态环境,企业自己也会生存不下去。"任何一种产品都可能经历不盈利到盈利的过程,我们要用产品长期的盈利战略支持短期的不盈利战略,关键是要设置一个边际成本点,超过了这个规模量的点之后就能够盈利。"

华为人认为,我们奋斗的目的,主观上是为自己,客观上是为国家、为人民。但主、客观的统一是通过为客户服务来实现的。没有为客户服务,主、客观都是空的。所以华为公司只有一个鲜明的价值主张,那就是为客户服务。华为人不能只讲自己的利益,而要为客户和利益相关者服务。

十一 以客户为中心就是要帮助客户创造价值

坚持以客户为中心,让客户利益最大化,不但要求企业自己的产品质量好,服务好,技术好,更重要的是要为客户创造更多的价值。这才是以客户为中心的精髓和境界。

任正非指出:要"正确理解'以客户为中心',以客户为中心就是要帮助客户商业成功。商业活动的基本规律是等价交换,华为为客户提供及时、准确、优质的服务,同时获取相应的合理回报。我们赚了客户的钱,就要努力为客户服务,进一步提高服务质量，客户就不会抛弃我们"。"如果我们的营销人员都具有国际业务水平，并都具有高度的责任心，我们的生产人员个个都是认真负责，我们的行政服务人员个个都是兢兢业业，都把客户价值观当作自己的价值观，我们即使有困难也是暂时的。"

把客户价值观当作自己的价值观、把客户利益当作自己的利益，为客户创造更多价值，才是企业经营的至高之道。

正因为华为认为客户的利益就是公司的利益，所以，华为"从产品设计开始，就考虑到将来产品的无代演进。别的公司追求产品的性能价格比，我们追求产品的终生效能费用比。为了达到这个目标，我们宁肯在产品研制阶段多增加一些投入。只有帮助客户实现他们的利益，只有他们有利益，在利益链条上才有我们的位置"。

华为自始至终以实现客户的价值观为经营管理的理念，围绕为客户服务这个中心，不断提升企业核心竞争力，进行不懈的技术创新与管理创新。任正非指出："只要我们时时、处处，把客户利益放到最高的准则，我们又善于改正自己存在的问题，那么客户满意度就会提高，提高到100%，就没有了竞争对手，当然这是不可能的。但企业的管理就是奋力去提高客户满意度。没有自我批判，认识不到自己的不足，何来客户满意度的提高？"

华为公司的核心价值观体现在公司的愿景、使命、战略和制度机制等各个领域。以客户为中心是华为生存和发展的根本之道，也是华为富有特色的文化和价值观之所在。一般的公司也讲以客户为中心、视客户为上帝，但华为是把以客户为中心的理念真正视为企业的生命和灵魂，是几十年一以贯之的，是在企业运行的各个方面得到彻底落实的。

第四章

"以奋斗者为本"：华为的管理智慧

> 艰苦奋斗是华为文化的魂，是华为文化的主旋律，我们任何时候都不能因为外界的误解或质疑动摇我们的奋斗文化，我们任何时候都不能因为华为的发展壮大而丢掉了我们的根本——艰苦奋斗。

——任正非

也许，很少有像任正非这样重视企业文化的企业家。不只是重视，他对企业文化的认知达到了新的高度，并且构建起了系统的华为文化。因此，我们认为，华为存在着三种形态的华为：生产物质产品的华为，组织体系（制度）的华为，精神文化（价值）的华为。这"三种华为"同属于"华为人"，因此，人力资源管理在企业经营管理中具有至关重要的作用。

显而易见，一切美好的东西都是奋斗出来的，"天上不会掉馅饼"。企业要生存和发展，当然要靠企业全员的共同奋斗。这个朴素的道理，大家都懂。但是，在企业实际运营中，如何把每一个员工的奋斗意志激发出来，如何把每一个员工的聪明才智调动起来，这就是企业管理和企业文化的"学问"，也是企业领导的基本职责。

一 华为人悟出的"大道理"

2010年,任正非在《干部要担负起公司价值观的传承》的讲话中明确指出:"以客户为中心,以奋斗者为本,长期艰苦奋斗,这是我们二十多年悟出的道理,是华为文化的真实体现。"

从哲学层面讲,包括企业活动在内的人类任何活动,都是满足人类自己需求的活动。但对企业的活动来说,主要分为内部和外部两个方面,而外部最根本的是客户,包括上下游的客户。企业之所以存在,是能为客户创造有效价值和提供增值服务,而客户则支付相应的回报价值给企业,这样企业才得以生存和发展。因此,企业自然要"以客户为中心",视客户为上帝。对企业来说,尤其要警惕做大做强后变成以自我为中心。对此,任正非反复强调:"无论将来我们如何强大,我们谦虚地对待客户、对待供应商、对待竞争对手、对待社会,包括对待我们自己,这一点永远都不要变。"客户永远是上帝。这在华为已被转化成"以客户为中心"的企业价值观、企业文化、企业发展战略、企业组织结构、企业管理考核制度等各个运行系统。

"以客户为中心"的企业外部的经营活动,本质上是通过企业的内部经营活动实现的。正因为这样,"奋斗者"必须紧紧围绕为客户创造价值来展开。否则,就会南辕北辙。任正非明确指出:"要坚持'以客户为中心,以奋斗者为本',只'以奋斗者为本'是不对的。奋斗者干活很努力、很卖劲,但不能给客户创造价值,那他的努力就是多余的。"怎么以客户为中心呢?什么是以客户为中心?"首先是华为公司必须要以奋斗者为本,以奋斗者为本的实质是什么?其实就是以客户为本。奋斗者为什么而奋斗?应该是为客户而奋斗,我们公司有怠惰者,怠惰者让客户支

第四章
"以奋斗者为本"：华为的管理智慧

付他怠惰的钱，客户为什么会这么无私？所以要长期坚持艰苦奋斗。不管你赚了多少钱，你都得艰苦奋斗。艰苦奋斗是指思想上的，不是指物质上的，我讲的是精神上的艰苦奋斗。如果我们公司开始舒舒服服地奋斗，慢慢可能就危险了，就没有希望了。"

在华为企业内部，就是在企业沿着"大致正确的方向"发展的前提下，全体员工都转换成"奋斗者"主体，摒弃或减少指指点点、不干实事的"主人翁"意识，一切都要以"奋斗"及奋斗的实效作为企业管理的出发点。

华为非常成功地把"以客户为中心"与"以奋斗者为本"两者结合在一起，通过两者反复地"拧麻花"，终于铸就出颇具特色的华为管理、华为文化。

二 "不奋斗，华为就没有出路"

一个没有文化根基的民族，难以有文化自信，一个没有文化认同的国家，难以有高度的向心力，一个没有文化底色的企业，难以在激烈的市场竞争中取胜。企业文化对高新科技企业显得更为重要。企业竞争，尤其是同行企业竞争，最持久的、深层的竞争，就是企业文化的竞争。

任正非认为：对于"一个高新技术企业，不能没有文化，只有文化才能支持她的持续发展，华为的文化就是奋斗文化"。他分析说，工业管理是比较难的，而工业中最难管理的是电子工业。电子工业有别于传统产业的发展规律，它技术更替、产业变化迅速，同时，没有太多可以制约它的自然因素。电子工业的生产原料主要是取之不尽的软件代码、数学逻辑。正是这一规律，使得信息产业的竞争要比传统产业更激烈，淘汰更无情。要在这个产业中生存，就必须不断创新和艰苦奋斗。而创新也需要奋斗，是思想上的艰苦奋斗。华为要生存和发展，没有灵丹妙药，只能用在别人看来很"傻"的办法，就是艰苦奋斗。华为不战则亡，没有退路，只有奋斗才能改变自己的命运。

在《天道酬勤》一文中，任正非回顾了华为的创业史，他指出，华为也是无数的优秀儿女贡献了青春和热血，才形成了今天的基础。创业初期，我们的研发部从五六个开发人员开始，在没有资源、没有条件的情况下，秉承60年代"两弹一星"艰苦奋斗的精神，以忘我工作、拼搏奉献的老一辈科技工作者为榜样，大家以勤补拙，刻苦攻关，夜以继日地钻研技术方案，开发、验证、测试产品设备……没有假日和周末，更没有白天和夜晚，累了就在垫子上睡一觉，醒来接着干，这就是华为"垫子文化"的起源。虽然今天垫子已只是用来午休，但创业初期形成的"垫子文化"记载的老一代华为人的奋斗和拼搏，是我们需要传承的宝贵的精神财富。

现在的华为在很多人看来已经很大了、成功了，有人就认为创业时期形成的"垫子文化"、奋斗文化已经不合适了，可以放松一些，可以按部就班，这是危险的。繁荣的背后，充满危机。任正非说："艰苦奋斗必然带来繁荣，繁荣后不再艰苦奋斗，必然丢失繁荣。我们还必须长期坚持艰苦奋斗，否则就会走向消亡。当然，奋斗更重要的是思想上的艰苦奋斗，时刻保持危机感，面对成绩保持清醒头脑，不骄不躁。""艰苦奋斗是华为文化的魂，是华为文化的主旋律，我们任何时候都不能因为外界的误解或质疑动摇我们的奋斗文化，我们任何时候都不能因为华为的发展壮大而丢掉了我们的根本——艰苦奋斗。"

任正非把企业文化看作企业管理权、领导权的最重要的权力。这是很有见解的。

任正非说："思想权和文化权是企业最大的管理权，思想权

第四章
"以奋斗者为本"：华为的管理智慧

和文化权的具体体现是假设权。比如知识是资本，雷锋不吃亏。立项也是假设，立项后我们用实践去证实这个假设。假设权必须控制在公司手中。"企业领导者最重要的职责是思想文化的领导，最主要的才能是影响文化的能力。人们的行为是受动机驱使的，如果完全按个人的动机去行事，人就会变得斤斤计较，相互之间没有团结协作，就没有更高的追求了。而文化的作用，恰恰就是在物质利益的基础上，使人超越基本的生理需求，去追求更高层次的需要，追求自我价值的实现，把人的潜能充分调动起来。在这种追求过程中，他与人合作，赢得别人的尊重、别人的承认，这些需求就构成了整个团队运作的基础。而这个基础就是这个团队、这个企业的共同价值观、共同文化。

任正非明确主张，不能融入华为文化，缺乏华为文化认同的人，是不能做华为干部的，做了也是要下去的。你要做华为的干部而又没有融入华为文化，你就会十分别扭，会常常挨批评。不可想象没有华为文化，没有丰富的内涵，可以在华为当官。因此，任何一个员工都要遵守华为人的行为准则，任何一个干部都要发扬华为文化，并有所创造。

任正非指出，从公司内外、正反两方面案例反复证明，各级各部门的一把手是建设团队奋斗文化的关键。将熊熊一窝，一把手不奋斗，团队必将涣散懒惰。

奋斗文化内涵丰富。比如，为客户服务的服务文化，就是奋斗文化。华为的服务文化根植于员工和用户心中，始终坚持"以用户服务为目标导向"的工作原则，并以此引导工作实践。

什么叫奋斗呢？为客户创造价值的任何微小活动，以及在劳动的准备过程中，为充实提高自己而做的努力，均叫奋斗，否则，再苦再累也不叫奋斗。

为客户创造价值是奋斗的根本。引申开来，为企业也是为客户创造新的价值，就是奋斗。

三　华为文化的核心是奋斗精神

华为取得今天的辉煌成就，是华为人过去"傻付出"换来的。其间不知"经历了多少苦难！流了多少辛酸泪！这是华为人用命搏来的。华为人就是比别人付出的更多，华为人付出了节假日，付出了华为人的青春和身体健康，靠的是常人难以理解和忍受的长期艰苦奋斗"。

华为的美好未来同样要靠华为人的艰苦奋斗。任正非反复告诫华为人，唯有靠华为人自己的艰苦奋斗，才会有未来的美好前途。美好生活是奋斗出来的。他说，我们华为没有任何可依赖的外部资源，唯有靠全体员工勤奋努力与持续的艰苦奋斗，不断清除影响我们内部保持活力和创新机制的东西，才能在激烈的国际化竞争中存活下去。在激烈的市场竞争中，任何企业都不可能常胜，行业变迁也常常是翻云覆雨，多少世界级公司为了活下去不得不忍痛裁员，多少公司已消失在历史风雨之中。公司没法保证自己长期存活下去，不可能承诺保证员工一辈子，也不可能容忍懒人。"幸福不会从天降，只能靠劳动来创造，唯有艰苦奋斗才可能让我们的未来有希望，除此之外，别无他途。从来就没有什么救世主，也不靠神仙皇帝，要创造幸福的生活，全靠我们自己。"

奋斗才是一个人、一个企业、一个政党、一个国家生存和发展的阳光大道。任正非指出："只有奋斗才有利于社会，只有奋斗才有个人前程，只有奋斗才能报效父母，只有奋斗才有益于妻儿……我认为任何人只要通过努力都是可以改变自己的命运，一切进步都掌握在自己手中，不在别人。"

第四章
"以奋斗者为本"：华为的管理智慧

任正非认为："华为是没有文化的，都是从世界的先进文化借鉴来的，就像洋葱一样，剥一层是日本的，再剥一层是欧美的……再剥一层是孔夫子的，再剥一层是反对孔夫子的，只要是好的，我们都要吸取，包含爱立信、阿尔卡特、朗讯、思科、微软，他们优秀的管理也要吸取。剥到最后，剩下的核心是很小的，就算是华为文化吧，就是奋斗精神和牺牲精神。其实奋斗与牺牲精神也是几千年来就有的，也不是我们发明的。过多强调华为自己的文化是没有必要的，只要这个文化与别的先进文化不融合，最后是存在不下来的。"

当有人炒作、质疑华为"以奋斗者为本"时，任正非说，"奋斗怎么了？我们全是向共产党学的，为实现共产主义而奋斗终生，为祖国实现四个现代化而奋斗，为祖国的繁荣昌盛而奋斗，为了你的家乡建设得比北京还美而奋斗，生命不息，奋斗不止。这些都是共产党的口号，我们不高举这些口号，我们高举什么？"当然，我们华为是民营企业，是商业组织，主要是用钱去度量，去测量你的奋斗情况。"是奋斗者，就给你股票，给你奖金。我们不能倒过来，为了奖金和股票而奋斗；如果这样，价值观就倒退了。所以我们讲以奋斗者为本，辅以一些物质鼓励的手段，我认为可能是找到了一条路，我们坚持这个路线不动摇。我们20年摸着石头过河，摸到了什么，就是摸到了以客户为中心，以奋斗者为本。过去我们可能是不自觉地执行这个东西，但是我们现在比较自觉了。"在华为文化里，除了"以客户为中心，以奋斗者为本"外，还应包括"长期坚持艰苦奋斗，自我批判"。

在《让青春的火花，点燃无愧无悔的人生》的讲话中，任正非说，华为过去从落后到追赶先进，靠的是奋斗；持续的追赶靠的也是奋斗；超越更要靠奋斗；为了安享晚年，还是要靠奋斗。什么时候不需要奋斗了呢？你退休的时候，安享奋斗给你积累的幸福，无论心理上的，还是物质上的。所以，我们华为要逐步建立起以奋斗者为本的文化体系，并使这个文化血脉传承下去。

在华为，以奋斗者为本，其实也是以客户为中心。因为公司的一切"奋斗"都是为了满足客户的需要。以奋斗者为本，实际上是要把为客户服务好的员工，作为企业的中坚力量，让他们一起分享贡献的喜悦，就是要促进亲客户力量的蓬勃成长。无论国内还是海外，是客户让华为有了今天这样的市场和成功。所以，"我们永远不要忘本，永远要以宗教般的虔诚对待我们的客户，这正是我们奋斗文化中的重要组成部分"。

四　华为的劳动者与奋斗者

在华为，人人都是劳动者，人人也都有可能是奋斗者。奋斗者同劳动者还是有所区别的。

华为为什么用了30多年的时间就成长为全球通信产业的世界领先企业？为什么能在世界高科技领域后来居上？华为靠什么快速成长？究其实质，同一切成功的企业一样，是靠它的核心竞争力。那核心竞争力又是靠什么来铸造的？华为真正的核心竞争力是它的文化价值观，即以客户为中心，以奋斗者为本，长期艰苦奋斗、自我批判。华为的辉煌是19万华为人共同创造的，而19万知识型人才（多数而言）又如何聚集在一起、如何调动起积极性？技术很重要，资本很重要，市场很重要，但最重要的还是人力资源管理，是人的力量的创造。

什么叫奋斗？任正非认为，为客户创造价值的任何微小活动，以及在劳动的准备过程（例如上学、学徒……）中，为充实提高自己而作的努力，均叫奋斗。否则，再苦再累也不叫奋斗。企业的目的十分明确，是使自己具有竞争力，能赢得客户的信任，在

第四章
"以奋斗者为本"：华为的管理智慧

市场上能存活下来。为此就要服务好客户，就要选拔优秀员工，而且这些优秀员工必须要奋斗。要使奋斗可以持续发展，必须使奋斗者得到合理的回报，并保持长期的健康。

当然，任正非也指出，不能无限制地拔高奋斗者的利益，否则就会使内部运作出现高成本，就会被客户抛弃，就会在竞争中落败，最后反而会使奋斗者无家可归。这种不能持续的爱，不是真爱。合理、适度、长久，将是我们人力资源政策的长期方针。

也许华为的成功之谜有很多。但有一个是可以肯定的：作为后发者、追赶者，华为唯有"比别人付出更多"。正如任正非描述的：华为"高层管理团队夜以继日地工作，有许多高级干部几乎没有什么节假日，24 小时不能关手机，随时随地都在处理随时发生的问题。现在，更因为全球化后的时差问题，总是夜里开会。我们没有国际大公司积累了几十年的市场地位、人脉和品牌，没有什么可以依赖，只有比别人更多一点奋斗，只有在别人喝咖啡和休闲的时间努力工作，只有更虔诚对待客户，否则我们怎么能拿到订单？"

据任正非介绍，为了能团结广大员工一起奋斗，公司创业者和高层领导干部不断地主动稀释自己的股票，以激励更多的人才加入到这从来没有前人做过和我们的先辈从未经历过的艰苦事业中来，一起追寻着先辈世代繁荣的梦想，背负着民族振兴的希望，一起艰苦跋涉。公司高层领导的这种奉献精神，正是用自己生命的微光，在茫茫黑暗中，带领并激励着大家艰难地前行，无论前路有多少困难和痛苦，有多少坎坷和艰辛。其实，华为公司没有老板，老板也是天天干活、打工，他上班的时间比别人更长，从来没有要过加班工资。

IT 产业要想赶超、领先，就要付出更大的代价，甚至要付出消耗生命的代价，才能发展壮大。IT 更新很快，迫使每一个企业必须领先。"要想领先,可是人只有24小时,怎么领先,难度很大。美国公司可以24小时运转,利用美国时区、欧洲时区、印度时区、日本时区,分段运转,我们管理水平低,还做不到。美国公司可以实行全球范围跨地域发展,集约大量资本、力量,优势领先我们。他们有良好的管理体系,全球范围不同地域实现同步、异步工作,我们做不到。我们项目组的人不见面,工作就无法开展,这就是我们落后。因为我们落后,落后要赶超先进,就更要努力,更要努力就会使生命销蚀得快一些。可能要付出很多代价,才构建企业的成长。有限的生命投入无限的事业中,才能成就有限的成功。人的一生不可能拼到底,只能阶段性拼,只能接力赛,一代接一代,继往开来,层出不穷。"

为此,华为要求在职在位的干部要奋斗不息、进取不止,要有敬业精神、献身精神、责任心、使命感。对那些有献身精神的员工也提出更高一些的要求,将他们逐步培养成公司的干部。

华为对普通员工不作献身精神要求,他们应该对自己付出的劳动取得合理报酬,但也积极提出"付出更多"的倡导,同时予以相应的薪酬激励。这就是华为的"奋斗者"文化。

大约在2010年4月,华为公司曾开展过"奋斗者宣言"活动——提倡员工提交申请,"自愿"成为"奋斗者"。不提交者,则自动划入普通"劳动者"之列。而提交了申请,即视为自愿成为"奋斗者"。申请书内容可以自拟,格式也不限,但申请书中必须有这样的内容:"我申请成为与公司共同奋斗的目标责任制员工,自愿放弃带薪年休假、非指令性加班费和陪产假……"要不要申请,由员工自己决定。由于是公司倡导,"奋斗者宣言"又能充分体现人的积极上进性,同事之间形成了"集体默认"氛围,多数员工都参加了"奋斗者宣言"申请。这一活动一开始公司内外也有些不同反应,一是加班问题,二是年休假问题,三是

第四章
"以奋斗者为本"：华为的管理智慧

这样做是否符合劳动法相关规定的问题。根据《劳动法》《职工带薪年休假条例》等规定，机关、团体、企业、事业单位、民办非企业单位、有雇工的个体工商户等单位的职工，连续工作1年以上的，享受带薪年休假。职工累计工作已满1年不满10年的，年休假5天；已满10年不满20年的，年休假10天；已满20年的，年休假15天。职工在年休假期间享受与正常工作期间相同的工资收入。法规保护"劳动者"及"劳动者"的基本权益。而在华为，员工自愿成为"奋斗者"后意味着自愿放弃普通劳动者正常休假等劳动权益，一切以公司的业务需要为中心，随时准备投入战斗。

任正非指出："我们没有什么可依赖的资源，唯一的就是奋斗。我没有强调所有人要奋斗，只是强调华为公司要奋斗，有人说他不同意奋斗，我同意你这个观点，那你可以做一个普通员工。我们只选拔有奋斗精神的人做干部，在北冰洋建设基站，在中东的沙漠里安些铁塔是客观存在，你不能吃苦可以离开华为公司，有些公司的条件比华为好。当然，我们对那些奋斗后身体不好的人，要关怀。特别是那些经过紧张项目下来，实在太累的人，给予两三天的度假安排，在海边、在风景区修整一下，恢复体力。对那些弦绷得太紧的人，适当给予休整。铁军是领袖对士兵关怀而产生的，队伍的对外坚韧是对内的柔和而建造的。我们要奋斗，也要对奋斗者充分关怀。"

在华为，作为一般劳动者的员工，可以享受上述权益，但作为"奋斗者"的员工，则自愿放弃，但年终会得到更多的补偿和回报。也就是说，"奋斗者"要承诺放弃带薪年休假和非指令性加班费，而普通"劳动者"则可以享受此福利，但他们在考核、晋升、股票分配等方面则"可能会受到影响"。

也就是说，作为"劳动者"的员工，可以享受带薪年假、加班工资、产假、陪产假和固定年终奖金,但总体工资和福利待遇享受同行业的相等水平,而作为"奋斗者"的员工,年底时则能享受高额奖金、分红(年度收益分配)、配股或能晋升。

对此,任正非认为,华为人在奋斗过程中,"奋斗者和劳动者薪酬可以不同,我们强调对劳动者要严格按法律来保护。比如说要有带薪休假,超长的产假……什么都行,但是你的工资水平只能与业界相比,而不是华为的内部标准;只拿固定的年终奖励。奋斗者要自愿放弃一些权力,比如加班费……但他们可以享有饱和配股,以及分享年度收益。他们的收入是波动的,效益好,他们应该很高,效益不好,他们比劳动者差,他们的付出总会有回报的"。

通常情况下,奋斗者与普通劳动者的待遇有着较大的差距。"普通劳动者"一年也只多出半个月左右的假期,但"奋斗者"在年末会获得相当于半年工资的年终奖金,甚至更高,而普通劳动者的奖金只相当于一个月薪水。在长期实践中,华为公司形成了一整套详细的考评制度。据了解,考评等级大致分为5级,5%—10%的人在A级,40%—45%在B级,40%—45%在C级,剩下就是D级和E级。D级员工将扣除年底奖金,E级员工将预示着被淘汰。不同级别之间的年终奖发放额相差一倍甚至数倍,如果按照年末分红的比例来算,一般B级员工奖金算正常水平,A级是B级的1.5—2倍,C级则只剩B级的一半。如获得A级,在经济上收益相当可观,B级、C级也能过上十分体面的生活。在华为,奋斗者的每月薪水只是零花钱,收入大头则在年末的年终奖和配股。

五 "奋斗者"是有长期回报的文化现象

显然,华为的这种做法主要不是考虑钱的问题,而是为了实

第四章
"以奋斗者为本":华为的管理智慧

现公司"以奋斗者为本"的价值观,为了形成企业的奋斗文化,为了赶超世界同行的水平而采取"以时间换效率"的方法。华为高管周代琪曾阐述过华为的奋斗者文化内涵,"华为在企业管理流程上,以奋斗者为本,不让奋斗者吃亏,企业懒汉的懒惰只会使企业落后"。

华为的高管层试图让员工在危机意识中奔跑,在奋斗状态中成长为"英雄""将军",让员工懂得在代价中获得回报,"烧不死的鸟就是凤凰"。任正非曾在《华为人报》上发表长文《天道酬勤》,批评有人认为创业时期形成的"垫子文化"(垫子即床垫,指华为加班多)、奋斗文化已经不合适了,现在可以放松一些,可以按部就班了,他指出这是危险的。"我们还必须长期坚持艰苦奋斗,否则就会走向消亡。"

华为文化只能是华为的。华为认为,只有为企业创造价值的劳动者才是奋斗者。任正非强调,只有"为客户创造价值才是奋斗。我们把煤炭洗得白白的,但对客户没产生价值,再辛苦也不叫奋斗。2个小时可以干完的活,为什么要加班加点拖到4个小时来干?不仅没有为客户产生价值,还增加了照明的成本,还吃了夜宵,这些钱都是客户出的,却没有为客户产生价值"。所以,华为的奋斗文化,是讲效率、效益的,并不是说埋头苦干就行。任正非说:"我们不主张加班加点,不该做的事情要坚决不做,这方面的节约才是最大的节约。"尽管华为加班制度早年已成为习惯,但后来对加班加点有了约束。

2019年5月18日,任正非在华为深圳总部接受了日本媒体和学者的采访。日本专利事务所一位专家问:华为有很著名的"奋斗者"的说法,华为无论在哪里今后都要坚持这样的理念,我的想法对吗?

任正非回答说:"你的想法很对,我们认为只要努力工作都是奋斗者。假设我是一个音乐家,每天上班八小时,周末去度假,下周再上四十个小时班,你认为会成为音乐家吗?画家也一样,每天上班画一画,下班就不画了,你认为会成为画家吗?制造优秀产品的人的奋斗时间可能比别人多,我们就起了一个外号叫'奋斗者'。成为奋斗者或劳动者是员工的自愿选择。劳动者享受准时下班玩、周末休息、加班给钱,经济回报上并不吃亏。奋斗者不要这些,就吃亏了吗?没有,成为奋斗者就给他分配内部股票。短期报酬是每年的贡献发成奖金,公司后面继续产生的利益跟他无关了。长期激励是用内部股票的方式,让你继续享受过去的劳动贡献。奋斗者退休以后可以保留公司内部股票,享受过去劳动的贡献。奋斗者配的股票数量不仅跟职级有关,跟奋斗贡献与年限也有关系。"

当然,奋斗者的含义是很广泛的。以奋斗者为本,不光是讲劳动者,也包含了投资者,投资者也在奋斗,他把自己的钱拿出来,参与到这里面,他就要承担风险和责任。所以奋斗包含这两个方面。这两个方面的目标是一致的,就是企业要赚钱有效益。

六 "芭蕾脚"就是奋斗精神

据了解,2015 年华为实现销售收入达 3950 亿元人民币,同比增长 37%;华为智能手机年销售数突破了 1 亿台,中国市场首次超越苹果和三星,零售份额排名第一。

也正是在这一年的 1 月 4 日,任正非将其称之为"烂脚"的广告推到了世人面前。广告中,一只脚穿着优雅的芭蕾舞鞋光鲜亮丽,另一只脚却赤裸着,伤痕累累。美丽优雅与伤痕不堪,构成了强烈的视觉冲击。广告词是,"我们的人生,痛,并快乐着"。这个"芭蕾脚"照片和广告词,实际上说明了华为之所以是华为的原因,也反映了华为的奋斗者文化。

任正非曾亲自对这张"芭蕾脚"照片做过说明:"我们除了比别人少喝咖啡,多干活,其实不比别人有什么长处。就是因为我们起步太晚,成长的年限太短,积累的东西太少,我们得比别人多吃点苦。所以我们有一只芭蕾脚,一只很烂的脚,我觉得华为的人,痛并快乐着。华为就是那么一只烂脚,它解释了我们如何走向世界……"华为光鲜的背后,是19万双"烂脚"艰苦走出来的,是奋斗者用辛勤的汗水灌溉出来的!在任正非的授意下,华为买断了这幅照片的广告播放权。

从2015年1月4日起,芭蕾脚广告在全球许多机场及媒体投放。2015年3月19日,《人民日报》还专门为此发表评论:"这其中(芭蕾脚)有华为引以为自豪的艰苦奋斗、以苦为乐的企业文化,也折射了中国品牌在海外筚路蓝缕、努力开拓的不懈精神。"

唯有用伤痕累累的双脚蹚出一条血路,才换来今天的成功与辉煌。

这双芭蕾脚形象生动地反映了伴随华为成长的是风雨、苦水、血泪,是华为人长期坚守的艰苦奋斗精神。

七 从蜘蛛、蜜蜂、萤火虫、乌龟等动物那里吸取"奋斗文化"基因

任正非还用蜘蛛精神、阿甘精神来阐述华为的奋斗者文化。

任正非坚信,长期艰苦奋斗的文化在华为是不会被放弃的,要永远传承下去。他认为,"奋斗者"精神不只是中国的文化特色,而是人类共有的普遍价值观念。因为,你要成功,就要奋斗;你要吃饭,就得打工劳动。不劳动者不得食,世界上没人为

你做马牛,你凭什么不工作而享乐,让人家挣钱养活你呢?

任正非说,在世界上,我最佩服的勇士是蜘蛛,不管狂风暴雨,不畏任何艰难困苦,不管网破碎多少次,它仍然孜孜不倦地用它纤细的丝织补着它生存的网。"数千年来没有人去赞美蜘蛛,它们仍然勤奋,不屈不挠,生生不息。"

任正非很善于用各类动物特性来阐发自己的见解和情怀。比如,他说:"我最欣赏的是蜜蜂,由于它给人们蜂蜜,尽管它多螫,人们都对它赞不绝口。不管您如何称赞,蜜蜂仍孜孜不倦地酿蜜,天天埋头苦干,并不因为赞美产蜜少一些。胜不骄,败不馁,从它们身上完全反射出来。在荣誉与失败面前,平静得像一湖水。这正是华为人应具有的心胸与内涵。"

1997年春节期间,华为市场部秘书处主任杨琳在海南旅游出车祸去世,任正非深感痛心,并亲自写了《悼念杨琳》的文章,赞扬杨琳就是华为的无名英雄,华为就是由千万只萤火虫点燃的:

"华为的光辉是由数千微小的萤火虫点燃的。萤火虫拼命发光的时候,并不考虑别人是否看清了他的脸,光是不是他发出的。没有人的时候,他们仍在发光,保持了华为的光辉与品牌,默默无闻,毫不计较。他们在消耗自己的青春、健康和生命。华为是由无数无名英雄组成的,而且无数的无名英雄还要继续涌入,他们已在创造历史,华为的光辉历史,我们永远不要忘记他们。当我们产品覆盖全球时,我们要来纪念这些为华为的发展贡献了青春与热血的萤火虫。"

任正非也非常赞扬和倡导乌龟精神,他在2013年干部工作会上以《用乌龟精神追上龙飞船》为题发表讲话,盛赞乌龟精神,批评了创新问题上那些不切实际的"空想"现象。

任正非经常提醒华为人:汽车还是汽车,豆腐还是豆腐,不要轻易侈谈什么颠覆式创新。当时,到底宝马追不追得上特斯

第四章
"以奋斗者为本":华为的管理智慧

拉,一度成为公司内部争辩的重大问题。多数人都认为特斯拉这种颠覆式创新会超越宝马,但任正非却支持宝马不断地改进自己、开放自己,也是能学习特斯拉的。因为,"汽车有几个要素:驱动、智能驾驶(如电子地图、自动换挡、自动防撞直至无人驾驶……)、机械磨损、安全舒适。后两项宝马居优势,前两项只要宝马不封闭保守,是可以追上来的。当然,特斯拉也可以从市场买来后两项,我也没说宝马必须自创前两项呀,宝马需要的是成功,而不是自主创新的狭隘自豪"。

任正非主张,华为还是要发扬乌龟精神,靠长期的艰苦奋斗,一步步踏踏实实向前走。兔子和乌龟赛跑,兔子因为有先天优势,跑得飞快,不一会儿,兔子与乌龟已经离的有很大一段距离了。兔子认为比赛太轻松了,它要先睡一会,并且自以为是地说即使自己睡醒了乌龟也不一定能追上它。而乌龟呢,它一刻不停地爬行,当兔子醒来的时候,乌龟已经到达终点了。"华为就是一只大乌龟,二十五年来,爬呀爬,全然没看见路两旁的鲜花,忘了经济这二十多年来一直在爬坡,许多人都成了富裕的阶层,而我们还在持续艰苦奋斗。爬呀爬……一抬头看见前面矗立着'龙飞船',跑着'特斯拉'那种神一样的乌龟,我们还在笨拙地爬呀爬,能追过他们吗?"只要华为人不保守,勇于打破目前既得优势,开放式追赶时代潮流,我们华为人就有可能追上"特斯拉"。

乌龟精神被寓言赋予了小步慢走但持续不断向前走的踏实奋斗精神。任正非说,华为的这种乌龟精神不能变,这种精神也是华为人奋斗的理性。"我们不需要热血沸腾,因为它不能点燃为基站供电。我们需要的是热烈而镇定的情绪,紧张而有秩序的工作,一切要以创造价值为基础。"

要让人人明白希望在自己手里,努力终会有结果,奋斗终会出成效,是金子终会发光。

八　从"狼性文化"走向"人性""灰度"文化

华为一贯自觉不自觉地倡导具有像狼一样的市场灵敏嗅觉和强悍快速的群体行为。人们也常常一度把华为的企业文化提炼为"狼性文化",把任正非视为"狼主",把华为人看为"狼群"。后来,任正非曾多次解释并明确指出:华为从来没有正式提过"狼性文化"。但也不可否认,华为曾一度提倡要学习和发扬狼的优点特性,华为要培育"一批狼"。所以,说华为文化有"狼性文化"特点,并不是毫无根据的。

华为之所以被看成是极具"狼性"的企业,是因为华为人特别擅长团队作战,进而在市场竞争中屡屡获胜。华为人总有一股团结作战、同仇敌忾的气势。

在华为起步和成长阶段,国内通信市场大都被摩托罗拉、爱立信等西方公司垄断,只有在左冲右突、进攻拼搏中求得一些市场边缘地带的份额。华为一度倡导"狼"的特性,似有"饿狼扑食""攻击性竞争"之状。所谓的"狼性文化"也是逼出来的。不然,华为就不可能生存下来,不可能有现在的华为。

1997年,在《建立一个适应企业生存发展的组织和机制》的文章中,任正非首次提出"必须建立一个适应'狼'生存发展的组织和机制"的主张;1998年,在《华为的红旗到底能打多久》一文中,任正非进一步概括了"狼"的优点,明确华为要有"一批狼":"企业就是要发展一批狼,狼有三大特性,一是敏锐的嗅觉;二是不屈不挠、奋不顾身的进攻精神;三是群体奋斗。企业要扩张,必须有这三要素。所以要构筑一个宽松的环境,让大家去奋斗,在新机会点出现时,自然会有一批领袖站出来去争取市场先机。市场部有一个狼狈组织计划,就是强调了组织的进攻性

第四章
"以奋斗者为本":华为的管理智慧

(狼)与管理性(狈)。当然,只有担负扩张任务的部门,才执行狼狈组织计划。其他部门要根据自己的特征确定干部选拔原则……"

华为在早中期相当长的一个发展阶段,任正非常以狼为例子,借用"狼"的特性来总结华为经验,驱动华为赶超性发展。毫无疑问,狼的三大特性是有普遍适用性的,也反映了华为文化的一些基本特点。当然,狼的确是有勇敢、善战、机敏的优点,而且任正非对"狼狈"做了新的独到解释,并运用于现代企业管理之中,不能不说是一种智慧。

比如,有人问任总:作为总裁,您如何发现员工中技术最强的尖子人物?

任正非回答说,把目标瞄准世界上最强的竞争对手,不断靠拢并超越它,才能生存下去。因此,公司在研发、市场系统必须建立一个适应"狼"生存发展的组织和机制,吸引、培养大量具有强烈求胜欲的进攻型、扩张型干部,激励他们像"狼"一样嗅觉敏锐,团结作战,不顾一切地捕捉机会,扩张产品和市场。同时培养一批善统筹、会建立综合管理平台的狈,以支持狼的进攻,形成狼狈之势。狈在进攻时与狼是形成一体的。只是这时狈用前腿抱住狼的腰,用后腿蹲地,推狼前进。

任正非说:"我用一个典型的例子来说明:狼是很厉害的,它有灵敏的嗅觉,有很强的进攻性,而且它们不是单独出击,而是群体作战,前仆后继,不怕牺牲。这三大精神,就构成了华为公司在新产品技术研究上领先的机制。我们按这个原则来建立我们的组织,因此,即使暂时没有狼,也会培养出狼,或吸引狼加入到我们中间来。也就是说,我们事先并不知道谁是狼,也不可能知道谁是狼,但有了这个机制,好狼也会主动来找我,有了一个好狼,就会有一群好的小狼。""因为人类社会日新月异,我还不清楚未来的世界还会有什么样的变化。对于我来说，就是要建立一个适合狼生存的组织构架和机制。即使第一代狼不行了，第二代狼又出来了。"

任正非也把比尔·盖茨比作"狼"："现在我们有一个明确的任务就是：未来信息世界的发展变化速度非常之快，不一定是老狼，不一定是最有经验的狼，也不一定是有国际水平的狼才能发现这个世界，很可能是一匹小狼突然发现了食物，然后带领所有的狼去捕捉食物。这个小狼是谁呢？美国是比尔·盖茨，中国呢？当然也有。""比尔·盖茨是一匹小狼，一匹在白茫茫、一无所有的北极圈里发现了一堆食物的小狼，所有的狼都跟着他享受这堆食物。他就是信息潮流的领头人。我们公司也有几匹好的小狼，如郑宝用、李一男等，现在他们已是有经验的老狼。"

任正非还强调说："许多优秀的狼不合作，就是狼吃狼，那样的狼的目标不是扩张，而是霸住自己的家。它已不是狼，狼的天性是合作。"

这就是任正非和华为对"狼"的特点的诠释，而且一度强调得比较多。社会也曾把华为文化概括为"狼文化"，但华为自己并没有明确提过"狼文化"。

针对社会上的误解，2008年，任正非在《逐步加深理解"以客户为中心，以奋斗者为本"的企业文化》的讲话中，专门做了澄清："我们没有提出过'狼文化'，我们最早提出的是一个'狼狈组织计划'，是针对办事处的组织建设的，是从狼与狈的生理行为归纳出来的。狼有敏锐的嗅觉，团队合作的精神，以及不屈不挠坚持。而狈非常聪明，因为个子小，前腿短，在进攻时是不能独立作战的，因而它跳跃时是抱紧狼的后部，一起跳跃。就像舵一样操控狼的进攻方向。狈很聪明，很有策划能力，还很细心，它就是市场的后方平台，帮助做标书、网规、行政服务……我们做市场一定要

第四章
"以奋斗者为本":华为的管理智慧

有方向感,这就是嗅觉;以及大家一起干,这就是狼群的团队合作;要不屈不挠。不要一遇到困难就打退堂鼓,世界上的事情没有这么容易,否则就会有千亿个 Cisco(思科)。

随着华为发展壮大和现代企业制度建设的推进,加之员工压力过大,华为人也越来越感到"狼"的两面性,意味着"人性"才是企业最终所要追求的。"狼"在人们心目中确有"凶狠""残忍"的"不人性"一面,但"狼"的机敏、进取、群体优点及其对企业管理、对人的奋斗激励作用,则是永远值得倡导的。

后来,任正非在讲话中就有意减少并淡化了"狼"的话题,而越来越重视更为丰富的人性文化,强调华为人是兄弟姐妹一家人,要相互仁爱善待。任正非经常说,我们一定要关怀部下,这是我们的弟兄;现在的华为人不要忘记过去华为人的贡献;他还亲自写文章悼念因公因病或意外事故死亡的华为人;华为也越来越重视员工的业余文化活动和家庭生活;对竞争对象也更强调共生共荣的合作关系。总之,华为逐步完成了从"狼性"到"人性"的转型,企业内部的恶性竞争、加班加点等现象也有了明显改善;企业外部的竞争对手也由更多的单向竞争向合作竞争转变,抛弃过去那种敌对式的竞争、零和竞争、恶性竞争,取而代之的是与人合作共赢的良性竞争。任正非甚至为过去低价竞争导致一些同行企业破产而"后悔"。

任正非曾专门讲了"铁军是打出来的,兵是爱出来的"的道理,要求领导要爱惜士兵,不然就不会有士为知己者死。

对网上曲解华为的"狼文化"、"床垫文化"("垫子文化")现象,任正非解释说:"床垫不是文化,文化是可以传承的,床垫只是一个睡午觉的工具,它不能传承。其他公司睡午觉也许不用床垫,因此'床垫文化'没有推广的价值,也不一定需要批判。狼与狈是对立统一的案例,单提'狼文化',也许会曲解了狼狈的合作精神。而且不要一提这种合作精神，就理解为加班加点，拼大力，出苦命。那样太笨，不聪明，怎么可以与狼狈相比。华为的企业文化，绝不是让各级干部又凶又恶，我们也不支持把这些人选拔进各级管理团队。文化是给大家提供了一个精髓，提供了一个合作的向心力，提供了一种人际相处的价值观，这种价值观需要人们心悦诚服。又凶又恶的人是能力不足的表现，是靠威严来撑住自己的软弱，这种干部破坏了华为文化的形象，这种人不是真有本事，我们要及时更换。我们强调奋斗，并不是逼迫员工，员工只需要在法律的框架下，尽职尽责工作就行。我们各级干部要以身作则，正人先正己。要关爱员工，关心他的能力成长、工作协调的困难，同时，也可以适当地关怀他的生活。公司已经建立了良好的薪酬奖励制度，建立了完善优厚的社保、医保、意外伤害保，及各种有益于员工的文体活动，我们各级干部要不断宣传这些好的机制，并落实它。员工在不断优化的制度环境中，应该有一种满足感，不要期望无限制地去拔高它。员工在网上发牢骚，要自我适度控制，牢骚太盛防肠断，社会对公司误会了，就麻烦多了，公司被拖垮了，你再骂谁去。就业是双方自由选择的，不喜欢华为，还有许多好的公司，你都有选择的机会。"任正非要求："裁员时我们要友好，请人家吃顿饭，欢送欢送，送点礼品。我们不是有劝退指标吗？劝退最高可以送12个月的工资，我们有这些东西都是一种友好的表现，各级部门要善于理解公司这种友好的态度。华为公司各层管理与人为敌是不对的，一定要与人为友，要真正与员工做朋友。"

这是华为所谓"狼文化"的大致内容。随着企业发展到新阶段，华为的企业文化也随着公司规模扩大而实现了转型，即由处于追赶期的被称为有着狼性的文化（虽然这种说法并没有得到华为的确认，但企业员工的血气方刚和强悍不懈，确实是得到充分

第四章
"以奋斗者为本":华为的管理智慧

体现的),到了华为的业绩进入到处于全球信息产业发展的最前沿阶段,华为的企业便提升到了更高的层面——宽容、妥协与灰度的文化水平。

华为越来越成为一个世界级的大企业,也越来越需要尽快告别"狼性"时代,唱响"人性""宽容""合作"的主旋律。当然,今天的华为,在机敏善战、群体协作的"狼性"精华得以保留的同时,其仁善关爱、合作共赢的"人性"则得到了全面充实和提升。

这里,我们举一个例子就可以看出任正非和华为人的"仁爱之心"。1997年初,华为市场部秘书处主任杨琳在海南旅游出车祸去世,听到噩耗,任正非顿时"惊呆了",因为在半个月前的市场前线汇报会上,她代表市场部全体秘书做了题为《最无私的爱 藏于最深的心底》的发言。任正非亲自写了《悼念杨琳》的文章,对杨琳和华为人表现出无限深情。文中写道:"休假归来,郑黎告诉我杨琳在海南旅游出车祸已去世了,顿时我惊呆了。我还问了是哪个杨琳,郑黎说是市场部的杨琳……顿时我泪如雨下,多么好的一位同志,我们从此再也看不见她了";我曾想"春节后将杨琳调到我的办公室来,给我做几个月的秘书,我来带一带,培养培养这些革命功臣,不要忘记这些英雄。旅游车的相撞,使她成了我未能上任的秘书,我悔不该前几年不能挤十分钟与她多说几句话,也算送一送她。这些年来,我几乎卖给了市场部,不停地让我出访、接待客户,竟然很少有时间与员工谈心,这会成为我将来的一大悔恨";"半月前,在来自市场前线的汇报会上,她代表100多名秘书发言,把'最无私的爱藏于最深的心底'。那震撼人心的语言,句句都是她心灵的呼唤。华为正是由无数的平凡人物的呼喊,创造了自己光辉的历史。我又一遍读了第四十二期华为人报《最无私的爱 藏于最深的心底》,心灵一次又一次受到震撼。多么好的文章，多么好的人，多么真挚无私的呼唤，这篇文章，成了她留给我们的遗言。我们永远不要忘记她。她，是华为的功臣，是一位真正的英雄"。

九　不能让雷锋吃亏

提倡以奋斗者为本，既要鼓励员工为企业发展无私奉献，又要在考核、评价、待遇等方面得到价值回报，并形成不让奉献者吃亏的制度安排，使奋斗者文化得以落地并常态化。

任正非指出："'以客户为中心，以奋斗者为本，长期艰苦奋斗'就是一种利益驱动机制。以奋斗者为本的文化可以传承的基础就是不让雷锋吃亏，对那些有使命感、自觉主动贡献的人，组织不要忘了他们。这也就是华为文化，要使这个文化血脉相传。这个文化不是在大喊大叫中建立起来和传承下去的，它要落实到若干考核细节中去。要春雨润物细无声般地将文化溶解在血液中。"

不让雷锋吃亏，让奉献者得到合理回报。这样才会有更多的人为公司做出奉献。这既是华为的核心价值观，也是华为的基本价值分配政策。

要按价值贡献，拉升人才之间的收入差距，给火车头加满油，让列车跑得更快些、做功更多。人才不是按管辖面来评价待遇体系，一定要按贡献和责任结果，以及他们在此基础上的奋斗精神。任正非说："我把'热力学第二定理'从自然科学引入到社会科学中来，意思就是要拉开差距，由数千中坚力量带动15万人的队伍滚滚向前。我们要不断激活我们的队伍，防止'熵死'。我们决不允许出现组织'黑洞'，这个黑洞就是怠惰，不能让它吞噬了我们的光和热，吞噬了活力。"

第四章
"以奋斗者为本":华为的管理智慧

在华为公司,一个突破性的重大理念,就是认为劳动、知识、企业家和资本共同创造了企业的全部价值。华为为了建立公司价值分配体系,在理论上对价值创造的要素做了新的分析评估,并突破了古典经济学价值创造的理论,即一般意义上的劳动创造价值的理论。这个理论突破为华为公司价值分配体系的设计奠定了基础。

据此,华为还鲜明提出了"知本主义""知本论"。任正非风趣地说:"我们已经走到'知本主义'这条路上,我们把知识作为本钱。知识里面已隐含贡献,历史贡献在企业中以股权形式得到补偿。"至于"知本论",我们把它留给社会学家去研究吧!

长期以来,华为秉承不让雷锋吃亏的理念,建立了一套基本合理的评价机制,并基于评价给予激励回报。公司视员工为宝贵的财富,尽力为员工提供好的工作、生活、保险、医疗保健条件,为员工提供业界有竞争力的薪酬,员工的回报基于岗位责任的绩效贡献。

十 人力资源管理体系要引导队伍冲锋奋斗

"以奋斗者为本"的价值观和奋斗文化要在企业落地生根,最重要的是人力资源管理体系、考核激励机制要有明显的导向。

任正非指出:人力资源管理体系要导向冲锋,要让队伍持续去奋斗。如何让队伍持续奋斗?你怎么考核他,你的考核方法是什么,这是关键。我们的考核方法,不仅仅考虑他和别人比,更要考核他和自己比,自己和自己比,看是不是进步了。说末位淘汰,那看你自己进步了没有,你怎么才叫进步,我们综合看一看,没进步,你自己就下台,换个人上台,这样,我们新陈代谢,流水不腐。我如果确保老干部的地位,确保中层干部的地位,最终结果就是我们葬送了人才的地位,让真正的人才上不来。我们要成为一个开放的平台,人人都可以跳舞,下去的人还可以上来的。

任正非认为,华为公司最主要的人力资源精神,就是要保持奋斗,奋斗精神永远都不能改变,使命感、危机感、饥饿感永远都不能改变,否则我们将来就会陷入万劫不复的危机。实际上我们的危机现在已经出现了,我们的一些中层干部开始怠惰了。

华为通过不断贯彻落实奋斗的精神和理念,把客户需求导向和为客户服务蕴含于干部员工招聘、培训教育、考核评价、选拔激励之中。几十年风雨磨砺,华为终于造就了闻名中外的奋斗文化,用奋斗文化培育出了奋斗的华为人,创造出了奋斗者的辉煌。

十一 颇具特色的集体领导制度

华为"以奋斗者为本""走集体奋斗的道路"的价值理念,还落实在干部队伍、特别是领导班子的制度建设上。

2009年,任正非在《具有"长期持续艰苦奋斗的牺牲精神,永恒不变的艰苦奋斗的工作作风"是成为一个将军最基本的条件》一文中指出,"我们的干部走向将军的必然之路,就是要有长期、持续地坚持艰苦奋斗的牺牲精神、永远不变的艰苦朴素的工作作风,这是成为将军的最简单最基础的条件"。当然,在任正非眼里,华为的"将军"是一个庞大的群体。

曾有不少媒体记者问任正非的接班人计划。任正非说,我们一直有继任计划。但"继任不是交给个人,而是交给一个群体,群体下面还有群体,一群群套着这个群体,像链式反应一样,是一个庞大的继任计划,不是一个人的。不然,万一这个人生病了怎么办?何况我们还是一架'烂飞机',所以继任不是一个人,

第四章
"以奋斗者为本"：华为的管理智慧

而是一群人"。

华为公司今天的成功不是一个人的奋斗故事，而是拥有一个无私的领导层和一大群不服输的团队。任正非坚定地认为："在奋斗这个问题上我们不容妥协，不奋斗的人，明哲保身的人，该淘汰就坚决淘汰，否则无法保证公司的长治久安。"

大约2004年，美国顾问公司帮助华为设计公司组织结构时，认为华为还没有领导中枢机构，提出要建立EMT（Executive Management Team），但任正非不愿做EMT的主席。于是，就提出了一个轮值主席制度，由8位领导轮流执政，每人半年，经过两个循环，演变到现在的轮值CEO制度。

也许正是这种无意中的轮值制度，平衡了公司各方面的矛盾，使公司得以均衡成长。正如任正非所说，轮值的好处是，每个轮值者，在一段时间里，担负了公司CEO的职责，不仅要处理日常事务，而且要为高层会议准备起草文件，大大地锻炼了他们。同时，他不得不削小他的屁股，否则就达不到别人对他提出决议的拥护。这样他就将他管辖的部门，带入了全局利益的平衡，公司的"山头"无意中削平了。

后来，任正非风趣地说："我相信由于我的不聪明，引出来的集体奋斗与集体智慧，若能为公司的强大、为祖国、为世界做出一点贡献，二十多年的辛苦就值得了。"

任正非更相信制度的力量，公司的命运不能系于个人。在华为，轮值CEO和公司制度都不是个人决定一切，而是实施民主集中原则。轮值CEO在轮值期间是华为公司最高级别领袖，任正非和董事长是虚位领袖，行使的是否决权，不行使决策权，决策权是轮值CEO领导下的常务董事会行使的。轮值CEO制度充分保护了干部，若像西方企业走马观花式更换几次CEO，每换一次就带走一批干部，人才就会流失，公司肯定就垮了。他说，公司的命运不能系于个人。否则，个人遇到安危，公司就不运行了？面向未来不确定的生存与发展环境，我们唯有坚持集体领导，才能不断战胜困难，取得持续的胜利。集体领导机制的生命力与延续性，是通过有序的换班机制来保障的。"希腊大力神的母亲是大地，他只要一靠在大地上就力大无穷。我们的大地就是众人和制度，相信制度的力量，会使他们团结合作把公司抬到金顶的。""我们实行EMT轮值主席制度，实际上就是在交接班。让所有成员，轮流主持工作，历练他的水平。未来几年我们董事会的运作，还会继续推行轮值主席的制度。"

2018年，华为已经完成了170个国家、96768名持股员工的选举，并形成了新一届的领导权力机构。华为交接班最主要的是制度和文化的交接班，"在这个问题上，华为要强调的交接班是要建立一个文化、制度、流程的交接班，而不是要交接给某一个人"。这样，华为不管谁来干，都不会改变其核心价值观，"确保公司'以客户为中心、为客户创造价值'的共同价值得到切实的守护与长久的传承"。

华为的传承和发展，不但要靠制度，还要有理想的支撑。华为人总有"一种为社会贡献的理想，支撑着这个情结。因此接班人不是为权力、金钱来接班，而是为理想接班。只要是为了理想接班的人，就一定能领导好，就不用担心他"。

十二　群体化的股权结构

钱散人聚，钱聚人散。任正非有句名言："钱给多了，不是人才也变人才。"华为人为何拼命工作？根本的一点，是因为任正非把98.99%的股权分给了他们。华为CFO孟晚舟说："以前，我们是按学历定薪。现在，我们是按价值定薪。牛人年薪也不封

第四章
"以奋斗者为本"：华为的管理智慧

顶。你有多大雄心、有多大能力，我们就给多大的薪酬。"可见，华为的股权结构是与公司员工的贡献度关联的。这就是共创共享的机制。这种股权结构使华为员工有着极强的凝聚力。

任正非曾说，一个公司有活力、能走向成功需要两个要点：方向大致正确、组织充满活力。那么，企业的组织活力主要来自哪里呢？他认为主要有两个方面：一是选拔优秀的人才，二是有效的激励机制。

而无论是企业优秀人才的选拔还是有效的激励机制，其中最根本的是按什么来分配利益，而这种利益分配机制，比较理想的状态是，既要有利于企业长期发展又能满足员工当前利益，既有利于企业高效运行又能聚合员工心力，既有利于调动骨干队伍又能惠及员工，总之，要形成一个有平衡有层级、有活力有合力的命运共同体。形成这种共同体的关键是股份股权的制度安排，而且这种制度安排又具有开放性、灵活性和流动性。股权设计是一个企业发展战略和核心价值观的展现，是一门管理技术和艺术，更是一种深邃的智慧。股份搭配好了，钱分配合理了，管理的一大半问题也就解决了。企业的竞争是企业高管的竞争，也是员工群体的竞争。所以，你们要想把企业办好，就要把团队内部利益处理好。要使团队和员工有责任有激励有共享，要形成一个企业的命运共同体，风雨同舟，凝心聚力。

华为确立的"以奋斗者为本"的企业文化，既注重调动每个华为人的积极性，又体现了集体的、协同的、整体的奋斗精神。"华为是华为人的华为。"华为的集体主义价值观和奋斗者文化理念，最终还是要落到共同利益上的。任正非把自己在华为发展中的作用和自己的长处，概括为"糨糊的黏合"作用。他说："业界老说我神秘、伟大，其实我知道自己，名实不符。我不是为了抬高自己而隐起来，而是因害怕而低调的。真正聪明的是13万员工（2019年6月止，华为员工已超过19万——引者注），以及客户的宽容与牵引，我只不过用利益分享的方式，将他们的才智黏合起来。"

如何用利益分享的方式将华为人的才智黏合起来，这是任正非引领华为之船乘风破浪前行的重要使命。可以说，华为"利益分享"的最大特色，是它的群体化的股权结构。2011年12月25日，任正非在《一江春水向东流》的讲话中，讲述了早年的一个"秘密"："我创建公司时设计了员工持股制度，通过利益分享，团结起员工，那时我还不懂期权制度，更不知道西方在这方面很发达，有多种形式的激励机制。仅凭自己过去的人生挫折，感悟到与员工分担责任，分享利益。创立之初我与我父亲相商过这种做法，结果得到他的大力支持，他在30年代学过经济学。这种无意中插的花，竟然今天开放到如此鲜艳，成就华为的大事业。"

任正非表示，我们个人都没什么钱，公司赚的钱都分给了大家，可以吸引很多优秀的科学家、优秀的人才加盟到队伍中来。"我不是一个大富豪，当然也算一个小富豪，过去说我是穷人是可以的，但经历了20多年，我被逼成了富人。中国有句话'财散人聚'，把财散去以后，全世界科学家都愿意跟我们合作，走到我们这个队列，我们怎么会走不快呢？美国的钱被华尔街拿走了很多，科学家拿得很少，可能科学家就跑到我们这儿来了。"

任正非是有胸怀格局的企业家，企业是他和华为人成就理想、事业的舞台，企业也是一个社会的命运共同体。体现在利益要有共享性，在股份上应有或大或小的群体化股权结构。华为是企业内部股，没有上市，也不允许其他外来资本进去。目前华为公司所有权归属96768名（2019年5月）持股员工，他们全是本公司的员工，没有一个外部的非公司员工。这也就是说，尽管华为持股人所持股份会有差别，但超过50%以上的华为人持有股份，说

第四章
"以奋斗者为本"：华为的管理智慧

明华为的股权结构具有相当的群众性。在华为的领导层中，任正非的股票最多，但也只占公司的1.4%左右。

任何一个组织、单位都是由个体组成的整体。但整体的力量不等于个体力量的简单相加。企业管理就是要解决企业所有人员如何达到最佳工作状态、创造最佳绩效这个根本问题，这涉及企业的发展战略规划、企业价值观、企业管理制度、企业财务制度、企业领导干部管理制度、企业文体活动，等等，核心是要处理好利益关系，形成企业利益命运共同体。这一点，对民营企业尤其重要。

十三 奋斗者是群体的奋斗

在华为，"以奋斗者为本"，并不是"单个人的奋斗"，而是"群体的奋斗"。

"真正想做将军的人，是要历经千辛万苦的。"

任正非指出："华为文化的真正内核就是群体奋斗。所以你们如果将来想有大作为，一定要加强心理素质训练，要多边、多层次、多方位地沟通，要学会怎么做人。只有学会了做人，你将来才会做事。在关键时刻，你才会胜则举杯相庆，败则拼死相救。"

与许多企业家的认知不一样，任正非认为："华为是靠企业文化、精神黏合的。在于它的组织方式和机制，不在于它的人才、市场、技术等。华为是有良好制约机制的集体奋斗。"

1994年在《致新员工书》中，任正非指出："华为公司是一个以高技术为起点，着眼于大市场、大系统、大结构的高科技企业。以它的历史使命，它需要所有的员工坚持合作，走集体奋斗的道路。""没有这一种平台，你的聪明才智是很难发挥，并有所成就的。因此，没有责任心，不善于合作，不能集体奋斗的人，等于丧失了在华为进步的机会。那样您会空耗了宝贵的光阴。"

任正非认为："下一个时代是群体奋斗、群体成功的时代，这个群体奋斗要有良好的心理素质。别人干得好，我为他高兴；他干得不好，我们帮帮他，这就是群体意识。"

华为是"大家的华为"。任正非要培育华为的集体意识，走集体奋斗之路。他说，我们要团结所有人，要团结一切可以团结的人，包括曾反对过你，而且反对错了的人。大家本是同根生，都是背井离乡人，应以博大的胸怀处理周边关系。他经常发表讲话和写文章，鼓励大家共同奋斗，感谢每一位为华为做出贡献的人。

任正非深为欣慰的是，所有华为人能团结在一起，众志成城，形成强有力的奋斗力量。

十四　忘却艰苦奋斗就意味着背弃华为文化

华为取得了辉煌成就，但繁荣的背后潜伏着危机，不继续艰苦奋斗就意味着消亡。

任正非十分清醒：繁荣的背后潜伏着危机。尽管这个危机不是繁荣本身的必然结果，而是被繁荣包围的人的错误意识所致。"艰苦奋斗必然带来繁荣，繁荣以后不再艰苦奋斗，必然丢失繁荣。千古兴亡多少事？悠悠，不尽长江滚滚流。历史是一面镜子，它给了我们多么深刻的启示。忘却过去的艰苦奋斗，就意味着背弃了华为文化。"

"一天不进步，就可能出局；三天不学习，就赶不上思科、爱立信、阿尔卡特，这不是一句玩笑，而是严酷的事实。"所以，要不断学习，不断奋斗。

当然，任正非说的长期艰苦奋斗是指思想上的，并非物质上

第四章
"以奋斗者为本":华为的管理智慧

的。"我们还是坚持员工通过优质的劳动和贡献富起来,我们要警惕的是富起来以后的怠惰。但我也不同意商鞅的做法,财富集中,民众以饥饿来驱使,这样的强大是不长久的。"

"成功是一个讨厌的教员,它诱使聪明人认为他们不会失败,它不是一位引导我们走向未来的可靠的向导。华为已处在一个上升时期,它往往会使我们以为艰苦奋战已经胜利。这是十分可怕的,我们与国内外企业的差距还较大,只有在思想上继续艰苦奋斗,长期保持进取、不甘落后的态势,才可能不会灭亡。繁荣的背后,处处充满危机。"

任正非指出,"尽力"与"尽心"是不同的。"我相信在座的人都是尽力的干部,但是否尽心就不一定。你要想成为高级干部就得尽心。全心全意与努力是两个概念,尽心做事与尽力做事是两个根本性的概念,思想上艰苦奋斗就是尽心。尽力不是好干部,是中低层干部,尽心才是好干部。"

毫无疑问,一个没有艰苦奋斗精神做支撑的企业,是难以长久生存的。华为一方面坚持优先培养选拔愿意艰苦奋斗并卓有贡献的优秀员工,对奋斗者予以丰厚回报;另一方面,时时破除有些干部员工沾染的娇骄二气,乐道于享受生活,放松自我要求,怕苦怕累,对工作不再兢兢业业,对待遇斤斤计较等不良现象,坚持不懈地倡导艰苦奋斗精神。

十五 凡有人的地方就有华为人的艰苦奋斗

任正非经常赞美具有艰苦奋斗精神的动物,也非常崇尚具有不懈奋斗精神的企业。比如,他认为,"诺基亚的奋斗精神,我认为比别的公司要强,所以诺基亚能重新回到世界舞台上"。艰苦奋斗必然带来繁荣进步,繁荣进步后不再艰苦奋斗,必然会丢失取得的繁荣成果。我们必须长期坚持艰苦奋斗，否则就会走向消亡。当然，艰苦奋斗更重要的是思想上的艰苦奋斗，时刻保持危机感，面对成绩保持清醒头脑，不骄不躁。

这是任正非的智慧和情怀。他也以自己的实际行动和旺盛的斗志，保持着长期的奋斗精神和不懈的努力，他热切地呼唤并一手造就出了华为人的奋斗风采。

"艰苦奋斗是华为文化的魂，是华为文化的主旋律，我们任何时候都不能因为外界的误解或质疑动摇我们的奋斗文化，我们任何时候都不能因为华为的发展壮大而丢掉了我们的根本——艰苦奋斗。"华为人不但没有丢掉自己的奋斗灵魂，还将其发扬光大，伴随着分布在全世界的华为人漂洋过海，播种在广阔世界的每个角落，在那里生根、开花、结果。

任正非可以自豪地看到："从太平洋之东到大西洋之西，从北冰洋之北到南美之南，从玻利维亚高原到死海的谷地，从无边无际的热带雨林到赤日炎炎的沙漠……离开家乡，远离亲人，为了让网络覆盖全球，数万中、外员工，奋斗在世界的每一个角落，只要有人的地方就有华为人的艰苦奋斗，我们肩负着为近三十亿人的通信服务的责任，责任激励着我们，鼓舞着我们。"

"只要有人的地方就有华为人的艰苦奋斗！"这是多么让人感奋啊！华为壮丽辉煌的背后，就是华为人长期的艰苦奋斗。

第五章

"做有高度的事业"：华为的理想情怀

> 我们为理想而奋斗，不为金钱而奋斗。
>
> ——任正非

做人没有志向难成大器，企业没有理想难成大业。人是有理想并创造理想世界的动物。企业是企业家的人格化存在，也是企业家实现理想的平台。

任正非是一个高调做事的男子汉，在事业上从不让步，从不服输，具有强烈的事业心。他常常挂在嘴边的一句名言，就是"做事业，做有高度的事业"。他曾满怀激情地号召华为的年轻人："时代在呼唤我们，祖国的责任、人类的命运要靠我们去承担，我们处在这个伟大的时代，为什么不用自己的青春去创造奇迹。人的生命只有一次，青春只有短短的几十年，我们要无怨无悔去度过它。我们的目的一定会达到，也一定能达到。"

一 这个青年为什么后来成了哲学家？

我们从华为 30 多年发展史和任正非的所言所行中，可以强烈地感受到，华为是有理想抱负的，任正非是理想主义者、英雄主义者，也是现实主义者。

任正非曾讲过一个有趣的故事：

有两位青年推石子，一个老头问他们在干什么，一位青年回答说：他在推石子；另一位青年则回答说：他在修教堂。几十年后，人们看见有一位老人还在推石子，而另一位则成了哲学家。这说明理想志向的重要性。所以，任正非指出，一个干部就算踏踏实实，如果没有远大的目光，也会被历史淘汰。

当然，无论是个人还是企业，它们的奋斗理想、目标有一个阶段性的演进过程。我们常说，到了这山唱这山的歌。华为的理想目标有一个由近及远、由小到大的发展过程。

经过30多年的发展实践，我们认为，在任正非的脑子里，华为的理想是成了体系的。

二　华为的远大理想，是为中华民族和人类社会服务

20世纪，任正非更多强调的是要为中华民族繁荣而奋斗。他指出，马克思在100多年前就告诉我们一条真理，我们要深刻地去理解它。"从来就没有什么救世主，也没有神仙皇帝，中国要富强，必须靠自己。"我们从事的事业，是为了祖国的利益、人民的利益、民族的利益。相信我们的事业一定会胜利，一定能胜利。

随着华为越来越成长为国际化企业，近10多年来，任正非自然更多地强调既要为中华民族，也要为人类多做贡献。他指出，未来是不确定的，但越是前途不确定，越需要创造。如果不能扛起重大的社会责任，坚持创新，迟早会被颠覆。我们坚持创新投入，而重大创新风险大，周期长，更需要具有造福人类社会的远大理想。

任正非说，怎样为人类多做一点贡献呢？比如我们去贫穷、

第五章
"做有高度的事业"：华为的理想情怀

战争的地方做生意，到有疟疾的地方做生意，是赚不到什么钱的。但我们履行为人类服务的职责，就去做这些工作，这是理想的驱使。人类需要就是我们的奋斗目标，少赚一点钱没什么关系。华为未来30年或者更长时间，我们的理想是什么？还是为人类提供信息化服务。

任正非鲜明地指出：有人把客户理解为有钱的才是客户，我不认同。非洲那些地方没什么钱，但我们派到非洲去的员工工资是在中国工作员工工资的3倍多。我们在非洲赚不到多少钱，但我们还是要去非洲。我们不是上市公司，不追求资本报表的漂亮，而是追求为人类服务，为理想奋斗。珠穆朗玛峰无论南坡还是北坡，基站基本上都是我们安装的，珠穆朗玛峰上没几个人，能赚什么钱？但有了网络就可能挽救一些登山者的生命。我曾在尼泊尔的珠峰上吃了一顿午餐，但当时不知道，为了这顿午餐，一个尼泊尔姑娘背着食品爬了8小时上山来的。当我们在为人民服务时，人民也在感谢我们。

任正非说，我们华为"对人类的命运是负责任的"。比如，这些年来当世界发生一些重大灾难时，电信行业第一个站在抗灾前面的大概就是华为公司。在日本"3·11"大地震核泄漏的严重危急关头，别的公司都走人了，只有华为公司的人向难民的反方向前进，去抢救恢复通信设备，以利于核电站的抢修。当时孟晚舟从香港飞去东京，航班上只有两个人，一个是孟晚舟，一个是日本人。印度尼西亚大海啸时，我们华为第一时间捐献了大量现金和设备，第一时间去了几百人到海边恢复通信设备，去抢险救灾。智利9级大地震时，我们有3个人困在地震中心找不到。等待几天以后，这3个人才打回电话。为了抢险救灾，这些人背着背包往灾区中心进发。为这件事情，我们还拍成了3分钟的真人小电影。

三 华为视理想为至上价值

华为和任正非的理想主义是十分浓烈的。他十分强调,"我们为理想而奋斗,不为金钱而奋斗",我们"把钱看得不重,把理想看得很重"。他和他率领的华为是义无反顾地要为人类的信息社会而奋斗的。

任正非带领华为公司为远大理想而奋斗,他们不只是为了多赚钱而拼搏。在任正非看来,资本至上与理想至上必定会有冲突。他曾明确表示,"华为不轻易允许资本进来,因为资本贪婪的本性会破坏我们的理想的实现","资本是比较贪婪的,如果它有利益就赶快拿走,就失去对理想的追求"。因此,他坚持说,除了资本(指上市、资本重组之类)以外,华为发展的任何问题都可以讨论。

关于华为应不应上市,这是一个公众关注度很高的热点问题。任正非坚定地认为,资本更重利益回报,"上市公司主要注重短期利益,要看当期的财务报表,不敢长远投资,我们不同,我们可以对未来10年、20年都投资。所以未来我们会越来越领先,而不仅仅是今天5G领先的这一点,这就是私有公司的好处"。

如今华为遭到了美国的极限打压,任正非说,"如果今天我们是上市公司,还能活下来吗?可能我们的股价波动、一泻千里,公司就崩溃了。我们是私有公司,下降几百亿美元对我们没有太大影响,我们的理想还是要实现的。所以,我们作为私有公司,远比作为上市公司要好";"我认为,我们是为了理想而奋斗,如果我们是上市公司,可能很多员工抛了股票就走掉了。但是现在我们员工抱成一团努力前进,内部力量很团结,所以我们有战胜困难的基础,这就是我们没有上市的好处"。

第五章
"做有高度的事业"：华为的理想情怀

在任正非看来，资本至上的公司成功的故事并不多，资本本身是比较贪婪的，如果它有利益就赶快拿走，会失去对长远理想的追求。因为华为公司没有让外面资本来控股，也没有上市，所以，华为可以为实现自己的理想去孜孜不倦地追求、去奋斗。华为开始从几百人对准一个"城墙口"冲锋，再到几千人、几万人、十几万人还是对准同一个"城墙口"冲锋。对着这个"城墙口"，华为每年的研发经费投入达到150亿—200亿美元，未来5年总研发经费还会超过1000亿美元。上市公司常常是为了一个漂亮好看的财务报表，而华为看好的是未来的产业结构和技术发展方向，而且决策的体系也不一样。总之，华为就是要"为人类进入信息社会而奋斗"。

任正非说："如果我把钱看得很重，为什么我的股票只有这么一点？我把钱看得不重，把理想看得很重，总要为人类做一点贡献。怎么做贡献呢？如果我是一家上市公司，不会去贫穷、战争的地方做生意，不会在有疟疾的地方做生意，也不会在喜马拉雅山这样的高山上做生意，这能赚到什么钱？赚不到钱。我们履行为人类服务，才做了这些工作，这是理想的驱使。"

这就是任正非在理想与金钱、理想与资本问题上的价值取向，即一切服从使命和理想。

四 拒绝机会主义的诱惑

华为为了自己的理想追究，不受资本市场的约束和绑架，所以坚持不上市和不让其他资本入股华为。这样，"我们可以为理想和目标'傻投入'，可以拒绝短视和机会主义，我们只抓战略机遇，非战略机会或短期捞钱机会可以放弃，这是资本和股东做不到的，只有理想主义者可以做得到，为理想和远大目标敢于加大技术、人才、管理体系和客户服务的长期投入，看准了，舍得为未来的目标连续投、长期投，避免了短期行为，耐得住寂寞，忍受得了艰苦和磨难，华为就是一只大乌龟，20多年来，只知爬呀爬，全然没看见路两旁的鲜花，不被所谓互联网'风口'所左右，回归商业精神的本质，坚定信心走自己的路"。

尽管华为随便都可以抓一个机会挣几百亿，但华为人坚持不为短期利益所困，不为投机主义利诱所惑。否则，就会在非战略机会上耽误时间而丧失战略机遇。华为就是这样的"傻"，不为短期挣钱机会所左右，不急功近利，不为单一规模成长所动，敢于放弃非战略性机会，敢于去赌未来大机遇。任正非说："敢赌就是战略眼光，就是聚焦于大的战略机会，看准了，就集中配置资源在关键成功要素上。"

这是华为理想在战略方向上的具体体现。

五　华为的目标理想是要"站在世界最高点"

为人类造福的远大理想，落到华为身上是什么呢？

华为的理想先是为"活下去"而奋斗，然后是为了"持续为客户创造最大的价值"，接着是为"丰富人们的沟通和生活"，到现在是要"站在世界最高点"，服务于人类的智能社会、信息社会。

如今，华为已经是全球领先的信息与通信技术（ICT）解决方案供应商，专注于ICT领域，在电信运营商、企业、终端和云计算等领域，构筑起了端到端的解决方案的优势，为运营商客户、企业客户和消费者提供有竞争力的ICT解决方案、产品和服务，并致力于实现未来信息社会，为把数字世界带入每个人、每个家庭、每个组织，构建万物互联的智能世界而奋斗。

第五章
"做有高度的事业"：华为的理想情怀

为此，华为始终坚持只做一件事，就是坚持管道战略，通过管道来整合业务和产业。任正非预测："通信网络管道就是太平洋，是黄河，是长江，企业网是城市自来水管网，终端是水龙头，沿着这个整合，都是管道，对华为都有用。当然，管道不仅限于电信，管道会像太平洋一样粗，我们可以做到太平洋的流量能级，未来物联网、智能制造、大数据将对管道基础设施带来海量的需求，我们的责任就是提供连接，这是一个巨大的市场。"

这次美国打压华为，就是因为华为在通信网络管道建设领域，即将达到"世界最高点"。其实，5G技术主要是管网的连接技术。美国本身并没有5G这个行业，按理应不会与华为产生强烈的冲突。但美国为什么还要打压呢？

任正非分析道："美国为什么打击我们的5G，为什么不打我们的终端？就是因为我们5G很厉害，5G是网络的连接设备，不是终端。所以，最重要的还是我们的连接设备在国际上所占有的地位。"

任正非说，华为要在技术上努力达到很先进，为人类提供最尖端的良好服务。

这就是华为现在和未来的理想和使命。

六 华为的"方向大致正确"

任正非认为，要实现理想目标，必须尽最大可能防止出现颠覆性的决策失误，使企业发展方向不发生重大的偏差。

任正非非常注重"方向感"：我们要保持"方向大致正确，充分激活组织活力"，坚持这样的战略不要动摇。2017年，他在加拿大四所高校校长座谈会以及华为公司员工座谈会上说，只要我们的大方向能不断地自我批判，不断地自我纠偏，方向就能调整到大致正确。方向不对就会死，不努力也会死。当然，"方向大致正确"就是灰度，因为方向不可能做到绝对准确。绝对的黑和绝对的白，这个"绝对"本来就是不存在的。

在任正非看来，华为已经走到信息技术最前沿，进入"无人区"了，特别要注意使"方向大致正确"。因而华为现在需要各类"思想科学家"。为此，任正非设想，由"一杯咖啡吸收宇宙能量（思想）"基础上，建立一个以Fellow［合作伙伴］为中心的思想研究院，其宗旨就只研究思想和方向，主要邀请科学家来坐一坐，来喝杯咖啡，产生火花碰撞，思想井喷。这就是管重大方向。我们华为对未来要进行无限探索，头上要装许多雷达、天线，在不确定性中寻找可能的确定方向。不这样，说不定就走错了路。我们这么大体量的公司一旦走错了路，是很难回得来的。世界上的很多大公司就是因为战略方向错了几年，然后就回不来了。

任正非认为，我们就是要研究未来信息社会的假设，没有正确的假设，就没有正确的方向，就不可能提出正确的战略。思想研究院就是一个火花研究中心，找到这个世界的火花在哪里。思想研究院研究未来的思想和方向，我们一定要搞清楚未来走向哪里去。

由研究思想火花形成思想假设，由思想假设进入基础理论研究，由基础理论研究形成方向性理论，再通过多学科论证和实验，进而转化为战略性的进攻窗口，最后形成技术方向和产品研发线路。这是任正非理想体系的一个大逻辑，也是他的战略智慧和高明之处。他把科技进步和人类社会发展的内在规律都打通了。

华为的理想是崇高远大的，我们完全坚信，它是可以一步步逼近真理的。正如任正非指出："我们有基础研究的科学家和产品研发平台，解析这些教授的思想，把它转化为人类的应用，要

第五章
"做有高度的事业"：华为的理想情怀

比任何人都快，以此增强了我们的竞争力，我们有信心坚持这种开放长期不动摇。同时，我们不仅仅只有一束光在照亮我们，还有千万道光也在照耀我们，近万名基础研究人员加 7 万多产品开发人员，8 万多人，加上未来每年将近 200 亿美元的研发经费，我们的消化能力又比任何人都强，实际上我们自己就变成了金身，只要我们能谦虚地消化，我们就能领导这个世界！"

"因此，对未来的投资不能手软。不敢用钱是我们缺少领袖，缺少将军，缺少对未来的战略。"

这就是任正非的战略胸怀。

七 "生存永远是第一位的"

空想的理想叫"幻想"或虚幻的"梦想"。任何真正美好的理想，都是来自现实而又高于现实的奋斗目标。无论是个人还是企业，要有更高的理想，要为未来而奋斗，首先必须生存下来。而且，在不同的历史时期和不同的发展阶段，因客观现实条件不尽相同，理想的具体内容和形式都是不完全一样的。

任正非多次说过，我们开始走创业这条路的目的，是为了生存，并非为了理想，那时候还不具有什么理想，因为那时候生存条件也不具备。"我当时的创业经费不够今天一个服务员半个月的工资，怎么能有理想？所以，那时我们第一个要素是'生存'。"在很长一个发展阶段，华为公司最著名的口号就是"要活下来、活下来、活下来"。今天，我们华为受到如此打压，华为这架"烂飞机"的口号，还是活下来，没有多么远大的理想了。

任正非这里讲的是实际情况，当务之急是如何生存下来，而不是大谈理想。但这不等于没有或放弃了理想。其实，人和企业在任何时候、任何条件下都是有"理想"的。有时候"生存"也是一种理想，理想其实就是为了更好地生存。你面向明天，你追求未来，就是理想。华为要战胜美国的打压，要让这架"烂飞机"继续飞翔，就是一种很现实的理想。

任何时候，生存永远是第一位的，没有生存就不可能有发展。"生存"是前提和基础，"理想"是未来的生存，当然是更美好的生存和发展。

八 任正非是一个现实的行动的理想主义者

企业家当然要善经营能赚钱，但只为赚钱还不是真正的企业家。

真正的企业家对企业使命、对自己人生是有理想抱负的，是有情怀格局的。任正非就是一个有理想、胸怀、志向的优秀企业家。但他也是一个立足现实的行动家。他说："我从来没有做梦，去梦想怎么样，还是要现实主义来解决问题。"

任正非认为，狭隘的现实主义注定要衰落，理想主义必定有未来。诸如民粹主义、唯利主义、保护主义、单边主义、本国优先主义等，都属于狭隘的现实主义，本质上都是一种利己主义。任正非是一个有远大抱负的理想主义者，他想把华为培养成一棵理想主义的大树。"我们的理想，是站到世界最高点"，"我们牺牲了个人、牺牲了家庭、牺牲了父母，就是为了一个理想，这个理想就是要站在世界的最高点"，要在信息技术领域争世界第一。任正非正带领华为公司为"构建万物互联的智能世界"这一远大理想而奋斗。但是，任正非又是一个知道如何接近目标、实现理想的行动主义者。

任正非不但自己坚持为理想奋斗，也要求华为人尤其华为的领导班子要为"理想接班"。他指出："我们还是一种为社会做贡

第五章
"做有高度的事业"：华为的理想情怀

献的理想，支撑着这个情结。因此接班人不是为权力、金钱来接班，而是为理想接班。只要是为了理想接班的人，就一定能领导好，就不用担心他。如果他没有这种理想，当他捞钱的时候，他下面的人很快也是利用各种手段捞钱，这公司很快就崩溃了。"

是的，企业要赚钱，这世界也离不开钱。但除了钱还有更高贵的理想。企业理想是前行的航标灯。企业家和企业发展都应该在盈利赚钱的基础上有更高远的目标追求，有更宝贵的理想志向，有更宽广的格局和胸怀，这样，人生才会有诗和远方，企业才会行稳致远，飞向蓝天。

理想引领事业的高度。

第六章

"傻傻地走自己的路"：华为的工匠精神

> 华为就是一只大乌龟，20多年来，只知爬呀爬，全然没看见路两旁的鲜花，不被各种所谓的风口所左右，只傻傻地走自己的路。
>
> ——任正非

确立理想目标后，关键是要执着追求，精深耕耘。十年磨一剑，几十年干一件事。这就是说，要有工匠精神、专业精神。任正非在总结华为的发展经验时指出：华为追求有效成长，追求持续发展，这就需要有持续艰苦奋斗精神，需要有工匠精神。工匠精神就是专注，用一生的时间钻研，成功就是一生做好一件事。

我们要学习任正非、华为执着的专业精神，学习他们专心致志的、脚踏实地的工匠精神，认准了理想，锁定了志向，就要像阿甘那样，坚持不懈地为自己的目标奋斗到底，以其顽强意志和极限的努力去追求成功。

一　华为的成功就是阿甘的"傻"

华为30多年只认准一个目标，只专注一件事，只攻一个"城墙口"，然后就只去"傻傻"地干。

第六章　"傻傻地走自己的路"：华为的工匠精神

对此，任正非专门做了总结评论："华为没那么伟大，华为的成功也没什么秘密！华为为什么成功，华为就是最典型的阿甘"。阿甘就一个字："傻"。"阿甘精神就是目标坚定、专注执着、默默奉献、埋头苦干！华为就是阿甘，认准方向，朝着目标，傻干、傻付出、傻投入。华为选择了通信行业，这个行业比较窄，市场规模没那么大，面对的又是世界级的竞争对手，我们没有别的选择，只有聚焦，只能集中配置资源朝着一个方向前进，犹如部队攻城，选择薄弱环节，尖刀队在城墙上先撕开一个口子，两翼的部队蜂拥而上，把这个口子从两边快速拉开，千军万马压过去，不断扫除前进中的障碍，最终形成不可阻挡的潮流，将缺口冲成了大道，城就是你的了。这就是华为人的傻干！"

任正非说，华为走到今天是华为人的"傻付出"，舍得付出，我们华为年销售值从几百万做到现在的几千个亿，经历了多少苦难！流了多少辛酸泪！这是华为人用生命、心血搏来的。华为人就是比别人付出的更多，华为人付出了节假日，付出了青春和身体健康，靠的是常人难以理解和忍受的长期艰苦奋斗。

华为人是理想主义者，华为是有高远理想的企业。为了理想和远大目标，华为敢于加大投入，舍得为未来的目标连续地投、长期地投，耐得住寂寞，忍受得了艰苦和磨难，坚守商业精神的本质，专注地做好本行本专业。

二　华为没看"路两旁的鲜花"

任正非是一个有情怀的理想主义者，也是一个非常接地气的现实主义者。他始终对未来充满信心，以身作则，倡导踏踏实实的认真态度，不屈不挠的奋斗精神，专注专一的敬业文化，精益求精的工作作风，毫不保守的创新风气。这是实现理想目标所需要的。

为了自己的理想，华为人"只傻傻地走自己的路"、只干自己的事。任正非说过这样一句话："华为就是一只大乌龟，20多年来，只知爬呀爬，全然没看见路两旁的鲜花，不被各种所谓的风口所左右，只傻傻地走自己的路。"30多年来，华为不被路旁"鲜花"吸引，不搞横向平衡，只搞纵向突破——很多企业都在搞横向平衡，搞跨界发展，但华为却始终坚守"纵向突破"——只做通信技术，专心致志，心无旁骛。——"我们很简单的，只为人类进入信息社会而奋斗。"30多年来，华为聚焦于主目标主战场，坚持力出一孔，利出一孔。

有记者问：华为成长过程中，正逢中国房地产爆发，您是否动摇过？

任正非：没有。没炒过股票，没做过房地产这些东西。

记者：没有诱惑吗？

任正非：没有。那时，公司楼下有个交易所，买股票的人里三层外三层包围着。我们楼上则平静得像水一样，都在干活。我们就是专注做一件事情，攻击"城墙口"。

记者：是怎样形成这样一种文化的？

任正非：傻，要总结的话就是"傻"，不把钱看成中心。中心是理想，理想就是要坚守"上甘岭"。钱不是最重要的。

记者：华为为什么不上市？

任正非：因为我们把利益看得不重，就是为理想和目标而奋斗。守住"上甘岭"是很难的，还有好多牺牲。如果上市，股东们看着股市那儿可赚几十亿元、几百亿元，逼我们横向发展，我们就攻不进"无人区"了。

三 多"戴帽子"不能证明我能做好5G

有个故事，说中国政府想给任正非颁发改革开放四十周年的

第六章
"傻傻地走自己的路":华为的工匠精神

大奖,但被任正非拒绝了。如此殊荣他为什么拒绝呢?

任正非觉得,自己不是一个想出名的人,而应该是一个埋头苦干的人。获奖以后,就要参加很多社会活动,国家和各级政府都会给我光荣,光荣多了,那我就没有时间干自己的活了。我还是喜欢把华为做好一些,这对我才是最大的实际。把光荣的大红花让给别人,有什么不好呢?我只想一门心思往前走,不想停下来去"戴帽子"拿个奖。摆一桌子的奖章,能证明我能干吗?能证明我把5G做好了吗?

任正非就是一个"傻傻走自己的路"、"一门心思往前走"、在市场风云中拼杀出来的真正企业家。

四 华为"坚持只做一件事"

在产业发展方向和战略上"左冲右突"、摇摆不定,将会导致颠覆性的失败。美国著名的惠普公司就是前车之鉴。

惠普因为战略摇摆而失去了产业的领导地位。"从1939年惠普车库创业以来,从电子元器件、医疗到打印机、计算机等,惠普是每一代新技术浪潮的弄潮儿,很长时间它都是硅谷精神的代表,是硅谷创新企业的楷模。"[1] 不过,我们也可以看到,惠普的经营之道同样反映了高科技企业发展的普遍规律,它在研发上也坚持大幅度投入,极为重视技术创新[2],并把这一条视为惠普的核心价值理念。但在实践中并没有一个确定的、一以贯之的战略思路。

---

[1] 田涛、吴春波:《下一个倒下的会不会是华为》(代序),中信出版社2017年版,第27页,2019年6月第15次印刷。

[2] 参见田涛、吴春波《下一个倒下的会不会是华为》(代序),中信出版社2017年版,第27页,2019年6月第15次印刷。

华为：磨难与智慧

惠普自 2000 年以来，在产业产品"战略方向上不断摇摆，一会儿 2B（对企业业务），一会儿 2C（对消费者业务，个人电脑），而且这种战略摇摆往往是新一届 CEO 依个人战略偏好做出的判断，董事会也是一年一换届，没有起到中长期战略航向的稳定牵引作用，从而导致惠普尝试进入多个领域，但都半途而废"①。最终导致惠普错失了新一波互联网技术发展浪潮，失去了自己引领行业发展的核心技术。

2016 年 5 月 11 日，任正非在深圳总部接受新华社专访时，记者问：在当前全球经济不景气情景下华为为什么逆风飞扬，华为成功的基因和秘诀是什么？

任正非认为，华为的成功"密码"，主要得益于国家政治大环境和深圳经济小环境的改变；坚定不移地持续变革，全面学习西方公司管理经验；坚定不移地只对准通信领域这个"城墙口"冲锋。

任正非非常清楚，华为只是一个企业，华为要追赶超越美国同行先进企业，唯一的办法，就是要踏踏实实做有限的事情。有所为，有所不为，坚持在某个领域获得突破，而不是全方位进攻。

任正非明确指出：我们成长起来后，坚持只做一件事，在一个方面做大。华为只有几十人的时候就对着一个"城墙口"进攻，几百人、几万人的时候也是对着这个"城墙口"进攻，现在十几万人还是对着这个"城墙口"冲锋。密集炮火，饱和攻击。每年 1000 多亿元的"弹药量"炮轰这个"城墙口"，研发投入近 600 亿元，市场服务 500 亿元到 600 亿元。30 多年来，华为组织千军万马，投入巨额研发费用只冲向一个"城墙口"，终于把这个"城墙口"攻开了，在大数据传送上领先了世界。引领世界

---

① 田涛、吴春波：《下一个倒下的会不会是华为》（代序），中信出版社 2017 年版，第 28 页，2019 年 6 月第 15 次印刷。

第六章
"傻傻地走自己的路"：华为的工匠精神

后，华为将着力倡导建立世界信息化大秩序，建立一个开放、共赢的架构，有利于世界成千上万家企业一同建设信息社会。

正是围绕着"疏导信息流量"和近年来紧盯"图像时代"这个战略城墙口，华为人从不三心二意，从不"换轨道"。任正非说，信息流的终端就是一个"水龙头"，CNBG（华为三大业务部门之一，主要做基站、网络部署）就是一个"管道"，越专注做这个，我们越可能领导世界，越容易在世界上占有一定的地位，而且"炮击量"还会越来越大，我们持续在同一个领域前进，不会换轨道。

突破"城墙口"就必须围绕主航道，聚焦主战场，坚持有所不为，才能达到有所为，实现赶超世界先进水平的目标。任正非反复告诉华为人："我们是一个能力有限的公司，只能在有限的宽度赶超美国公司。不收窄作用面，压强就不会大，就不可以有所突破。我估计战略发展委员会对未来几年的盈利能力有信心，想在战略上多投入一点，就提出潇洒走一回，超越美国的主张。但我们只可能在针尖大的领域里领先美国公司，如果扩展到火柴头或小木棒这么大，就绝不可能实现这种超越。"

五 "下一个倒下的也许就是华为"

在2013年的新年献词中，任正非着重讲了华为坚持"力出一孔，利出一孔"的道理。

管仲在《管子·国蓄第七十三》中说，"利出于一孔者，其国无敌；出二孔者，其兵不诎；出三孔者，不可以举兵；出四孔者，其国必亡"。商鞅在《商君书》亦提出过"利出一孔"的思想。"利"指"金钱福禄赏赐"、物质资源条件，"孔"指铜钱中央的小孔，喻为途径。"利出一孔"的意思，就是各个好处、资源要来自一个途径，作为国家要用各种手段集中垄断一国所有资源，所有"利"集于一身（一孔），这样统治者便能随心所欲统治民众了。故《新唐书·柳冲传》中又有这样的概述："为国之道，一孔者王，二孔者强，三孔者弱，四孔者亡。""力出一孔"与"利出一孔"同一个意思。上述思想在中国历史上还产生了统治者对部属人身控制、对民众重税的"贫民术"等政治后果。

任正非引用了古语"力出一孔，利出一孔"，主要强调华为要集中资源、聚焦优势和主航道，同时，也警示华为干部收入必须"利出一孔"，不能腐败谋利。否则，"下一个倒下的也许就是华为"。

我们把2013年华为的新年献词摘录于下：

> 大家都知道水和空气是世界上最温柔的东西，因此人们常常赞美水性、轻风。但大家又都知道，同样是温柔的东西，火箭可是空气推动的，火箭燃烧后的高速气体，通过一个叫拉法尔喷管的小孔，扩散出来的气流，产生巨大的推力，可以把人类推向宇宙。像美人一样的水，一旦在高压下从一个小孔中喷出来，就可以用于切割钢板。可见力出一孔，其威力。华为是平凡的，我们的员工也是平凡的。过去我们的考核，由于重共性，而轻个性，不注意拉开适当的差距，挫伤了一部分努力创造的人，有许多优秀人才也流失了。但剩下我们这些平凡的15万人，25年聚焦在一个目标上持续奋斗，从没有动摇过，就如同是从一个孔喷出来的水，从而产生了今天这么大的成就。这就是力出一孔的威力。我们聚焦战略，就是要提高在某一方面的世界竞争力，也从而证明不需要什么背景，也可以进入世界强手之列。

第六章
"傻傻地走自己的路"：华为的工匠精神

同时，我们坚持利出一孔的原则。EMT宣言，就是表明我们从最高层到所有的骨干层的全部收入，只能来源于华为的工资、奖励、分红及其他，不允许有其他额外的收入。从组织上、制度上，堵住了从最高层到执行层的个人谋私利，通过关联交易的孔，掏空集体利益的行为。20多年来我们基本是利出一孔的，形成了15万员工的团结奋斗。我们知道我们管理上还有许多缺点，我们正在努力改进之，相信我们的人力资源政策，会在利出一孔中，越做越科学，员工越做干劲越大。我们没有什么不可战胜的。

如果我们能坚持"力出一孔，利出一孔"，"下一个倒下的就不会是华为"，如果我们放弃了"力出一孔，利出一孔"的原则，"下一个倒下的也许就是华为"。历史上的大企业，一旦过了拐点，便进入了下滑通道，很少有回头重整成功的。我们不甘倒下，那么我们就要克己复礼，团结一心，努力奋斗。

雄赳赳，气昂昂，跨过太平洋……

任正非还用"乌龟精神"来阐述华为的"专一"战略。华为要像乌龟那样，"认定目标，心无旁骛，艰难爬行，不投机、不取巧、不拐大弯弯，跟着客户需求一步一步地爬行。前面25年经济高速增长，鲜花遍地，我们都不东张西望，专心致志；未来20年，经济危机未必会很快过去，四面没有鲜花，还东张西望什么。聚焦业务，简化管理，一心一意地潇洒走一回，难道不能超越？"

在2019年2月的有关访谈中，任正非又谈到他倡导的专一精神："一个人如果专心只做一件事是一定会成功的，当然那时我是专心致志做通信的，如果专心致志养猪呢？我可能是养猪的状元；专心致志磨豆腐呢？我可能也是豆腐大王。不幸的是，我专心致志做了通信，通信这个行业太艰难、门槛太高。爱立信CEO曾经问过我一次：'中国这么差的条件下，你怎么敢迈门槛这么高的产业？'我说：'我不知道这个产业门槛很高，就走进来了，走进来以后，我就退不出去了，退出去我一分钱都没有了，两万多块钱都花光了，退出去我就只有做乞丐了。'所以我们勇敢继续往前走，一步步往前走。"

任正非明白，"四边用力"成不了大事，再说华为也没有那么多的力量去从事多领域的发展。所以，就必须"把力量缩窄，缩到窄窄的一点点，往里面进攻，一点点进攻就开始有成功、有积累，我们觉得这种针尖式的压强原则是有效的，所以我们聚焦在这个口上"。

华为30多年来，只对准信息传送这个"城墙口"冲锋，聚焦在这个口上高强度投入，终于获得了成功。

华为持续几十年只做一件事，这件事就获得了成功。任正非总结说："我们要成功，一定是集体团结奋斗，拧成一股绳。华为公司之所以这么厉害，就是十几万员工'力出一孔，利出一孔'，攻无不克、战无不胜的。"

六 小公司都可以复制的三大"真经"

有记者问，中国有无可能成长出许多个"华为"来？

任正非认为是完全可以的，并传授了华为的"真经"：

第一，小企业做大，就得专心致志为客户服务。小企业特别是创业的小企业，就是要认认真真、踏踏实实，真心诚意为客户服务。小企业不要去讲太多的方法论，就是要真心诚意地磨好豆腐，豆腐做得好，一定是能卖出去的。只要真心诚意去为客户服务，不断改进质量，一定会有成功的机会。也不要把企业管理搞得太复杂。

第二，先在一个领域里做好，持之以恒地做好一个"螺丝钉"。

第三，小公司不能稍微成功就自我膨胀。我始终认为企业要踏踏实实一步一步发展。

任正非举例说：有重大理论创新才能产生大产业、大发展，但局部的技术创新也能推动新发展。比如，日本一个做螺丝钉的小企业，几十年只研究螺丝钉，它的螺丝钉永远不会松动，全世界的高速铁路大都是用这个公司的螺丝钉。一个螺丝钉就有非常多的地方可以研究。我去过德国的小村庄工厂，几十年就做一个产品，他们工厂介绍栏里面不讲销售了多少，而是说占世界份额多少。可这是一个村庄企业啊！

这说明，围绕一个小领域、一个小产品，做精做专，做到世界顶级，也能精彩闪光。

七　华为未来仍将为人类信息化服务

在谈及华为未来发展前景时，任正非做了这样的描述：

首先，华为未来30年或者更长时间，我们的理想是什么？还是为人类提供信息化服务。我们认为，在人类未来20—30年，一定会发生一场巨大的革命，这场革命就是技术革命，这场技术革命就是信息社会智能化，因为人工智能的出现，会推动世界智能化。云化和智能化，信息会像"海啸"一样爆炸，爆炸一定要有东西支撑，要有最先进的连接设备和计算设备支撑。我并不认为5G，也并不认为今天各种传送，会达到极限的顶点，我认为人类还有更深刻的需求要解决。所以，今天我们只是在变革的初期，我们也只是跑到这次变革的起点,后面的路还很长,我们努力要做到使人们得到更快、更及时、更准确、更便宜的信息服务。

过去30多年,华为给170多个国家、30亿人口提供了信息服务,为填平数字鸿沟做出了贡献。特别是信息传递成本变得比较便宜,使很多穷人都可以在很远的山沟里看见这个世界是什么样子,这些农村山沟里的孩子得到了很大进步,这些孩子将来就是下一代人类社会的栋梁和骨干。未来,华为人仍将为人类信息社会更美好的发展未来,提供更多更优质的服务。

这种执着的专业精神、工匠精神,是华为人给我们这个社会创造的又一个宝贵财富。

第七章

"无人区的生存法则"：华为的创新逻辑

> 随着逐步进入香农定理、摩尔定律的极限，面对大流量、低时延的理论还没创造出来，华为已感到前途茫茫，找不到方向。华为已前进在迷航中。重大创新是无人区的生存法则，没有理论突破，没有技术突破，没有大量的技术积累，是不可能产生爆发性创新的。
>
> ——任正非

广义而论，企业要生存和发展，就需要变革创新。创新就是新陈代谢，这是一切生命之源，企业更是如此。企业自主创新，通常是指企业核心技术的自主研发过程，这是企业竞争力的根本所在。

一 华为成功的最大密码是科技创新

华为30多年的发展史，走的就是科技创新之路。科技创新是华为最鲜明的特色。可以说，国内鲜有如此重视科技创新的企业。这次美国之所以如此疯狂打压华为，就是因为华为在信息技术领域拥有世界领先的自主创新技术；这次华为之所以能从容应对美国的极限打压，也是因为华为有自己创新的成果和研发能力。

任正非在最近的一系列采访中，明确指出，美国是因为看到华为的5G技术在世界上领先才打压我们的，但华为不光在5G技术方面世界领先，而且在光传输、光交换、接入网和核心网上也远远领先于世界。因此，美国对华为的打压有可能是长期的。美国这次打压华为会在少量非核心部件、某些终端产品、增长数量上一二年内对华为造成一定的影响，但不会对华为的生存和发展带来根本性的影响，而且今后华为经营的所有领域都可以不依赖于美国供货而独立运行，尽管华为永远不想拒绝与美国企业的合作。

尤其令人兴奋的是，任正非明确表示："美国现在建不成先进的信息网络，因为华为不会卖5G设备给美国。"这就是华为自主创新的成果和"威力"，也是华为生存和发展的最根本经验。

任正非总结说，华为始终坚持做一个开放的群体，始终没有停止过开放。我们以开放为中心，和世界进行能量交换。只有开放，才有今天的华为。我们要学习华为塑造企业竞争力的经验，就要学习华为开放的自主创新之路。

不过，任正非在近期接受媒体采访时，说了一句颇令人费解的话。这句话就是："自主创新如果是一种精神，我支持；如果是一种行动，我就反对。"明明华为的根本生存之道是自主创新，而且华为的"备胎计划"本身就是自主创新的实际行动，任正非却说要"反对"。

透过华为的成长史和任正非的一系列讲话，我们可以十分清楚地看到，任正非并不是笼统地反对自主创新，他对自主创新有自己的理解，而这种理解是同华为的创新实践联系在一起的。

二　中华民族要复兴就必须有自己的科技支撑

早在1995年，任正非就讲过：经过改革开放十多年的经历，

第七章
"无人区的生存法则"：华为的创新逻辑

"中国人终于认识到，外国人到中国是赚钱来的，他们不肯把底交给中国人，中国人得到的只是感染，促使了观念的转化。他们转让技术的手段，都是希望过几年您还要再引进，然后，引进、引进、再引进，最终不能自立。以市场换技术，市场丢光了，哪一样技术真正掌握了？从痛苦中认识到，没有自己的科技支撑体系，工业独立是一句空话。没有独立的民族工业，就没有民族的独立"。

任正非认为："创新就是释放生产力，创造具体的财富，从而使中国走向繁荣。"中国工业要发展，中国经济要繁荣，中华民族要复兴，必然有"自己的科技支撑体系"。而要建立自己的科技支撑体系，除了学习、引进、借鉴外国的先进科学技术外，在许多关键、核心领域的科技必须走自主创新之路，尤其那些对我国实行封锁的高尖科技，就更是如此。

任正非在一次谈到保护知识产权问题时说，只有保护知识产权，才会有原创发明的产生，才会有对创新的深度投资及创新的积极性。没有原创技术产生，一个国家想发展独立的大产业是不可能的。即使表面上成功了，那也不过像沙漠上修的高楼一样，终将不会有稳固的根基。通信技术及产业作为当代人类最前沿、最泛化的科技性产业，它的领先发展足以振兴整个民族。长期以来，国内通信市场和资源基本上被国际通信巨头们瓜分。面对此种格局，要振兴中华，实现中国现代化，光靠外资是远远不够的，中国人必须自己"站起来"，必须有自己的产品，必须有自己的自主创新。

三　创新是企业的核心竞争力

任正非在1998年的《华为的红旗能够打多久》一文中说："知识经济时代，企业生存和发展的方式也发生了根本的变化，过去是靠正确地做事，现在更重要的是做正确的事。过去人们把创新看作冒风险，现在不创新才是最大的风险。"

拒绝创新而导致著名大企业迅速垮台的案例也不少。柯达公司就是拒绝技术创新而眼睁睁错过了产品数码转型的战略机遇。2000年，胶片市场迅速萎缩，柯达逐步陷入亏损，但由于既有的利益格局，组织人事繁杂，导致它变革无力，这也是成功大企业的通病。同时，也与柯达管理层大多数出身于传统行业有很大关系，管理层没有把握好数字技术带来的未来变化的方向。尽管全世界第一台数码相机是柯达工程师在1975年发明的，但即便到了数码技术已经明显将成为产业潮流时，因为内部既得利益集团的抵制，柯达还试图雪藏自己已经掌握的数码技术。所以在倒下的大公司里，从来就不缺乏洞察和新知，可惜它们没有把它变成决策和行动。第一台数码相机是柯达发明的，柯达却错过了发展数码相机的战略机遇期。[①]

在2016年5月30日召开的全国科技创新大会上，任正非做了《以创新为核心竞争力，为祖国百年科技振兴而奋斗》的发言，给大家留下了深刻印象。

任正非在发言的开头就鲜明地指出："从科技的角度来看，未来二三十年人类社会将演变成一个智能社会，其深度和广度我们还想象不到。越是前途不确定，越需要创造，这也给千百万家企业公司提供了千载难逢的机会。我们公司如何去努力前进，面对困难重重，机会危险也重重，不进则退。如果不能扛起重大的社会责任，坚持创新，迟早会被颠覆。"

华为30多年就是这样走过来的，创新是华为生存和发展的根本法则。华为从一个小作坊迈入世界最先进的高科技企业，并且

[①] 参见田涛、吴春波《下一个倒下的会不会是华为》（代序），中信出版社2017年版，第24—26页，2019年6月第15次印刷。

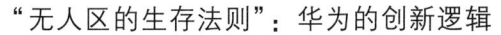

在许多领域领先世界,从而获得同行的尊重和世人的认可,就是有自己的创新成果,有自己的核心竞争力。

2000年,任正非在《创新是华为发展的不竭动力》一文中指出:"不冒风险才是企业最大的风险。只有不断地创新,持续提高企业的核心竞争力,才能在技术日新月异、竞争日趋激烈的社会中生存下去。"

离开了科技创新,就不会有华为的发展。没有长期以来形成的创新成果和创新实力,华为就无法应对美国的极限打压。

四 "任式"的创新观

在长期的实践中,任正非形成了自己独特的华为式的"创新观"或者说是"任式"的创新观。

当任正非说他赞成自主创新的精神而反对自主创新的实践时,显然对"自主创新"做了"任式"的理解,并且也主要是就华为一个企业实践而言的。任正非的真实意思是,自主创新应该是开放式搞创新,不要封闭式创新,不要什么都要我们自己重新来做,人家好的我们尽可能学。开放式创新取代封闭式创新,正成为全球配置创新资源的新范式。所以任正非说,不应关起门来搞自主创新,而应该拥抱世界、依靠全球创新——这样才能缩短我们进入世界先进行列的距离。

在任正非看来,不开放的"自主创新"是没有出路的。他不太赞成"自主"创新,而不反对"原创"创新。"关于自主创新的问题,自主创新就陷入熵死里面,这是一个封闭系统。我们为什么要排外?我们能什么都做得比别人好吗?为什么一定要自主,自主就是封建的闭关自守,我们反对自主。第二,我们在创新的过程中强调只做我们有优势的部分,别的部分我们应该更多地加强开放与合作，只有这样我们才可能构建真正的战略力量。我们非常支持异军突起的，但要在公司的主航道上才好。我们一定要避免建立封闭系统。我们一定要建立一个开放的体系，特别是硬件体系更要开放。我们不开放就是死亡，如果我们不向美国人民学习他们的伟大，我们就永远战胜不了美国。"

早在2015年12月，任正非就谈到过这个问题："我们要有原创创新精神，但并不等于完全自主创新，自主创新这个提法我不太认同，自主创新是封闭系统思维，华为强调开放合作，自己只做最有优势的东西，其他部分开放合作让别人做，不开放就是死亡。即使我们成为行业的领导者，我们也不能独霸天下，若华为成为成吉思汗独霸天下，最终是要灭亡的，我们立足建立平衡的商业生态，而不是把竞争对手赶尽杀绝，我们努力通过管道服务全球，但不独占市场。"

他把"自主创新"理解为封闭的，这是他个人的理解和解释问题。但关起门来搞"自主创新"或者说有了领先的创新成果后就封闭"独霸"，确实不是正确的创新之路。只有在同世界先进同行们的开放合作中创新，才是赶超型国家和企业的正确之道。当然，自主创新都有一个知识产权保护问题，而且越是尖端的技术创新成果越需要自我保护。所以，人家有的好东西并不一定会卖给你，许多核心技术还必须走自主创新之路。这样做，并不是搞封闭式的创新，它同样需要通过开放式创新才能实现。

在任正非看来，自主创新作为一种精神是值得鼓励的，但只有站在人类文明基础上的自主创新才是正确的。其实，所有科学家都在搞自主创新，因为他们做一些莫名其妙的题目，谁也搞不懂。但是我们也要看到，科技创新是需要站在前人的肩膀上前进的。比如，我们的海思就不是从源头开始自主创新的，也给别人缴纳了大量知识产权费用，有些是签订了交叉许可协议，有些协

第七章
"无人区的生存法则"：华为的创新逻辑

议是永久授权的，你中有我，我中有你，在别人的基础上形成了我们自己的创新。我们同意鼓励自主创新，但是要把定义讲清楚。相同的东西，你自己做出来了也不能用，也要给人家原创交钱，这是法律，谁先申请归谁。无线电最早是波波夫发明的，但是俄罗斯为了保密，压制了这个东西的公布；意大利的马可尼先申请了，所以无线电的发明权归马可尼。这同样涉及自主创新的理解和知识产权的保护问题。

对一个企业来说，它也反对盲目的、四面出击的创新，企业必须聚焦主航道，突出主战场的有重心的创新。任正非在2013年的《用乌龟精神追上龙飞船》一文中说："我们只允许员工在主航道上发挥主观能动性与创造性，不能盲目创新，发散了公司的投资与力量。非主航道的业务，还是要认真向成功的公司学习，坚持稳定可靠运行，保持合理有效、尽可能简单的管理体系。要防止盲目创新，四面八方都喊响创新，就是我们的葬歌。"

总之，在"自主创新"问题上，主要是对"自主"如何理解和实践。其实，一般讲的自主创新也是反对封闭式的自主创新，任正非强调的开放式自主创新无疑是正确的。

五 华为开始有能力进行"前瞻性研究"

有记者问：我曾看过一篇关于华为的文章，也不知道真假。它提到华为过去没有一项自主性的原创技术，都是从集成、工程、工艺等方面创新的。这个说法准确吗？

任正非回答说：这是十几年前我讲的，因为那时我们还是行业的追随者，主要是以工程师为中心的创新。现在我们终于走到行业前列，有能力进行前瞻性研究了。华为涌现出非常多的科学家，世界各国的很多科学家也加入到华为的创新队伍中来。华为在全世界有几十个能力中心，这些能力中心就是科学家在探索，包括未来十年、二十年的技术思想、数学模型、算法……所以我们现在也正在为人类社会提供一些基础理论。

记者又问：那现在是不是可以说华为在推动自主创新呢？

任正非表示：我们不强调自主创新，我们强调一定要开放，我们一定要站在前人的肩膀上，去摸时代的脚。我们还是要继承和发展人类的成果。

看来，任正非一贯坚持的是开放式创新，在开放中实现原创技术的创新。

其实，华为30多年的成长史，就是一个不断创新的过程。华为首先是学习人家、借鉴人家成果，也购买采用人家的创新成果。另外，华为越来越加大研发投入，重视自己的自主研发，尤其是高度重视基础理论研究。华为人为什么那么执着？就是要追求把这种技术推向最前沿，一定要站在世界最高峰。

华为的强大就强大在创新方面，而华为自主创新的最大特点，就是开放式创新。这种创新是在跟世界先进同行合作竞争中的自主创新。

六　任正非倡导开放式的自主创新

任正非所以反对封闭的自主创新，还因为他害怕我们退回到闭关自守的老路上去。

他说，我们过去最大的缺点是"闭关自守"，由于封闭，所以没有繁荣。我们国家是在邓小平倡导改革开放以后才繁荣起来的。如果美国现在的政府走向闭关自守，美国会落后的，别人就会追上来。中国只有更加开放，更加改革，才会形成一个更加繁荣的中国。自主创新也要站在人类文明的基础上创新才是正确

第七章
"无人区的生存法则"：华为的创新逻辑

的，不应关起门来搞自主创新，而应该拥抱世界、依靠全球创新——这样才能缩短我们进入世界领先的进程。完全依靠中国自主创新很难成功，为什么我们不能拥抱这个世界，依靠全球创新？科技创新是需要站在前人的肩膀上前进的。

作为一个世界性大国和世界一流企业，自主知识产权、自主创新，自然是一条根本性的生存和发展的活路。华为海思作为备胎能持久生存下来，就是以自主创新为基础的。不过，任正非认为，对自主创新的定义需要讲清楚，如果什么都要自主创新，那是封闭的借口，必然导致落后。他说，相同的东西，你自己做出来了也不能用，也要给人家的原创交钱，这是法律，谁先申请就归谁。所以，没必要搞重复性的创新。

可见，任正非先生不是反对一般意义上的自主创新，而是反对封闭的、重复的、落后的"自主创新"，他倡导开放的、合作的、世界视野的"自主创新"。对"自主创新"他做了自己的理解，尽管有些论点可以探讨，但华为和他本人则是坚持创新兴企的典范，这点也是最令人敬佩的。

七　把钱变知识与把知识变钱

华为组织千军万马搞创新，用千金万银搞创新。如此气势，实属罕见。

如今的华为居然至少有700名数学家、800多名物理学家、120多名化学家、6000—7000名从事基础研究的专家、6万多名各种工程师、高级工程师。在编的有1.5万多名基础研究的科学家和专家，还有6万多名应用型人才在开发产品。任正非说，我们自己在编的1.5万多名基础研究的科学家和专家是把金钱变成知识，而我们的6万多名应用型人才则是开发产品，把知识变成商品、金钱。华为18万多人（2019年6月已达19万多人——笔者注），其中8万—9万是研发工程师。可见华为公司其创新研发人员占比之高。华为还在全世界建有26个研发能力中心，一个战略研究院，拿着大量的钱，向全世界著名大学的著名教授"撒胡椒面"，一直支持企业外的科学家进行科研探索。据任正非介绍，华为每年200亿美元投入费用中有34亿美元是作为战略费用，其中一部分是支持大学教授搞科研，他们按照美国拜杜法案的原则来实施，即美国政府可以给大学钱，但成果归大学，不归美国政府。华为现在也这样投钱，成果归大学，不归我们华为。如果我们需要大学的成果，可以通过商业交易获得，而不是投资就能获得。任正非说，这样做，我们超前的速度就会越走越快。当然，美国公司也会在世界各国投资支持这些大学，Google等很多公司都做得很好，他们在招聘人才时用高于其他企业6倍工资把优秀人才招走了，我们才发现自己太保守了，将来也要用五六倍的工资和Google去争夺世界优秀人才。

华为每年研发投入150亿到200亿美元，投入强度在世界排名前五，已获得授权专利87805件，其中在美国的核心技术专利是11152件。华为的5G基本专利数量占世界的27%左右，在世界排名第一位。华为还参加了360多种的标准组织，贡献了54000多件提案，在通信领域其研发能力是世界最强的公司之一。

华为为了实现自己的理想，为了人类的美好未来，在科研投资上力度很大，已处在全世界的前五名。过去，华为的科研投资更多地注重工程技术创新，在工程技术上领先了世界，人工智能芯片也处在世界前三名，也可能是第二名。现在，华为更多地重视基础理论上的创新，为未来10年、20年大规模进行战略布局，在数学、物理、化学、脑神经、脑科学……未来，华为的竞争能力将会更强大。但是，华为从来没有想去挤压谁，只希望和美

第七章
"无人区的生存法则":华为的创新逻辑

国、和世界上的同行们加强合作,实现共赢。

八 华为在"无人区"的"迷航"中"领航"

华为用了30年左右时间,进入到了世界信息技术最前沿。过去,华为是追随人家脚印在跑步发展,在人家的引领下搞创新。现在,是华为开始引领人家发展了。

任正非说:华为正在本行业逐步攻入无人区。无人区,处在无人领航,无既定规则,无人跟随的困境。华为跟着人跑的"机会主义"高速度发展,将会逐步慢下来,而创立引导理论的责任则已经到来。华为不能光剪人家的羊毛,感谢人家前30年对华为的领航。现在,华为人清楚地看到,"随着逐步进入香农定理、摩尔定律的极限,面对大流量、低时延的理论还没创造出来,华为已感到前途茫茫,找不到方向。华为已前进在迷航中。重大创新是无人区的生存法则,没有理论突破,没有技术突破,没有大量的技术积累,是不可能产生爆发性创新的"。

华为已进入还没有人去探索、去走过路的"无人区"。但华为的"迷茫"恰恰是清醒的表现,华为"迷航"恰恰是为了开辟"新航"。"无人区"是有极大风险的,也是孤独痛苦的。正如任正非所言:"人类社会的发展,都是走在基础科学进步的大道上的。而且基础科学的发展,是要耐得住寂寞的,板凳不仅仅要坐十年冷,有些伟大的人,一生寂寞。基因技术也是冷了几百年,才重新崛起的。"

在"无人区",怎么抓住未来历史的机遇点?任正非认为,我们走到前面一定是痛苦的,是孤独的。但是如果说你想跟随别人,也是痛苦的。你领先的痛苦和跟随的痛苦都是痛苦,但是不一样。如果我们害怕未来领先产业的痛苦,那么我们靠跟随能负担得起18万多人（华为公司2019年6月已超过19万人——笔者注）的高工资吗？"今天抢占先机是痛苦的，但不抢占先机，会更痛苦。所以，我认为领先很痛苦，但我们还是要领先。"

九　"用一杯咖啡吸收宇宙能量"

"重大创新是无人区的生存法则！"如何在"无人区"推进重大创新呢？

任正非设想，可以用一杯咖啡吸收宇宙能量，一桶糨糊黏接世界智慧。

任正非在2013年的一次讲话中，第一次使用了"一杯咖啡吸收宇宙的能量"的提法。这是任正非鼓励华为高级干部向外部学习的一个重要方法。为什么是咖啡而不是茶呢？自然，这只是一个形象的说法。在国际性会议中间休息时，与会者通常端着一杯咖啡到处乱晃，碰到什么人就随意交流几句，不经意中获取别人的思想。茶，更具东方韵味，而咖啡是世界文化。

这句话的意思，就是华为要广泛邀请世界各地科学家喝咖啡聊天，以吸收他们的思想火花和世界智慧。

华为过去是一个相对封闭的人才金字塔结构，现在已炸开了金字塔尖，正在开放吸取"宇宙"的能量，广泛加强与全世界科学家的对话与合作，支持同方向的科学家的理论研究，积极参加各种国际产业组织、标准化组织和各种学术讨论活动……倡导多与科学家喝喝咖啡，从思想火花中，感知未来发展方向。如此有了巨大势能的积累、释放，才有厚积薄发的前程。

在"喝咖啡"的基础上，华为聘请世界顶级科学家成立"思想研究院"。这个研究院只研究思想和未来方向。根据这些思想火花再进行深化分析、假设实验，进而进行基础理论研究，最后

第七章
"无人区的生存法则"：华为的创新逻辑

才是应用研究、产品市场开发。如果说过去的华为更多注重的是工程技术创新的话，那么现在则在更多重视基础理论创新的同时，加大了对"无人区"的思想理论创新，为未来10年、20年甚至更长远的发展进行战略布局。

任正非指出：思想理论创新比基础研究还要超前，因为这些科学家们写的方程也许连神仙都看不懂，就像爱因斯坦一百年前写的引力场方程，当时谁也看不懂，经过许多科学家一百年的研究才终于证明理论是对的。很多前沿理论突破以后，人类当时都不能理解。

未来是不确定的，科学研究要寻找各种可能的确定性。所以，任正非说，我们要理解"歪瓜裂枣"（指有各种奇思妙想、奇谈怪论的研究人员），允许黑天鹅在我们的咖啡杯（指华为请科学家喝咖啡——笔者注）中飞起来。创新本来就有可能成功，也有可能失败。我们也要敢于拥抱"颠覆"，鸡蛋从外向内打破是煎蛋，从里面打破飞出来的是孔雀。现在的时代，科技进步太快，不确定性越来越多，我们也会从沉浸在产品开发的确定性工作中，加大对不确定性研究的投入，追赶时代前行的脚步。

十　在全球建立"强大的能力中心"

任正非认为，科学的道路上是没有失败这个名词的。

因为，你只要把失败的这个路径告诉我们，把失败的人给我们，这些失败的人甚至有可能比成功的人还要宝贵。他们可以补充到我们的生力军中去，把失败的经验带到我们其他的项目中，以避免不必要的失败。合作中也没有失败这个名词。如果说"失败"了，那你请我们喝一杯咖啡，告诉我们哪里走弯路了，将失败的教训告诉我们，这就是成功。

任正非一边谋划一边行动。华为人基于科研、合作无失败的理念，从中国到日本，到俄罗斯、东欧，再到整个欧洲、英国、加拿大、美国、以色列等，建立了数十个强大的能力中心，合作非常成功。越来越广泛的朋友圈，使华为的实力大幅提升。

任正非号召华为高管要多到全球去喝咖啡，但不能跟人家白喝咖啡。他要求部下跟别人喝杯咖啡时，要随手送别人一瓶好点的红酒。这样，人家也愿意跟你喝咖啡了，人家觉得你们挺有绅士风度的，你们才能得到更多的收获。他希望华为人广交世界朋友。

这就是华为的创新之路，也是"任式"创新观的实践。如今的华为，已经由技术创新、基础理论创新，走进了"无人区"的创新。任正非正在构筑"思想创新"，集结世界上顶级的"思想科学家"，探索无数"不确定"的路，从不确定性锁定确定性，在无限可能中找到"大致正确的方向"，在"无人区"的迷航中确定新的航向。

十一　"思想火花研究院"

任正非考虑，光"一杯咖啡吸收宇宙能量"还不够，将来以 Fellow 为中心能不能成立一个思想研究院？Fellow 要多交叉，跨领域，多碰撞，多产生思想火花。

这个研究院的宗旨就是思想和方向研究，而不仅仅是研究实用技术。Fellow 不要只干具体事，不要只关心这个产品、那个产品，来喝杯咖啡，产生火花碰撞，思想井喷。每个研究所都要有一部分独立预算，用于产生"思想火花"。徐文伟上次讲，上不碰内容，下不碰数据，这就是重大方向，这也是思想。但不是严格划界，我们要产生能支撑内容与数据的能力，只是不去经营。

当然，华为的研究体系是有明确线路的。首先是思想研究院

第七章
"无人区的生存法则"：华为的创新逻辑

和战略务虚会，研究未来5—10年的问题，体现理想主义，不过，是有边界的，这个边界就是管道战略方向。其次是战略Marketing部和2012实验室，都是二次验证部门。2012实验室钻研技术，以验证思想，并分为红军和蓝军，不要只走一条路。战略Marketing部关注商业机会、节奏，组织全球专家对是不是未来发展方向进行论证。再次是产品线Marketing，即基于客户需求研究未来3—5年的问题，要有现实主义，离开现实主义也是不能活的。最后是各产品线的IPMT，基于客户需求导向来投资决策，明确做什么样产品，产品做成什么样，什么时候做出来。产品线Marketing支撑IPMT的投资决策。然后是开发团队基于IPMT批准的投资预算，按计划、预算、核算来完成产品开发。开发是交付问题，只是不同于一般的交付。

因此，华为不光要有科学家战略，而且还要有能工巧匠战略。

任正非强调，我们不知道信息社会未来会是什么样子，就要有研究未来信息社会的假设，"没有正确的假设，就没有正确的方向；没有正确的方向，就没有正确的思想；没有正确的思想，就没有正确的理论；没有正确的理论，就不可能出来正确的战略。思想研究院研究未来的思想和方向，然后2012实验室再形成理论，经过验证，2012实验室是在做这些假设思想中的实验。我们一定要搞清楚未来走向哪里去"。

在无人区探索，华为现在需要思想科学家。"思想科学家不可能凭空产生。只能这样产生，有专业有思想，思想研究所（院）其实就是个火花研究所（院），找到这个世界的火花在哪里，你没有那个修炼，达不到那个水平，火也点不着。"

任正非说，我们华为还要召开科学家大会，能把全世界各类顶尖的科学家请来开会，这也可以说是一个奇迹了。

看来，如今的华为，正在为世界、为人类领航了。

第八章

"强者在均衡中产生":华为的灰度艺术

> 开放、妥协、灰度是华为文化的精髓,也是一个领导者的风范。
>
> ——任正非

华为文化是基于华为公司实践而形成和发展的。在不同的发展阶段,华为文化都有自己的时代特点。比如,在创业阶段有反映华为人艰难奋斗的"垫子文化"(加班加点),在追赶快速增长阶段有反映华为人敏锐强悍、群体进攻的"狼性文化"(华为正式叫"狼狈组织计划",没有正式叫过"狼性文化",但的确曾一度提倡、默认"狼"的优点),而到了华为成长为全球同行业先进企业阶段,需要有一种被世界理解和接受的开放包容的企业文化。任正非深谋远虑,及时提出了"开放、妥协、灰度"的文化理念,并视其为与"以客户为中心""以奋斗者为本""自我批判"并列的华为文化的"第四方面",它们共同构成了华为文化的核心价值。

一　任正非为什么倡导"开放、妥协、灰度"?

据有关资料介绍,2007年12月,任正非在香港与美国前国

第八章
"强者在均衡中产生":华为的灰度艺术

务卿奥尔布赖特举行了一次会谈。

在这次会谈中,任正非第一次将"开放、妥协、灰度"这三个词并列,并十分明确地认为,这是华为公司从无到有、从小到大、从弱到强快速发展的一个秘密武器。

美国前国务卿奥尔布赖特过去在国际政坛曾以强硬、铁腕、鹰派风格著称,这次却以难得感性的语调对任正非说:"见您之前,我拜读了您的《我的父亲母亲》《华为的冬天》等文章,印象很深,人类的感情是相通的。"奥氏也讲了自己父亲的几件逸事。就是在这次会面中,任正非针对客人的提问,阐述了华为成长和成功的思想逻辑。虽是第一次,任正非却把"开放、妥协、灰度"三个词并列在一起,并明确认为,这是华为公司从无到有、从小到大、从弱到强的快速发展的秘密武器。任正非说:"我们强调开放,更多一些向别人学习,才会有更新的目标,才会有真正的自我审视,才会有时代的紧迫感。"

当然,华为在发展进程中,客观上都存在着开放、妥协、灰度的做法。比如,华为特别注重向西方先进企业学习,多次引进美国、日本等企业的先进技术和管理经验,不但"穿美国的鞋",而且还学习运用美国的精神文化,这都是"开放"的表现。而市场交易买卖、内部交流讨论、协调处理问题、宽容他人个性和异见,都是一种"妥协";至于"灰度",则是一种更高层面的辩证思维方式和领导艺术,也可以说是对"开放""妥协"的概括和升华。

不过,任正非自觉意识到"灰度"的重要性并深入思考这个问题,是与华为的发展进程联系在一起的。华为从1987年创立到1999年的十多年,可以说是创业和扩张增长阶段,不但站稳了脚跟,而且开始跃占国内行业和国内市场的前列。这个阶段的华为文化气质是带有"狼式"和"海盗式"的进攻性,是一支以强悍攻城略地的"野战部队"称雄于通信市场。1999年前后,华为发展进入拓展国际市场的新阶段。从1996年迈入香港,试水俄罗斯,进军非洲和拉美,到挥师中东,再挺进法国,牵手英德,很快打开了国际市场新局面。舞台大了,机会多,挑战也多。

大约到2003年前后,华为公司的国际化发展目标基本上获得了成功。当年,公司营收的大部分来自全球业务,2005年华为收入达到453亿元人民币,而其中海外合同销售额首次超过了国内,达到世界电信运营商前50强中的第28名。这样,华为作为"一个陌生的市场进入者"来到新世界,而且这个"陌生者"是来自中国的一家企业,这既打破了世界通信行业原有的大企业格局,又在相当程度上打破了西方的一些商业游戏规则,或者说注入了华为发展的新元素。华为的快速崛起在西方世界引起了焦虑与不适应。2001年前后,美欧一批大公司差不多同一时间,纷纷登门对华为提出专利诉求,要求以1%—7%的销售额支付专利费。这就不可避免地发生了需要相互适应和利益矛盾冲突的问题。据统计,2002年以来的10多年,华为法务部每年要接手2000个左右的案件,大多与知识产权相关,有时每天有四五项诉讼,其中大多涉及与西方大公司的专利冲突。[①] 为此,华为主动与各国际公司谈判签订付费许可协议,或专利互换,交叉付费。与此同时,华为高度重视专利和知识产权保护,开始构建自己的知识产权防线。

这些专利矛盾冲突最为典型的,是发生在2003年1月24日(美国思科以非法复制其操作软件名义起诉华为)至2004年7月28日(法庭中止思科对华为诉讼,双方达成最终和解协议)的那场影响巨大的国际诉讼案。华为称这场案子为"世纪官司"。华

[①] 转引自田涛、吴春波《下一个倒下的会不会是华为》,中信出版社2017年版,第164页,2019年6月第15次印刷。

第八章
"强者在均衡中产生":华为的灰度艺术

为此时正以"陌生的面孔"快步走到世人面前。这场官司对华为的影响是深远的:由此开始,华为不得不考虑与世界同行的关系以及世界各国的环境问题。

那么,华为在世界环境不确定的条件下如何保持确定性呢?

华为思考的主要成果,就是任正非经常讲的:以遵守各国法律(包括知识产权)和联合国规章的确定性来应对不确定性;以技术的先进性和为客户的优良服务的确定性去应对不确定性;以一种新的企业文化去适应这种不确定性。

这时候华为文化的适应性,就是华为人要思考并解决全球跨文化的冲突问题。

华为公司在一些西方媒体眼里,常被渲染成"攫取、独裁、不包容"的企业形象,国内也有"狼性文化""饿狼扑食"之称,华为的"进攻性"风格的确也是存在的。这就严重阻碍了华为开拓国际市场的步伐。正如华为原董事长孙亚芳反思道:"公司这些年来的身段太刚硬了,发展到后来开始变得僵硬。华为需要做出改变。"

20世纪末和21世纪初这个时期,华为的运行还处于进攻、紧张有余、内外压力增大、任正非个人高度集权时期。在企业内部,高层决策"一言堂",部门"主管意志"主导运行。这种高度集权保证了华为10多年来意志统一,推动了公司的高效运作和快速成长,同时也带来了用人等方面的失误。任正非神经高度紧张,常常处于恐惧状态,"我天天思考的是失败"。他认为"华为的冬天一定会到来",担心公司随时会垮掉。任正非心理上甚至出现了忧郁症状,多次谈到他理解有些大公司的CEO为什么会自杀。

也正是在这个时期,任正非从世界近现代欧美大国兴衰的历史经验中,吸收了深刻智慧。

据有关资料介绍，北京大学历史系教授、著名的英国历史研究专家钱乘旦，在2003年11月24日，曾为中央政治局领导讲过《15世纪以来世界主要国家发展历史考察》的学术报告。一个半月后，钱乘旦应邀到华为做报告。包括任正非、孙亚芳等公司高管在内的800多位华为中层以上管理干部参加了报告会。2006年，由钱教授担任学术指导、中央电视台制作的政论电视片《大国崛起》播出，任正仁亲自安排，华为购买了200套《大国崛起》的DVD光盘，发给公司高管，并要求大家观看和讨论。钱乘旦教授的学术报告和《大国崛起》的政论片，为任正非从历史文化角度思考"跨文化"冲突，提供了世界眼光的丰富营养。此时的华为正需要从欧美历史中找到"融合""制胜"的思想武器。

比如说，15—16世纪，西班牙、葡萄牙这两个小国为何能瓜分世界、统治世界？关键是两国采取了重商主义的国策，在重商主义的引领下，他们大胆走出国门，走向海洋，走向世界。而17世纪，一个更小的新兴国家——荷兰，为什么能取代西班牙和葡萄牙？是因为荷兰把重商主义推向了更成熟的阶段，还创造了早期的信贷制度和金融体系，特别是创造了现代意义上的银行。荷兰作为"世界中心"维持了一个世纪左右，后来又被英国和法国取代了。那是后者又从商业文明走向了更先进的工业文明。

任正非则对英国的"光荣革命"有更深入的思考。英国"光荣革命"在"妥协"中避免了暴力和战争，解决了国家政权制度的转型变革，过去的封建专制主义统治从此不复存在了。这是英国历史上没有流血牺牲的革命，英国从此出现了持续300多年的国家稳定和称雄世界的局面。英国的君主立宪制在精神文化上就是一种谈判与妥协：国王、贵族、社会利益冲突的各方，通过讨价还价、争吵与辩论、威胁与利诱，各自后退一步，最终达成各利益阶层的和解。"唇枪"代替了肉体的消灭，"舌

第八章
"强者在均衡中产生":华为的灰度艺术

剑"化解了暴力与血腥。"妥协"成了英国资本主义制度最具建设性的思想营养。

任正非也从英国"光荣革命"中看到了华为立足世界的思想逻辑和"妥协"的力量。"民主是灰色的,妥协是金色的。"正如英国政治学家阿克顿指出,妥协是政治的灵魂。这给任正非思考华为的"跨文化冲突"以深刻启示。其实,不只是政治领域,在企业经营等各个领域,只要有人群组织的地方,都离不开妥协。任正非及时提出了"开放、妥协、灰度"理念,不但将其视为领导方法和艺术,而且上升为华为的文化核心价值,认为这是华为公司从无到有、从小到大、从弱到强的快速发展的秘密武器。

当然,华为的"妥协""灰度"文化,就其思想源泉来说,除了直接受西方"大国兴衰"的启迪外,我们认为,还有任正非先生对长期经营实践中的经验总结,这与中国传统文化中的"中庸之道"观念,以及唯物辩证法中的对立统一哲学思想也是有关联的。

当然,我们说与中国传统文化中的"中庸之道""和而不同"等思想有关,不等于说任正非的"灰度观"就是"中庸之道"的现代翻版。任正非在《从"哲学"到实践》一文中曾明确讲:"中国长期受中庸之道的影响,虽然在要求稳定上有很大贡献,但也压抑了许多英雄人物的成长,使他们的个性不能充分发挥,形不成对社会的牵引和贡献,或者没有共性的个性对社会形成破坏。"问题还在于如何理解和运用"中庸之道"。"中庸之道"作为一种"道"、一种世界观,普遍追求矛盾各方之间的调和与折中,追求不偏不倚,折中调和,自然是有局限性的。"灰度观"则重于一种方法论和处事艺术,则是科学合理的。前者是世界观,后者是方法论。

比如，早在2000年，任正非就曾提出过"在用人问题上要有妥协的思想"。"不能总是力排众议，用人问题更要广开言路，广泛听取不同意见。"他反复强调过："我个人能力不够，只能靠团队智慧来决策、靠机制和制度来管人，所以我们推行轮值CEO，形成适度民主加适度集权的组织决策体制。"2003年华为曾准备以100亿美元卖给一家美国公司，后来交易未成，当时公司有两派讨论"还卖不卖"问题。对此，任正非采取了"中和"态度。他自称："我在公司是妥协派，什么事情都想灰度、让一让，但是少壮派们是激进派，坚决不卖了。"

这些都是妥协、合作、宽容、综合、灰度的观点。

2009年1月15日，在2009年华为全球市场工作会议上，任正非首次对开放、妥协、灰度的含义及三者关系，做了系统阐述。他从西班牙与葡萄牙当年兴衰的历史教训中看到了海盗精神的必然退化；从当年荷兰帝国身上看到了资本至上、过度投机毁掉的繁荣；从当年英国"光荣革命"实践中看到了妥协替代暴力的历史进步意义，并由此启迪华为走向世界的思想逻辑，认为"开放、妥协、灰度"是华为发展的又一个秘密武器。

二　华为不能做"黑寡妇"

华为越走到世界通信科技前沿，越感到需要有一个同行业合作的良好生态环境。所以，任正非强调：华为必须跟别人合作，不能做"黑寡妇"。

黑寡妇是拉丁美洲的一种蜘蛛，这种蜘蛛在交配后，母蜘蛛就会吃掉公蜘蛛，以作为自己孵化幼蜘蛛的营养。任正非说，以前我们华为跟别的公司合作，往往过一两年后就把这些公司吃了或甩掉了。现在，"我们已经够强大了，内心要开放一些，谦虚

第八章
"强者在均衡中产生"：华为的灰度艺术

一点，看问题再深刻一些。不能小肚鸡肠，否则就是楚霸王了。我们一定要寻找更好的合作模式，实现共赢。研发还是比较开放的，但要更加开放，对内、对外都要开放。想一想我们走到今天多么不容易，我们要更多地吸收外界不同的思维方式，不停地碰撞，不要狭隘"。

要开放合作就必须学会必要的妥协。所以，任正非一度大张旗鼓地宣传华为对内对外都要有妥协精神，指出："华为不是要灭掉谁家的灯塔，华为要竖起自己的灯塔，也要支持爱立信、诺基亚的灯塔永远不倒，华为不独霸天下。"这样的结果也收到了良好效果：2012年前后，欧盟曾发起对华为的"双反"调查，而爱立信、诺基亚等却站出来为华为背书：认为华为并非低价倾销。

只有合作共赢，才能团结越来越多的人一起做事。任何强者都是在均衡、团结各种力量中产生的。因此，不能做孤家寡人，不能做"黑寡妇"。

针对华为过去在快速发展阶段曾出现过的一些野蛮生长情况，任正非说，"看华为过去的黑寡妇形象，多么恶劣"。而随着公司的发展壮大，华为越来越需要关注企业的社会责任以及与合作伙伴的长期共生关系。

三 "华为开放就能永存"

在华为的核心价值观中，很重要的一条是开放与进取。

华为本身是一个高科技企业，具有较强的创新能力。那么，华为为什么还要强调开放的重要性呢？

任正非认为，华为由于逐步成功了，就可能会越来越自信和自满，从而有可能越来越走向自我封闭。所以，华为需要反复强调开放，要更多地向别人学习，这样才会有更新的奋斗目标。

任正非说:"如果我是一个心胸很狭窄的人,其实就没有华为的今天。华为今天之所以走成这样,其实是一种哲学,就是向美国学习的'开放'哲学。"

任正非认为,与中华文化齐名的古罗马、古巴比伦已经荡然无存了,而中华文化之所以能活到今天,与其兼收并蓄的包容性是有关的。中华文化总的说是有开放性、包容性的,它早已不是原来意义上的孔孟文化,几千年来是不断被人们诠释的,是不断进化或者说现代化的。可以说,中华文化是开放的文化。坚持向一切先进学习,"应该是华为文化的一个特色,华为开放就能永存,不开放就会昙花一现"。

坚持开放、不断向先进同行学习借鉴,是华为不断成长进步的"秘诀"之一。任正非说,我从来没有反对过美国公司,即使我们受到西方不正确打压时,还是希望中国政府千万不要去打击这些西方公司在中国的市场份额。改革开放是中国发展的必由之路。中国过去长期自我封闭,这是导致贫穷、落后的重要原因之一。邓小平实施改革开放后,中国才转向富裕。所以,中国必须沿着改革开放的路继续往前走,不要因为一个华为公司受美国打压,就改变改革开放路线,重新回到闭关自守的老路上去。美国250多年的历史,也可以说是开放的历史,它吸纳了全世界的人才、全世界的文明,从而创造了全世界最伟大的成绩。中国是发展中国家,更要开放,向一切西方先进文明学习,欢迎西方的公司来中国投资,13亿多人的购买市场是巨大的。

的确,一个不开放的国家、不开放的文化、不开放的企业,就可能导致自我封闭,从而逐渐被边缘化。一个不开放的组织,迟早也会成为一潭死水,走向衰落。开放才能确保企业不断吸收别人的优点,才不会被边缘化和衰落。正因为如此,华为无论在产品开发上,还是销售服务、供应管理、财务管理上,都坚持开

第八章
"强者在均衡中产生"：华为的灰度艺术

放地吸收别人的好东西，注意不过多地强调自我，而强调合作交流。华为很重视创新投入，但华为的创新是站在别人的肩膀上的创新，这种创新是像海绵一样不断汲取别人的优秀成果，而绝不是封闭的"自主创新"。

当加拿大当局应美国要求拘押孟晚舟时，任正非说，中国老百姓照样在抢购加拿大生产的衣服。说明中国人民没有这么情绪化，也没有这么民粹主义，这也是中国40多年改革开放给人们思想教育所产生的影响。我们要积极看到中国是一个开放的国家，中国正在走向更加开放，这是有利于世界的。大家如果从这个角度来看，就会减少对抗。经济一定要走向全球化。现在一个国家要独立建立一个信息社会是不可能的，必须由很多国家共同的标准、共同的奋斗才能建立一个信息社会。因此，开放合作对一个国家发展有非常大的好处，中国一定要坚持改革开放。任正非说，我们更不希望中国为了华为就不开放了，我们希望中国走向更加开放。要相信中国未来开放进步的速度会更快，世界也将会走向一种新的共同文明。

当美国对华为极限打压时，中国有些民众提出也要抵制美国苹果手机。任正非却明确表示："我们的态度是不能为了我们一家公司牺牲了国家利益，牺牲了国家的改革开放政策。当我们近期在西方受到很严厉的挫折，我们还是支持我们国家继续走向更加开放。因此，我认为，中国只有更加开放，更加改革，才会形成一个更加繁荣的中国。"

任正非坚决反对那些狭隘的民族心理，认为民粹主义情绪将导致落后。他主张华为继续"向美国学习先进开放，那么我们将来有一天会成为发达公司的"。

开放才有活水，才能永存。

四 妥协是一种"丛林智慧"

从2007年后，任正非越来越强调开放、妥协、宽容和灰度文化。

妥协（compromise）这个词，在中国文化中略带有一定的贬义性，但在西方语境中，则跟成熟、共赢联系在一起，带有更多的褒义性。

在不少人看来，妥协似乎是软弱和不坚持原则的表现，似乎只有毫不妥协，方显英雄本色。其实，"妥协"是双方或多方在某种条件下达成的一种共识。从思想文化上，"妥协"是一种综合、中和的理念和方法艺术。在解决具体问题上，"妥协"也许不是最好的办法，但在没有更好的方法出现之前，它却是最可行的方法。妥协并不意味着放弃原则，一味地让步。明智的妥协，通常是一种适当的变通，是一种换位思维，两极相克取其中，寻找各方的共同利益。如同体育竞技比赛一样，减掉一个最高分和一个最低分，取得中位数，就是多数人的"共识"，反而是相对客观公正的。

人们为了达到主要的目标，往往可以在次要的目标上做适当的让步。这种妥协并不是完全放弃原则，而是以退为进，通过适当的互让来确保基本目标的实现，也就是"退一步进两步"。当然，不明智的妥协或者说放弃原则的妥协，就是缺乏原则的利弊权衡，或者是坚持了次要目标而放弃了主要目标的妥协。这种妥协，往往会因代价过高而遭受不必要的损失。所以，适度的妥协、明智的妥协，是一种理念、态度，是一种美德，也是一种艺术，掌握这种高超的妥协艺术，是领导者、管理者的必备素质。

第八章
"强者在均衡中产生"：华为的灰度艺术

明智的妥协与非此即彼的思维方式不同，它不认定人与人之间的关系只是征服与被征服的关系，人们之间只有对立的、不可调和的利害关系，因而没有任何妥协的余地。其实，人类社会不同阶层、不同组织、不同群体之间，往往存在着大量的共同利益和"契合点"，即使存在着明显的不同利益和分歧，但为了共同利益也是可以调和妥协的。

合理、明智的妥协是一种智慧。在人类社会，有不少人信奉弱肉强食的"丛林法则"，这是与人类文明进化背道而驰的。其实，明智的"妥协"是一种非常务实、通权达变的"丛林智慧"。在任正非看来，"凡是人性丛林里的智者，都懂得恰当时机接受别人妥协，或向别人提出妥协。毕竟人要生存，靠的是理性，而不是意气用事"。在通常情况下，只有妥协才能实现"双赢"和"多赢"，否则必然会两败俱伤，而妥协却能消除无谓的冲突。因此，坚持正确的方向与妥协并不矛盾，相反妥协是对坚定不移方向的坚持。毫无疑问，方向是不可以妥协的，原则也是不可妥协的，但在实现目标方向过程中的一些环节是可以妥协的。只要这种做法有利于更大目标的实现，为什么不可以妥协呢？任正非说，当目标方向对了，但倘如此路不通，"我们妥协一下，绕个弯，总比原地踏步要好，干吗要一头撞到南墙上？"

"妥协"具有丰富的内涵和意义，而且懂得妥协的含义与积极去实践它也是两回事。任正非指出，纵观中国历史上的变法，虽然对中国社会进步产生了巨大影响，但大多没有达到变革者的理想目标。一个重要原因是，相对当年所处的时代环境，他们的变革可能太激进、太僵化，冲破阻力的方法太苛刻了。如果他们用较长时间来实践，而不是太急迫、太刚烈，收效也许会更好。这实际上是缺少中和的"灰度"。大方向应是坚定不移的，但并不是一条直线能实现目标的，也许是在左右摇摆中走的是曲线之路，在某些时段中来说，还会走一个圈，但是我们从长远一些看，从粗线条讲，它的方向仍是走向前方的。历史发展就是螺旋式上升的过程。

任正非说："我们华为的干部，太多比较年轻，血气方刚，干劲冲天，不大懂得必要的妥协，也会产生较大的阻力"，华为必须有妥协文化，在与世界先进公司的妥协合作中实现新的更大发展。

五 "宽容是一种美德"

妥协意味着差异和尊重各方合理利益。组织与组织、企业与企业、人与人之间的差异，是客观存在的。因而在处理各方之间关系时，必须尊重、认识、包容这种差异性。

在任正非看来，所谓宽容，本质上就是容忍人与人之间的差异性，不同的利益。不同性格、不同特长、不同偏好的人能否凝聚在组织目标和愿景理想的旗帜下，靠的就是管理者的宽容。宽容别人，其实就是宽容自己。多一点对别人的宽容，我们生命中就多了一份进步的空间。宽容是一种坚强，而不是软弱。宽容所体现出来的退让是服务于更大目标的实现，有利于全局和长远的利益。

任正非说："只有勇敢的人才懂得如何宽容；懦夫绝不会宽容，这不是他的本性。宽容是一种美德。只有宽容才会团结大多数人与你统一认知方向，只有妥协才能坚持正确方向从而减少对抗，只有如此才能达到你的正确目的。"

对领导干部和企业管理者来说，宽容尤为重要。因为领导工作直接涉及人与人之间的关系。任正非指出，人们开展工作，无

第八章
"强者在均衡中产生":华为的灰度艺术

非涉及两个方面:一是同物打交道的工作,二是同人打交道的工作。不宽容,也许不直接影响同物打交道。一个科学家,性格乖僻,但他的工作只是一个人在实验室里同仪器打交道,那么,不宽容也无伤大雅。一个车间里的员工,主要是同机器打交道,那么,即使他同所有人都合不来,也不太妨碍他施展自己技艺去制造出精美的产品。但是,作为领导和管理者,是直接同人打交道的。一旦同人打交道,就离不开宽容和相互理解。

要开放、合作、灰度,就需要人与人之间的相互宽容。

六 "方向大致正确"就是灰度

笔者认为,任正非先生讲的开放、妥协、宽容、灰度等华为文化,其核心是"灰度"理念,而"灰度"的核心含义就是反对非此即彼的思维,倡导彼此求同存异、互利合作的共赢逻辑。

世界上绝对的黑和绝对的白的事物本来就是不存在的。所谓的"绝对",在自然科学中也只是抽象的数学定义,在物理学上是不可能做到的。任正非解释说:"物理学上绝对的黑一打开,灰尘落上去,就变成深灰;绝对的白一打开,灰尘落上去,就变成了浅灰。"他说,华为提倡"一杯咖啡吸收宇宙能量"就是灰度,因为你听了别人的想法后,经过思考加工,吸收了人家的见解,又有了自己的想法,这就不是各自绝对的东西,而是相对融合的想法了。

任正非说,"灰度"主要是对领导和管理者讲的。比如,一个组织和企业有几千人、几万人,如果没有妥协,就没有团结,就形不成合力。妥协是指人与人相处时,要彼此尊重各方意见,照顾各方利益,经"妥协"而形成"灰度"的共识。如果每个人都只坚持自己的意见,就无法把大家团结起来。所以,领导者常常需要绕一个弯，打一个圈，找到彼此间的共同点。

任正非说，任何绝对黑或绝对白的观点，往往容易鼓动人，看起来也省心省力，但实践上往往行不通。我们通常需要既黑又白、黑白相间的灰色观点。尽管介于黑与白之间的灰度，是很难掌握的一种"度"，但这正是领导者的职责。企业领导的关键工作，就是要把握企业发展的基本方向和目标，但方向和目标不可能做到绝对的准确，只能做到"大致正确"。

"方向大致正确"，就是一种灰度。"正确方向"就来自"灰度"。领导人的素质和水平，通常体现在把握合适的灰度上。一个清晰的正确方向，一般是在混沌中产生的，是从灰色中脱颖而出的，而方向是随着时间与空间变化的，甚至有时会变得不那么清晰。非白即黑、非此即彼的做法，有可能会导致我们走向歧路。问题的难处，在于合理地掌握合适的灰度，推动各种影响发展的要素达到妥协统合，形成发展的前行态势。坚定不移的正确方向来自于灰度、妥协与宽容。因此，我们常常说，一个领导人素质如何就看他把握方向、节奏如何。领导者的水平通常就看他把握合适灰度的能力。

任正非认为，我们处在一个快速变革时期。在这个变革时期，大家都要有心理承受能力，必须接受变革的事实，适应变革的环境。但在变革过程中，必须要有灰色的观念，不能简单化，走极端，否则会适得其反。

公司的各个部门、各个方面都是既互相制约又互相推动的。有推动力又有制约力，只有动力而没有刹车是很危险的。相反，把车刹得死死的不能前进，企业生命也就停止了。这就要有辩证思维，把握好总体平衡、协调好有序的节奏。这就是华为公司倡导的开放、妥协、灰度理念，其在实践中努力保持公司既充满活力又安全有序的发展局面。

第八章
"强者在均衡中产生"：华为的灰度艺术

七 "领袖就是要掌握灰度"

开放、妥协、灰度作为华为文化的精髓，是华为领导者应有的风范和素养。

灰度实际上是妥协在企业管理领域的移植和升华，这意味对任何事物的看法和处理，都要有对立统一的辩证法哲学智慧，在企业管理上要有灰色的包容态度，在处理与各方关系时要有互利合作意识，企业内外都应有适度的弹性，有一个良好的生存和发展的生态环境。这正是"我们生命之树。我们要深刻地理解开放、妥协、灰度，深刻理解深淘滩、低作堰带给我们的启迪。智慧的光辉，将千秋万代永不熄灭"。

在团队组织中，领导者的"灰度"思维，就是看问题处理事情不能简单化、绝对化，不能把黑和白绝对凝固起来，不能把事物僵化为固定不变的范式。当然，这个"灰度"在哪里，什么时候深灰一点，什么时候浅灰一点，以及如何找到并调整到适合的灰度？这需要领导者深入调研思考，需要丰富的学识和经验，也需要胸怀和风度，还需要有高超的领导艺术。任正非说，"领袖就是要掌握灰度"。因此，领导在团队中就不能搞一言堂，要寻求团队的最大公约数，充分发挥团队整体的战斗力，要防止个人英雄主义。

华为的高层领导干部都力求培养自己做事的方向感与节奏调控。任正非说："方向是什么？方向就是面对目标的位置；节奏是什么？审时度势，因势利导，就是灰度。"每一个将来有可能承担重任的干部，一定要对开放、妥协和灰度有深刻的理解，这是将来要成为领袖——领导干部最重要的素养和方法艺术，需要在长期实践中培养练就。

任正非指出，我们在前进的过程中，随着时间、空间的变化，对事物的态度和处理方式，离不开宽容、妥协、灰度的理念。没有宽容就没有妥协；没有妥协，就没有灰度；不能依据不同的时间、空间，掌握一定的灰度，就很难作出合理的审时度势的正确决策。当然，"开放、妥协的关键是如何掌握好灰度"。华为的"各级干部要真正领悟了妥协的艺术，学会了宽容，保持开放的心态，就会真正达到灰度的境界，就能够在正确的道路上走得更远，走得更扎实"。

学会掌握灰度也是一种人生哲学。任正非总结自己人生经验时说，我走向社会多少年后才知道"灰度"的道理。我曾经碰得头破血流，进步不快，就是因为不太懂得这种人生哲学。我读大学时没能入团，当兵期间开始也多年没有入党，处处都有人生的逆境，个人也感到很是孤立。当我明白"团结就是力量"这句话的政治内涵时，人生已经过了不惑之年。想起蹉跎岁月，才觉得开放、妥协、灰度的重要，无论做企业管理还是个人人生成长，都需要学会妥协，掌握灰度。

"灰度"具有了普遍的哲学意义。

八　"深淘滩，低作堰"

"深淘滩，低作堰"，是我国闻名世界的都江堰水利工程的"核心技术"，或者说是科学治水理念。"深淘滩"是指飞沙堰一段、内江一段河道要深淘，岁修时淘挖江底淤泥要深，要淘到工程预埋的"卧铁"（一说"石犀"）深度为止，这样才算恰到好处，使江水水量能足够保证灌区用水；"低作堰"就是飞沙堰还要有一定高度，但也不能筑得过高，以免影响内江江水外溢和泄洪，确保内江不发生洪灾。李冰父子2000多年前总结确定的这六

第八章
"强者在均衡中产生"：华为的灰度艺术

个字要诀，包含着深刻的科学道理，都江堰水利工程至今依然发挥着防洪、灌溉等功能，造福"天府之国"的老百姓。

任正非是非常善于学习的。他认为"深淘滩，低作堰"中蕴含着丰富的智慧和道理，远远超出了治水本身，对企业经营管理也具有深刻的启示。所以，在任正非的许多演讲和文章中，经常结合华为的企业经营实际，阐述"深淘滩，低作堰"的道理。他在2009年的《深淘滩，低作堰》一文中指出，都江堰长盛不衰的主要"诀窍"，对华为公司的长期生存和发展具有直接的指导意义。

2009年，任正非在运作与交付体系奋斗表彰大会上的讲话中指出："深淘滩，就是确保增强核心竞争力的投入，确保对未来的投入，即使在金融危机时期也不动摇；同时不断地挖掘内部潜力，降低运作成本，为客户提供更有价值的服务……低作堰，就是节制对利润的贪欲，不要因短期目标而牺牲长期目标，自己留存的利润少一些，多一些让利给客户，以及善待上游供应商。"

2010年，任正非在《开放、合作、自我批判，做容千万家的天下英雄》一文中又分析说，我们华为还是要"深淘滩、低作堰"，就是我们不想赚很多的钱，但是我们也不能老是亏钱。低作堰，我们只要有薄薄的利润即可，把多余的水留给客户与供应商。这样我们就能保持生存能力。你只要活到最后就一定是最厉害的，因为你每次合作的时候都要跟强手竞争，留着活下来的都是蛟龙。

正因为如此，任正非主张赚小钱而不赚大钱，赚长期的钱而不赚短期的暴利的钱。这就是华为的商业模式。2012年，任正非在惠州运营商网络BG战略务虚会上的讲话中分析说，由于电信网络产业不是很挣钱的，所以有些设备供应商就减少了有些方面的投资，这才让我们华为有机会赶上来。如果当我们也在这个行业"称霸"时，继续只赚小钱，那么，谁想进这个行业赚大钱就不太可能了，他要进来也只能赚小钱，那他能不能耐得住这个寂寞？他耐不住寂寞就不干了，还是我们占着这个位置。如果我们长期保持饥饿状态，不谋求赚大钱，最终我们能持久赚钱。赚小钱，只要收益分配不是很差，过得去，大家不散掉就行了。如果我们只想赚取短期利益，想赚大钱，实际上"就是在自己埋葬自己"。我们华为要保持"深淘滩，低作堰"的态度，要多把困难留给自己，多把利益让给别人；多栽花少栽刺，多些朋友，少些"敌人"。团结越来越多的人一起去做事，实现共赢，而不是一家独秀。

2012年，任正非在与2012实验室人员座谈时举例说，在赚大钱和小钱问题上，华为公司也曾多次动摇过。比如，有的同事说我们做芯片不挣钱，人家做半导体的挣大钱，但是挣大钱的死得快，因为大家眼红，会拼命进入这个行业。我们挣小钱会死吗？我们这么努力，比不上一个房地产公司，上帝先让我们死，就有点不公平了。他说，我和欧盟副主席聊天，他问我：全世界的经济都这么困难，你们华为怎么敢大投入大发展？我说，第一点，我们的消费是小额消费，经济危机和小额消费关系不大，比如你欠我的钱，我还是要打电话找你要钱的，打电话只是小额消费。第二点，我们的盈利能力还不如餐馆的毛利率高，也不如房地产公司高，还能让我们垮到哪儿去，我们垮不了。所以当全世界都在人心惶惶的时候，我们华为公司除了个别人瞎惶惶以外，我们没有慌，我们还在投入和加大改革。至少这些年我们还在涨工资，而且有的人可能还涨得很厉害。"我们为什么能稳定？就是我们长期挣小钱。"

任正非指出：我们一切出发点都是为了客户，其实最后得益的还是我们自己。有人说，我们对客户那么好，客户把属于我们

第八章
"强者在均衡中产生"：华为的灰度艺术

的钱拿走了。我们一定要理解"深淘滩，低作堰"中有个"低作堰"。我们不要太多钱，只留着必要的利润，只要利润能保证我们生存下去。把多的钱让出去，让给客户，让给合作伙伴，让给竞争对手，这样我们才会越来越强大，这就是"深淘滩，低作堰"，大家一定要理解这句话。这样大家的生活都有保障，就永远不会死亡。

任正非清醒地看到，未来的不确定性使前进的道路上充满风险，面对不确定性，各级主管要抓主要矛盾和矛盾的主要方面，要有清晰的工作方向，以及实现这些目标的合理节奏与灰度；多做一些自我批判，要清醒感知周围世界的变化；要"深淘滩，低作堰"，有长远的眼光。

"深淘滩"就是多挖掘一些内部潜力，确保增强核心竞争力的投入，确保对未来的投入，即使在金融危机时期也不动摇；"低作堰"就是不要因短期目标而牺牲长期目标，多一些输出，多为客户创造长期价值。"财散人聚，财聚人散。"能救我们的只有我们自己。各个部门要自己与自己比，今年与去年比，你进步了没有？没有进步的，你是否可以把位子让出来？只要我们能不断提高效率，就能渡过风险，而且会成长起一代新人。

九　独霸世界的终将灭亡

华为强调开放、妥协、灰度，并将其作为公司的核心文化和价值理念，作为公司进入全球同行业先进企业走向世界、融入世界的哲学智慧，目的是与所有利益相关者互利合作、实现共赢，团结越来越多的人一起做事，实现世界共赢，而不是共输。

在一次人力资源管理纲要研讨会上，任正非做了深入分析：我们要深刻理解客户，深刻理解供应伙伴，深刻理解竞争对手，深刻理解部门之间的相互关系，深刻理解人与人之间的关系，要真正懂得开放、妥协、灰度。他说："我认为任何强者都是在均衡中产生的。我们可以强大到不能再强大，但是如果一个朋友都没有，我们能维持下去吗？显然不能。我们为什么要打倒别人，独自来称霸世界呢？想把别人消灭、独霸世界的成吉思汗和希特勒，最后都灭亡了。华为如果想独霸世界，最终也是要灭亡的。我们为什么不把大家团结起来，和强手合作呢？我们不要有狭隘的观点，想着去消灭谁。我们和强者，要有竞争也要有合作，只要有益于我们就行了。"

在任正非看来，华为的发展壮大，不可能只靠喜欢我们的人，还有恨我们的人的贡献。因为，过去我们可能导致了很多个小公司没饭吃。现在，我们要改变这个现状，要开放、合作、实现共赢，不要"一将功成万骨枯"。比如，我们能不能通过一定办法，把恨我们的人变成爱我们的人？前20年我们把很多朋友变成了敌人，后20年我们要努力把敌人变成朋友。这样，我们华为才能持续发展。

任正非断言："当我们在这个产业链上拉着一大群朋友时，我们就只有胜利一条路了。"

第九章

"很荣幸成为乔布斯的同学"：华为的竞争风范

> 华为现在在世界上所处的地位，我们不是把谁当成竞争对手和谁竞争，我们都是朋友。我们要去确定未来的思想理论结构是什么，我们没有把任何人当敌人，要共同创造世界。
>
> ——任正非

企业的竞争力就是企业的生命力。有市场就有竞争。市场经营活动的本质，实际是企业的市场竞争过程。无竞争不成其为市场经济。但企业同行并不完全是生死竞争、零和竞争，而往往是生死与共的竞争、共生共赢的竞争。因为，企业通常是整个产业链中的一个环节。所以，企业家要有正确的竞争观。

一 "我们家都是乔布斯的粉丝"

2019年6月17日，华为创始人兼CEO任正非在深圳与《福布斯》的撰稿人乔治·吉尔德和美国麻省理工学院教授、《连线》杂志专栏作家尼古拉斯·尼葛洛庞蒂进行了交谈。据介绍，尼葛洛庞蒂教授刚刚收任正非为他的学生。所以，任正非笑言道：尼古拉斯·尼葛洛庞蒂教授是乔布斯的老师，我今天拜你为老师后，就跟乔布斯是同学了，我感到无上的光荣。

华为与苹果是同行的竞争对手，但任正非从不打压对方，透露自己的孩子就使用苹果手机。他说："我们家都是乔布斯的粉丝，除了我以外，我们家过去都使用乔布斯的产品。乔布斯去世的时候，我小女儿还组织我们开了一个追悼会，为乔布斯默哀一分钟。所以，我们家是很认同乔布斯的，乔布斯为人类社会推进了移动互联网，使互联网变得更发达了，改变了人类社会，是一个伟大的人。"

当听到社会上有人说"既然打华为了，我们也要打苹果"时，任正非竭力反对这种过激的民粹主义情绪，并强调："苹果为人类服务也是一种伟大，为什么不能用苹果？我家人中也有用苹果的，当然他们两种手机都有用。""苹果是我的老师，我作为一个学生，为什么去反对老师？永远不会的。"

任正非多次强调，如为了华为而简单反制报复苹果，"我第一个站出来坚决反对。为什么要限制苹果？苹果是伟大的世界领袖，没有苹果就没有移动互联网，没有苹果给我们展现这个世界，这个世界就没有这么丰富多彩。苹果是我们的老师，它在前面领着前进，我们作为一个学生决不会反对老师。如果有这个行为，你来采访我，我会第一个站起来发言，反对封锁苹果的决定"。

任正非说，我是坚决支持谷歌、Facebook、亚马逊……都进入中国市场的，我的态度从来没有改变过。我也从来都是帮苹果说话的，尽管我们跟苹果有竞争，但是每次有机会，我们公司就帮苹果说话。我们从来主张开放，在开放的竞争过程中，我们才会变得更强大。如果要保护封闭起来，是不会强大的。正因为我们在国际市场上坚持开放，在开放中与西方公司竞争，才使我们今天变得越来越强大起来。

第九章
"很荣幸成为乔布斯的同学"：华为的竞争风范

二 我是拉宾的学生：对所有的竞争对手都要友好

以色列前总理伊扎克·拉宾（1922年3月1日至1995年11月4日），是以色列著名的政治家、军事家和领导人，曾荣获诺贝尔和平奖。1974年至1977年4月、1992年6月至1995年曾两次出任以色列总理。他在任总理期间，坚持和巴勒斯坦人和解，组织签署了包括《奥斯陆协议》在内的多项和平协议，积极推动中东的和平进程。1995年11月4日在参加以色列国王广场上的和平集会后，他被一名极右翼激进犹太主义分子枪杀不治身亡，享年73岁。他提出以色列愿意讨论约旦河西岸和加沙地区巴勒斯坦人的自治问题，1993年9月13日签署的《奥斯陆协议》，最终在加沙和杰里科首先实施自治等问题上巴以达成原则协议。这被称为"用土地换和平"的战略。拉宾被刺杀后，巴以冲突又再次激化，《奥斯陆协议》的执行也被无限期搁置。

任正非多次说："我是拉宾的学生，我很崇敬拉宾，因为他遵从'用土地换和平'的原则。以色列的人口那么少，周边有几亿阿拉伯人，阿拉伯民族也是很聪明的，再过一两百年，说不定就强盛起来了。拉宾把边界划定之后，跟阿拉伯国家友好，避免未来几十年以后的灾难，这是有长远思维的目标。拉宾是很伟大的，他的遇刺是人类的损失。"

任正非先生的过人之处，在于他对各种事件、信息能举一反三，并恰到好处地运用到华为发展的实践中。"我受到的启发，就是对所有的竞争对手都要友好。过去很多年来，华为没有攻击过竞争对手，而是加强技术交流和沟通。即使我们在一些标准领域中取得了领导地位，也没有针对竞争对手有不好的措施。向拉宾学习'用土地换和平'，我们要'用合作换和平'，对我们思想有很大的促进。"

任正非提出向拉宾学习"用土地换和平"的做法，并把它转化为华为的"用合作换和平"的思路，是有其深刻背景的。因为，华为经过十多年打拼，不但在中国市场站稳了脚跟，而且到20世纪末、21世纪初已开始大踏步进入国际市场。1996年，华为与李嘉诚的和记公司在交换机领域合作，开始向国际化迈进了第一步。随后通过远征莫斯科、挺进非洲和拉美、进军中东并取得辉煌战果后，便挥师跨入发达的欧洲市场，在法国、英国迅速打开了局面，而且在一些重大工程招标中排名第一，甚至将思科、阿尔卡特等公司远远抛在了后面。2000年左右，华为在路由器、交换机、以太网、接入服务器等产品方面，有了迈出国门进入世界市场参与竞争的能力。2002年，华为的市场占有率涨幅直逼思科。但华为的快速崛起，也引起了西方世界同行业大公司的焦虑与不适应，它们甚至感受到了来自华为的"威胁"。也正是在2001年前后，美欧一批大公司差不多同一时间，纷纷对华为进行"专利围剿"，要求其支付销售额1%—7%的专利费。这对曾一度"野蛮成长"的中国企业来说，是从未有过的新挑战。向拉宾学习——"以土地换和平"，正是在这样的背景下提出来的。对知识产权、相关法律缺乏敬畏，的确是华为迈向全球化、国际化的一个新问题。好在华为是一个非常善于学习、反应灵敏、行动迅速的公司。很快，"以土地换和平"的妥协计划就由华为公司的法务部牵头，主动与各个国际公司进行谈判，签订一系列付费许可协议。与此同时，华为将知识产权视为高压线，认为这是关系公司未来生死存亡的颠覆性力量，从此便不断加大力度构建自身的知识产权体系。2003年与思科的"世纪之讼"后，华为即启动了"08战略"：从2005年至2008年，用3年时间实现与跨国公司的专利平衡，在公司层面还专门设立了专利战略领导机

第九章
"很荣幸成为乔布斯的同学"：华为的竞争风范

构，各个产品线也设立了专利委员会。华为更大力度地加大创新投入，每年研发投入达到150亿到200亿美元，投入强度在世界同行业中排名前五。到2018年已经获得授权专利87805件，其中在美国的核心技术专利就有11152件，还先后参加了360多种世界标准组织，贡献了54000多件提案，在全球通信领域华为步入了世界最前沿的行列。

华为的"合作""友好"竞争理念和做法，得到了"善有善报"的好效果。据任正非介绍，大家可能都还记得，在一次欧盟反倾销的浪潮中，首先站出来反对的是瑞典和芬兰，"我想爱立信和诺基亚应该对政府做了很多工作"。再比如，美国现在的政策应该是有利于爱立信、诺基亚、高通的，但它们的CEO发言都很中性，对我们很友善，并没有排斥我们的意思。

"如果各国都坚持拉宾的思想，世界大同与和平是可以实现的，人类社会最终要靠劳动创造财富。拉宾去世我很忧伤，乔布斯去世我们也很忧伤，如果他们能活得更长一点，世界信息产业不知道会发生多大的变化。"

这是一种胸怀，是一种"用合作竞争换对立竞争"的竞争观。

三　我们把竞争对手叫"友商"

市场经济也可以说是竞争经济，没有竞争就没有进步的动力。但是，竞争也有合法与非法、正当与不正当、良性与恶性的竞争。企业家的胸怀格局决定着竞争的特点和方式方法。

当华为达到一定发展阶段后，任正非越来越感到良性竞争、合作竞争的重要性。他首先不把同行竞争对手看作你死我活的"敌人"，而看作"友商"。他说，每当外资公司打压我们很厉害的时候，我在公司内部还是坚定不移地强调"不能把外资企业作为竞争敌人"，我们要叫他们友商（亦友亦商），不要去做那种恶性的竞争。我们越是这样做，对方、客户就越认为我们形象高大，也许使我们份额反而拿多了一点。但"拿得太多的时候，我也惭愧，为什么拿那么多，留一点给别人"。

2003年，华为与思科的一场知识产权官司（2003年1月24日至2004年7月28日），被华为称为"世纪官司"。这场震动全球业界的大官司，对华为走向全球化发展产生了重大影响。可以说，华为对IPR（专利）的深刻认识主要就源于与思科的这场知识产权官司；同时，这场官司也让华为在国际市场上的经营战略理念和策略发生了重大变化：华为在海外市场的拓展不能打价格战，要与友商共存双赢，不打乱国际市场，以免西方公司群起而攻之。

2005年7月26日，任正非专门以《华为与对手做朋友 海外不打价格战》为题做了重要讲话，他指出：20世纪90年代，日本、德国走向衰落，美国开始强盛。主要附加值的利润产生在销售网络的构造中，销售网络的核心就是产品的研发与IPR（专利）。因此，未来的企业之争、国家之争就是IPR之争，没有核心IPR的国家，永远不会成为工业强国。任正非认为，经济的全球化不可避免。华为未来的愿景就是通过自己的存在和发展，不断去丰富人们的沟通、生活与经济发展，这是华为作为一个企业存在的社会价值，我们可以达到丰富人们的沟通和生活，也能不断促进经济的发展。华为不可能回避全球化，也不可能有寻求保护的狭隘的民族主义心态。华为从一开始创建就呈现出全开放的心态。在与西方公司的竞争中，学会了竞争，学会了技术与管理的进步。

任正非说："我们把竞争对手称为友商，我们的友商是阿尔

第九章
"很荣幸成为乔布斯的同学"：华为的竞争风范

卡特、西门子、爱立信和摩托罗拉等。我们要向拉宾学习，以土地换和平。拉宾是以色列前总理，他提出了以土地换和平的概念。2000 年 IT 泡沫破灭后，整个通信行业的发展趋于理性，未来几年的年增长率不会超过 4%。华为要快速增长就意味着要从友商手里夺取份额，这就直接威胁到友商的生存和发展，可能在国际市场到处树敌，甚至遭到群起而攻之的处境。但华为现在还很弱小，还不足以和国际友商直接抗衡，所以我们要韬光养晦，要向拉宾学习，以土地换和平，宁愿放弃一些市场、一些利益，也要与友商合作，成为伙伴，共同创造良好的生存空间，共享价值链的利益。我们已在很多领域与友商合作，经过五六年的努力，大家已经能接受我们，所以现在国际大公司认为我们越来越趋向于是朋友。如果都认为我们是敌人的话，我们的处境是很困难的。"

与同行企业合作共赢，成了华为走向国际市场的基本经营战略。任正非更是清醒地认识到："华为现在在世界上所处的地位，我们不是把谁当成竞争对手和谁竞争，我们都是朋友。我们要去确定未来的思想理论结构是什么，我们没有把任何人当敌人，要共同创造世界。"

四 为什么"备胎"备而不用？

美国打压华为后，华为不得不让"备胎"转正。对此，有人质疑说，既然华为早有"备胎"，为什么备而不用？

其实，"备胎"用不用、用多少、何时用，在任正非那里都是有战略考量的。

华为技术方面的"备胎"，主要目的是为了跟踪并赶超世界同行的先进水平，为华为未来长远发展奠定技术基础，而不在于一时的使用和短期的经济效益，更不是为了形成一个自我封闭的系统。任正非说，世界上最大的"备胎"就是原子弹，造原子弹不是为了要使用，但它的意义却十分重大。备胎、备胎，胎不坏，为什么要用？"我们做芯片的目的，不是要替代别人形成一个封闭的自我系统，而是要提高自己对未来技术的理解能力。因此，我们并没有准备完全替代美国公司的芯片，而是和美国公司长期保持友好。所以，不是说什么时候拿出来替代，而是一直在使用自己研发的芯片。"这就是说，华为的"备胎"主要不是为了取代人家，而是为了跟踪先进技术、超越先进技术。同时，也适当使用自己研发的产品，但这也不是为了取代人家。只是到了万不得已的时候，才会整体地启用"备胎"技术。

  这也就是说，华为对"备胎"技术产品并非一点不用，而是在服从公司全局、长远利益的前提下适时适度地使用。有记者问，"备胎"是不是原本永远不会启用？任正非说，其实我们一直在使用，没有说不用。如果美国真是断供，我们就以海思为供应主体；如果美国恢复供应，他们还是继续少量使用和生产自己的"备胎"产品。

  华为的"备胎"计划所开发的产品是多种多元的，并非完全只针对竞争对手的"一对一"的替代品种，它还有一些完全是自创的和超前的全新产品。

  有人发问，既然有"备胎"，为什么早不使用呢？任正非回答说，我们就是为了维护合作方的利益，给了人家利益，朋友就变多了。过去我们一直都在使用一些自己开发的芯片产品，我们采取的是"1＋1"政策，一半用华为自己的芯片，一半购买美国的芯片，这样使得美国公司的利益也得到了保障，我们也在实践中得到了验证。如果美国对我们的制约多了，我们购买美国芯片就会少一点，使用自己的芯片就会多一点；如果美国公司得到华

第九章
"很荣幸成为乔布斯的同学"：华为的竞争风范

盛顿的批准，还可以继续把芯片卖给我们，我们还是要继续大量购买美国芯片的。我们和美国这些公司可以说是"同呼吸，共命运"的，不能因为我们能做成自己的芯片就抛弃合作伙伴，如果那样做，以后就没有人愿意跟我们长期合作了。我们不会这么狭隘地对待伙伴，正因为我们不狭隘，才会有明天。

任正非认为，华为有"备胎计划"，不等于我们就不买美国公司的产品。我们不会轻易狭隘地排除美国芯片，而是要共同成长。尽管我们自己的芯片价格低得多，但还是采购美国芯片，我们应该融入这个世界，与美国公司友好合作。只有融入世界才能更好地生存。尽管华为的人工智能芯片已处在世界前三名，也可能会变成第二名，但我们没有往外销售华为的人工智能芯片，只在我们自己的设备上用一些，并没有去挤压美国的同行公司，没有给人家造成生存危机。正因为如此，任正非相信，华为与世界同行的这种关系不是一张纸就能摧毁的，我们将来还是要同它们合作的。

这就是任正非为华为创造的生态环境系统。在任正非看来，如果都用了"备胎"就体现了所谓的"自主创新"，那么，这样的自主创新就会成为孤家寡人，但我们想朋友遍天下。因此，那些认为"备胎好用，怎么不用"的人，其实他们不理解华为的战略思维。华为是不愿意伤害朋友，要帮助合作伙伴有良好的收益，从而形成共生共长的生态链。

五　我们还在向美国公司下订单

美国打压华为后，美国合作商和华为继续保持着沟通，相互谅解，共同努力，减少损失。就华为方面，仍请求美国供应商发货，继续给他们下订单。任正非说："不能因为美国制约，我们就不发订单给人家了,万一解除禁令,我们没订货,他们怎么发货呢?所以,我们发货的请求还是在的。至于不发货,是另外的问题,我们再想办法。"

美国合作商虽然不得不执行美国当局的禁令,但仍通过各种途径向华为供货。美国公司现在只好履行禁令去华盛顿当局申请审批。"如果审批通过,我们还是要购买它,或者卖给它。"任正非说,"我们不会排斥美国,狭隘地自我成长,还是要共同成长。如果真出现供应不上的情况,我们也没有困难。因为所有的高端芯片我们都可以自己制造。在和平时期,我们从来都是'1+1'政策,一半买美国公司的芯片,一半用自己的芯片。尽管自己芯片的成本低得多的多,我还是高价买美国的芯片,因为我们不能孤立于世界,应该融入世界。我们和美国公司之间的友好是几十年形成的,不是一张纸就可以摧毁的。我们将来还是要大规模买美国器件的,只要它能争取到华盛顿的批准……我们还是会保持跟美国公司的正常贸易,还希望美国公司继续给华为供货,要共同建设人类信息社会,而不是孤家寡人来建设信息社会。"

当然,随着时局的变化,华为在实践中也难免会调整策略。比如,如果美国对华为长期禁供,华为不得不寻找更多元的合作伙伴和更多解决自供的办法。但华为与美国有关公司的友好合作精神将是永存的。

六　我们不买美国供应商的产品就"没有良心"

今后如果美国撤销了禁令,华为"可能买得更多"。任正非是一个既讲原则又讲情义的企业家。他说:"美国供应商这些年对华为是有贡献的,当美国公司可以卖东西给我们的时候,如果不买他们的东西,我们就是没有良心,我们一定要买他们的东

第九章
"很荣幸成为乔布斯的同学"：华为的竞争风范

西……只是他们要到华盛顿去获得批准，他们如果能被批准卖给我们，我们还是买他的，如果华盛顿不批准，我们就要想一些办法。"

任正非表示，华为与美国供应商有非常好的合作关系，在早期，华为还把研究开发芯片的心得告诉对方，甚至研究成果，自己不生产，而交给对方去生产。

正因为如此，与华为业务有关的全世界供应商，都对华为有好感，保持着良好的合作态势。

七 华为能自己生产还会再购买美国公司的产品吗？

多年来，华为为了长远发展，科研投入规模已达世界同行的前五名。过去，华为的科研投资更多注重的是工程技术的创新，在工程技术上已领先于世界同行；现在，华为越来越多地重视基础理论上的创新，为未来发展进行大规模的战略布局。毫无疑问，华为未来的竞争力将会更大。

但是，华为一直希望和美国公司合作，共赢这个世界，并不想挤掉美国的公司。华为也一直是这样做的。比如，ARM 的 CPU 比英特尔的 X86CPU 要先进，但是华为决定 ARM 的 CPU 不在社会上销售，确保 X86 的 CPU 在世界上的占有地位，并没有想去击垮美国公司，华为 ARM 的 CPU 只用在自己的机器上。在人工智能芯片方面，华为芯片水平现在已达到世界前三名，也可能是第二名，但华为也没有往外销售人工智能芯片，只用在华为自己的设备上，而没有去挤压美国公司，给他们造成生存危机。

八 "华为不需要美国芯片"吗？

华为自己研发的芯片已经达到了世界先进水平，美国一旦给华为完全断送，华为还需不需要美国芯片？

日本一家媒体以《华为不需要美国芯片，华为没问题》为题做了采访报道。对此，任正非说，日本媒体整理稿子时可能有一点偏激，我们华为能做和美国一样的芯片，这不等于说我们就不买美国公司的芯片了。

现在，受美国禁令影响，美国公司损失也很大。我们华为很"尊重美国公司，也心疼他们，他们曾经帮助我们，现在他们也在受磨难，因为跟我们在一起而受到磨难。但我有什么办法呢？这是美国总统要这么做的，我也没有能力改变这个局面"。

如果美国政府取消了禁令，华为还是要购买美国芯片，甚至会买更多。任正非表示，还是要尽力保持原来的供应链不会改变，我们还是要向美国公司下订单的。"如果美国公司不能给我们供应时，自己供应自己的百分比就会提升，自己要想办法解决自己的问题。"

可是，"当美国不让卖东西给我们的时候，就不能怪我了"。在万般无奈情况下，华为才不得不全部采用自己的芯片和软件操作系统。

当记者再三追问：华为公司的所有领域，今后都能够实现不依赖于美国而独立运转吗？

任正非明确回答：是的。

九　诺基亚、爱立信多赚钱也是为人类服务

有记者问：目前来看，华为在5G上是领导者，美国对华为的打压实际上给了竞争对手一些优势，比如给诺基亚、爱立信多一些优势了。

对此，任正非回答说，这也挺好的，它们多赚一点钱也是多

第九章
"很荣幸成为乔布斯的同学"：华为的竞争风范

为人类服务。诺基亚、爱立信都是很好的公司，当年在欧盟反倾销制裁华为公司的时候，第一个反对的是瑞典和芬兰。我们相互之间从来都很友好，没有视为敌人。因此，它们多拿一点市场份额，替我们为人类服务多担一些责任，这有什么不好？

任正非从自己的竞争理念出发，希望和世界上这些同行企业加强合作，并不想去挤掉谁、打垮谁。这祥做，从长远讲有利于华为发展和人类社会的信息化建设。

这就是任正非对待竞争对手的胸怀，他不但记着过去人家的相助，更是从共同为人类发展服务的使命去处理与同行对手的关系。

十　华为手机为何要卖高价？

曾有人质疑华为的手机定价过高。对此，任正非解释说："因为我们不能把价格降低，降低以后，就把所有下面的公司全挤死了，就成为西楚霸王，最终也是要灭亡的，所以我们不能在产业中这样做。苹果是榜样，永远是做一把大'伞'，让下面小厂家都能活。"任正非也坚持多元的竞争生态，认为这样做最终会有利于自身的生存。同时这也是充满善意的仁义之举，他知道每个企业的生存都很不容易，所以，要"给比自己弱小的竞争对手留活路"。当然，这样做也有一个度，即不能保护落后。

任正非曾动情地说过，过去销售时，我们主要依据成本推演定价，价格定得比较低，挤对了一些西方公司，"害一些公司破产了，我是有愧的"。

现在，华为手机价格总体上比爱立信、诺基亚定得高，意味着华为赚的钱更多。任正非说，苹果是世界上伟大的公司，苹果就举着一把大"伞",价格卖得很贵,"伞"下面很多价格便宜的公司就可以活下去了。"我们要向苹果学习'伞'举得高一点,当然会稍低一些,其实我们也不低,因为还有很多低成本的措施。"我们要向苹果学习,把价格做高一点,让所有的竞争对手都有生存空间,而不是通过降低价格来挤压这个市场。尽管我们今天受美国打压,我们的价格还是卖得比较高的,以此来维护良好的市场秩序。

大有大的风度。世界之广,市场之大,不可能一个公司"包打天下"。产业和企业都是一个生态链。任正非深得"西楚霸王最终要灭亡"的历史辩证法。所以,要保护"大伞"下面的企业生态系统,让自己活,也要让人家活。任正非从自己的竞争理念出发,希望和美国公司加强合作,实现共赢,而不想去挤掉美国公司。

那么,多赚的钱如何处理呢?任正非看得很远,如果把多赚的钱都分给员工,有可能大家都会变成懒汉。"为了让我们的员工不成懒汉,就把更多的钱用在科学研究和未来的投资上,这就是增加土地肥力。""钱赚多了,就投科研,投未来。"

任正非是要共赢世界、开创未来。

十一 共同为人类服务

任正非坚信合作的竞争才是正道。

所以,他说,如果问我想通过媒体对美国说一句什么话,那就是"合作共赢"。"因为越来越高科技的世界,越来越不可能由一个国家、一个公司完整地完成一件事情。在工业时代,一个国家可以独立做一台完整的纺织机、一辆完整的火车、一艘完整的轮船,而且信息社会相互的依存非常高,才能推动人类社会更快

第九章
"很荣幸成为乔布斯的同学"：华为的竞争风范

地进步。人类信息社会未来的膨胀是无限巨大的，所以任何一个市场机会都不可能由一家公司独立完成，需要有千万个公司共同承担。"他说，如果华为在技术上达到很先进、为人类提供最尖端服务的目标了，而美国公司也达到这个目标，那么我们就共同为人类服务，这该多好啊！

早在1993年时，任正非就认识到，市场不相信眼泪，但也应懂得：理想再好，也应止步于竞争对手（尤其强大的对手）的道理。也就是说，市场有竞争，有竞争就有对手，但不能搞损人利己的恶性竞争，而应该是合作互利共赢的竞争。

这样的竞争对手，就是牵手的伙伴。任正非甚至认为："我们没有竞争对手，我们主要是和大家联合起来服务人类社会，所以我们的伙伴越多是越好的，而不是我们一枝独秀。"这"不是说我们很谦虚，用自己的死亡变成肥料来肥沃土壤，让别的庄稼长得好一点"，而是懂得共生共长、生死与共的道理，共同为人类信息社会做出贡献。如果说我们有什么竞争对手，这个对手"就是我们自己的怠惰"。

美国的打压虽然给华为带来了损失，但真正最难受的可能还是美国的企业。目前，华为是美国第三大芯片采购商，如果美国不卖芯片给华为，美国有很多公司的业绩就会下降，就会对它们的股票市场产生严重的负面影响。但是，对华为来说，"不卖芯片给我们，并不会影响我们生产出产品，只是美国的芯片比我们先进一点，我们没有美国的芯片也能生产出产品来，这个产品也能在世界处于先进地位"。不但在5G技术上，而且在其他一些最先进的产品上，华为都有足够的能力自我服务和自我供给。

实践证明，美国的打压会造成大家的共同损失和痛苦，从企业和人类共同利益来说，唯有合作才是双赢的道路。

十二　任正非的文明竞争观

我们要学习华为和任正非的竞争逻辑和风范。从任正非的系列讲话中，我们可以看出，他奉行的竞争，是一种合作的竞争，是一种讲诚信有情怀的竞争，实际上是一种有序的良性竞争，有包容性的竞争。任正非说，要"让所有的竞争对手都有生存空间"，你想自己活得好，也要让人家活得开心。这种竞争是共生共赢的良性竞争。

任正非的这种善性的、合作的竞争逻辑，是不是一种儒家文化的竞争观，是不是改写了西方自利型的竞争哲学？也许是也许不完全是，但它的确是符合时代进步潮流的竞争观，是一种开放的、大气的、文明的竞争逻辑。

第十章

"唯有惶者才能生存"：华为的忧患意识

> 我们的理想，是站到世界最高点。为了这个理想，迟早要与美国相遇的，那我们就要为了和美国在山顶上交锋，做好一切准备。
>
> ——任正非

我们学习华为的经验，一个很重要的方面，就是要有清醒的忧患意识。有备无患，华为之所以能从容应对美国的极限打压，就是因为华为和任正非几十年来一直都有忧患意识，有一个应对极限生存的"备胎计划"。

一 华为的冬天总会到来的

忧患意识总是萦绕于任正非的脑海，防范危机总是伴随着华为前行的脚步。在华为，通常是庆功会开成危机的警示会。

比如，1998年华为业绩不错，好评如潮，而任正非专门讲了《不做昙花一现的英雄》，指出："由于十年卧薪尝胆、艰苦奋斗的成功，面对国内外可能将越来越多的善意的宣传，我们是否会沾沾自喜？在我们队伍中是否会滋生一些不良的浅薄的习气？华为人的自豪是否会挂在脸上？凭什么自豪？华为人能否持续自豪？我们前进的道路是越来越宽广，还是越来越困难？木秀于林，风必摧之。我们越发展，竞争对手实力越强，竞争就越困难。我们要有长期在思想上艰苦奋斗的准备。持续不断地与困难做斗争之后，会是一场迅猛的发展，这种迅猛的发展，会不会使我们的管理断裂？会不会使意满志得的华为人手忙脚乱，不能冷静系统地处理重大问题，从而导致公司的灭亡？"

2000年，华为年销售额达220亿元，利润以29亿元人民币，位居全国电子百强首位。而任正非却大谈危机和失败，确实发人深省。2001年5月，华为将安圣电气以65亿元人民币卖给了爱默生。这一年，454个总监级以上干部申请自愿降薪10%。任正非在全公司科级以上干部大会上，以《华为的冬天》为主题讲了2001年的工作要点。他说："公司所有员工是否考虑过，如果有一天，公司销售额下滑、利润下滑甚至会破产，我们怎么办？我们公司的太平时间太长了，在和平时期升的官太多了，这也许就是我们的灾难。泰坦尼克号也是在一片欢呼声中出的海。而且我相信，这一天一定会到来。面对这样的未来，我们怎样来处理，我们是不是思考过。我们好多员工盲目自豪，盲目乐观，如果想过的人太少，也许就快来临了。居安思危，不是危言耸听。"

他告诉华为干部："在当前情况下，我们一定要居安思危，一定要看到可能要出现的危机。大家知道，有个世界上第一流的公司，确实了不起，但2000年说下来就下来了，眨眼之间这个公司就几乎崩溃了。当然，他们有很好的基础研究，有良好的技术储备，他们还能东山再起。最多这两年衰退一下，过两年又会世界领先。而华为有什么呢？我们没有人家雄厚的基础，如果华为再没有良好的管理，那么真正的崩溃后，将来就会一无所有，再也不能复活。"

2001年，华为公司广泛展开危机的讨论，讨论华为会有什么

第十章
"唯有惶者才能生存"：华为的忧患意识

危机，各个部门有什么危机，各个科室有什么危机，公司流程的哪一点有什么危机。如何改进？还能提高人均效益吗？这为华为未来的发展奠定了重要的思想基础。

任正非感慨地说："十年来我天天思考的都是失败，对成功视而不见，也没有什么荣誉感、自豪感，而是危机感。也许是这样才存活了十年。我们大家要一起来想，怎样才能活下去，也许才能存活得久一些。失败这一天是一定会到来，大家要准备迎接，这是我从不动摇的看法，这是历史规律。"

任正非坚信："现在是春天吧，但冬天已经不远了，我们在春天与夏天要念着冬天的问题。我们可否抽一些时间，研讨一下如何迎接危机。IT业的冬天对别的公司来说不一定是冬天，而对华为可能是冬天。华为的冬天可能来得更快，更冷一些。我们还太嫩，我们公司经过十年的顺利发展没有经历过挫折，不经过挫折，就不知道如何走向正确道路。磨难是一笔财富，而我们没有经过磨难，这是我们最大的弱点。我们完全没有适应不发展的心理准备与技能准备。"

任正非把危机上升到哲学高度："危机并不遥远，死亡却是永恒的，这一天一定会到来，你一定要相信。从哲学上，从任何自然规律上来说，我们都不能抗拒，只是如果我们能够清醒地认识到我们存在的问题，我们就能延缓这个时候的到来。"

任正非又用文学家语言说："繁荣的背后就是萧条。玫瑰花很漂亮，但玫瑰花肯定有刺。任何事情都是相辅相成的，不可能有绝对的。今年我们还处在快速发展中，员工的收入都会有一定程度的增加，在这个时期来研究冬天的问题，比较潇洒，所以我们提前到繁荣时期来研究这个问题。我们不能居安思危，就必死无疑。"

春天没有预见，夏天没有意识，秋天没有防范，冬天就会被冻死。而那时，谁有棉衣，谁就活下来了。

二 华为早有"极限生存假设"

处忧患而生，处安享而亡。"生于忧患，死于安乐。"这是古人的名言。企业家任何时候都要清醒，因为任何时候都会有风险，好的时候一定要有准备，困难的时候也不要气馁，要有坚定的信心。但这个信心只能来自于风险的防范。

华为之所以受到如此重压还能够挺住，就是因为它有备胎计划（1991年成立了ASIC设计中心，2004年成立海思），就是因为它始终坚持"极限生存假设"，并为此未雨绸缪，精心布局。长期以来，华为的忧患战略倾向是和具体的业务连续性结合在一起的，在宏观和微观层面都得到了体现。

在任正非看来，同历史上的人物一样，企业也都是各领风骚几十年或数百年，"没有一个公司能永生，我们要努力跑得更快"。华为要坚持全球标准，因为华为已经成长为全球化公司。"同时，我们自立必须要有实力，要有能力解决替代问题。我10年前讲，要按照极端情况进行备战，建立备胎，当时绝大部分人不相信。我说这个世界上最大的备胎就是原子弹，什么时候打过核战争，一次也没打过。我们就要坚持用双版本，80%左右的时候都用主流版本，但替代版本也有20%左右的适用空间，保持这种动态备胎状态。"

任正非有不少金句名言。比如，领导干部只有"随时准备下台，才能不下台"，"我们越快速发展，风险就越大"。事物的辩证法就是如此，有"危"才有"机"，有"备"才能"无患"。许多事置之"死"地而后"生"。华为的"存亡观""生死观"，着实令人警醒。

第十章
"唯有惶者才能生存"：华为的忧患意识

三 迟早会和"美国在山顶上交锋"

"我们的理想，是站到世界最高点。为了这个理想，迟早要与美国相遇的，那我们就要为了和美国在山顶上交锋，做好一切准备。"

任正非的这种超前意识，为华为今天不被滔天巨浪击退起了关键作用。华为当年曾准备用100亿美元把公司卖给美国的摩托罗拉，合同也签订了，所有手续都办完了，但美国公司因董事长更换而改变了计划。华为后来也就坚持不卖了。任正非就说，如果10年之后和美国人在山头上相遇，我们肯定拼不过他们，他们爬南坡时是带着牛肉咖啡爬坡，我们是带着干粮爬坡，可能到山上不如人家，我们要有思想准备。

这样就准备了"极限生存假设"：当某一天所有美国芯片和技术不再向华为开放时，华为如何生存？于是华为开始了自我研发的备胎计划。

2019年5月16日，当美国宣布对华为制裁后，华为的备胎计划一夜转正，于是从华为的海思芯片到华为的麒麟OS系统立即公布于世。

起初，华为自己研发的高端芯片主要是容灾用的。"我们可能坚持做几十年都不用，但是还得做，一旦公司出现战略性的漏洞，我们不是几百亿美元的损失，而是几千亿美元的损失。我们公司今天积累了这么多的财富，这些财富可能就是因为那一个点，让别人卡住，最后死掉。所以，可能几十年还得在这个地方（指海思——笔者注）奋斗，这个岗位、这个项目是不能撤掉的，但是人员可以流动的。少林寺还可以有CEO，和尚也可以云游的，但是庙需要定在那里，这是公司的战略旗帜，不能动的。"

这就是任正非的远见。"你知不知道什么时候打核战争？现在没有，那就应该停下来核的研究吗？你说我们的核科学产生了多少科学家，你看那些功勋一大排一大排都是。不要说邓稼先，活着的也还有很多，但什么时候甩过原子弹呀？所以海思一定要从战略上认识它的战略地位。"

历史验证了任正非的远见卓识，面临美国极限打压，海思使华为避免了灭顶之灾。

四 华为"备胎"是多方面的

当然，这多少也要"感谢"美国当局。

原来，美国对华为等企业的打击并不是最近才有的事，其实几十年来美国都在打击我们，它总是怀疑我们。任正非说，总是挨打，就觉得有危机了。"备胎"是为了企业业务保持连续性，备胎就是保证在车子抛锚时换一个轮胎还能继续开。华为的"备胎"与企业成长的连续性是同步的，是一个有机渐进的过程。比如，华为自己"备胎"的很多东西已经投产了，但它并不排外，坚持自己的用一半，外面的购买一半。华为过去每年至少买美国高通5000万套芯片，这样就有利于形成良好的生态系统。

构成现代信息技术核心的芯片（半导体、集成电路）、软件操作系统和通信设备三大组成部分，华为都有"备胎"，而且都进入了世界的最前沿。目前世界上同时在上述三个领域都占据全球先进前沿的企业，只有华为一家。华为已开始引领世界信息技术发展，并且已步入了对"无人区"的探索。这一切，都要归功于华为的极限生存条件下的备胎计划和华为人清醒的忧患意识。

华为不但在技术上有"备胎"，而且在财务上也有"备胎"。任正非同样清醒地看到，华为发展越快，风险就越大。他说，我

第十章 "唯有惶者才能生存"：华为的忧患意识

们自身运行风险也极大。我们所处的170多个国家与地区中，总会有战争、疾病、货币等风险。我们已在伦敦建立了财务风险控制中心，目前它管理了178个国家、145种货币、5万多亿元人民币的结算量的风险，把损失降到最小。我们即将在东京、纽约同时建立财务风险控制中心，用国际经验和优秀人才，来管理控制公司的资金运行、合同、项目管理风险，为全球化发展奠定基础。

五 华为完全能补上"备胎"中的漏洞

再完备的预案，总会有意想不到的"漏洞"。华为这次受美国极限打压，也同样有不少没有备案的"漏洞"。

2019年6月27日，任正非在接受加拿大《环球邮报》采访时，回答了记者的相关提问。

> 记者：之前很多记者采访时，一直想问您"洞"到底有哪些？我其实不太想问这个问题。我想问的是，在这个过程中您主要担心的是什么？主要关注的重点是哪里？能让华为芯片完全不受美国影响吗？
>
> 任正非：外界最关注芯片，我最关注的不是芯片，因为我们自己的芯片其实比美国的先进。往往是最不重要也没有太大技术含量的某些零部件，我们过去忽略了，但是电路板上少了这个零件，就需要全部改版，这还是有一定工作量的。所以，美国的实体清单对我们没有死亡威胁。你问"到底有多少个洞"，我认为有千百个"洞"，每个"洞"都需要很多人去梳理、一个个去补。
>
> 记者：我知道有些是非常技术的，你们可能也不担心。在这些小"洞"里，有哪些是出乎你们意料之外、从技术层

面很难解决的？

　　任正非：技术层面都很容易解决，只是需要时间。有些简单的器件，虽然简单，影响也大。例如，有三个器件在打击范围内，因技术简单我们忽略了，每块电路板都要用，没有就要全部修改电路板，工作量十分大。现在可以供应了，但是其中一个芯片在这两个月我们已做出来，三个芯片中就只购买两个了，另外一个就不再购买了。所有存在的"洞"，我们都是有能力补起来的。因为我们有8万研发人员，每年研发经费投入150亿—200亿美元，只要我们掉过头来解决，让最尖端的人，从"求发展"、探索未来的研究，转过来先解决简单急需的问题，没有解决不了的问题。

　　记者：您有对员工说什么吗？您有没有给华为的团队一个时间期限？到这个时间点，华为所有领域（硬件、软件、部件）都不依赖于美国技术。

　　任正非：我不会给大家定一个时间点，因为难度不一样，工作量大小不一样，还是由他们自己去解决。我们一定要努力自己解决问题。

　　记者：您说这些问题一定要解决，意思是指公司所有领域，都能够实现不依赖于美国而独立运转吗？

　　任正非：是的。

华为今后所有领域都可以独立运转。这是多么令人鼓励啊！

六　美国恐怕一时建不成先进的信息网络

　　这次美国是想打死华为、消灭华为的。但是，任正非明确告诉世人，美国打不死我们，因为，所有核心的尖端芯片，华为都

第十章
"唯有惶者才能生存":华为的忧患意识

没有问题,都可以完全自己供给,而且保持产品的高度领先。尽管少量的部件更替需要更换版本,在版本切换期间,产能方面上来会难一些,这对发展有一些影响,预测可能影响 300 亿美元左右,但对华为来说,这"是一个小数字",因为华为 2019 年的收入预测是 1350 亿美元。

而且,在同一个访谈中,任正非也霸气地向世人宣布:

"中国二三十年前是非常落后的国家,中国加快了信息系统建设的步伐,所以经济就追上来了。5G 是非常高速度的产品,当全网建成以后,每个人使用流量的成本会大幅度下降,它对文化、教育、经济……各方面的发展都会起很重要的作用。现在美国肯定建不成先进的信息网络,因为我们不会在美国做 5G 的任何销售。"

美国打压华为这一步"狠棋",对华为有一定损失,但也许华为会得到的更多。真正最难受的也许是美国的相关公司,受损失最大的还是美国自己。起码,在未来若干年,美国"肯定建不成先进的信息网络",因为华为"不会在美国做 5G 的任何销售"!

这就是"因果报应"。当然,华为也好,中国也好,不会同美国政客们生气,还是要大气地走开放之路,拥抱世界,服务世界的。但规则还是要讲的。

2000 年,华为销售额超过 220 亿元,利润也达到 29 亿元,位居全国电子百强的首位,企业形势一片大好,但那时任正非就大谈危机和失败,在 2001 年科以上干部大会上做了《华为的冬天》的著名演讲,极大地震撼了国内外的同行业界。繁荣的背后是萧条,春天就要准备好过冬的"棉袄"等观点,振聋发聩。华为的"备胎计划"——海思,就是在这种背景下形成的。

忧患、危机意识开拓未来发展新路。当时的华为并不是现实的危机,而只是一种企业的"危机管理"。对此,任正非解释说,

"外界都说华为公司是危机管理,就是我刚才所讲的,这是假设"。这种忧患、危机不是一种患得患失、诚惶诚恐,企业缺乏风险意识也是不可能成功的。敢冒风险和危机假设不是一回事,但本质上是相同的,为了企业健康发展。任正非有段很经典的话:"思想家的作用就是假设,只有有正确的假设,才有正确的思想;只有有正确的思想,才有正确的方向;只有有正确的方向,才有正确的理论;只有有正确的理论,才有正确的战略……"

企业家任何时候都应有超前的、清醒的忧患意识,居安思危,对核心竞争力、对主要经营业务、对重要的人财物、对国内外发展形势,都应该有"极限生存假设",有相应的"备胎计划"。只有这样,才能走得更稳、走得更远!

第十一章

"功劳簿的反面就是墓志铭"：
华为的自我批判

> 自我批判，不是自卑，而是自信，只有强者才会自我批判。也只有自我批判才会成为强者。自我批判是一种武器，也是一种精神。
>
> ——任正非

有没有自我反省、自我批判精神，也是决定企业竞争力的重要环节。我们常说，企业家要有超越自我、追求卓越的品格，实际上就是讲企业家的自我批判精神。这是企业发展的基本条件之一。

华为的发展史也可以说是自我批判的历史，世上很少有如此长期坚持自我批判的公司。长期艰苦奋斗加上长期自我批判，这样的企业能不保持创造活力吗？任正非把自我批判看作拯救公司最重要的行动。企业展开自我批判，"烧不死的鸟是凤凰"；企业家进行自我批判，"从泥坑里爬出的是圣人"。正是华为人的这种自我批判、自我纠正的行动，才使公司健康成长、步步向前。他调侃自己说："别人说我很了不起，其实只有我自己知道自己，我并不懂技术，也不懂管理及财务，我的优点是善于反省、反思，像一块海绵，善于将别人的优点、长处吸收进来，转化成为自己的思想、逻辑、语言与行为。"

任正非认为，华为公司会不会垮掉，完全取决于自己，取决于我们的管理是否进步。管理能否进步，取决于两个问题，一是核心价值观能否让我们的干部接受，二是能否自我批判。

一 有自我批判的公司才能生存发展

任何一个组织如果故步自封、僵化保守，缺乏自我批判、自我革命的机制，那它迟早会丧失新陈代谢的功能，走向衰亡。公司更是如此。

所以，任正非说，我认为一个公司能不能生存下来，批判和自我批判是非常重要的。我们开展自我批判，天涯网为我们展开批判提供平台，又不收我们的费用，这有什么不好。你说的有道理，我们就改进一点。你不批判我我还要自己给自己批一下，促进自己进步，生存能力就强了。你多听听批评意见，多自我批评，你一定是进步最快的一个人。大家看到，大家都批评资本主义，没有人不骂资本主义，资本主义是万恶的东西，连资本主义的报纸都这么登。但是资本主义就是在这一两百年里不断地自我批判，使其摆脱了垂死的、腐朽的、没落的危机，变成了一个有力量的东西。所以我认为在批判与自我批判上大家要深刻理解，你要成为一个将军，你一定要知道你错在哪儿，你一定要知道你这个组织错在哪儿。你没有改进，你就不会前进。

在《华为的冬天》一文中，任正非全面阐述了自我批判对个人和组织的进步意义，还详细说明了具体的方式方法。

他说："为什么要强调自我批判？我们倡导自我批判，但不提倡相互批评，因为批评不好把握度，如果批判火药味很浓，就容易造成队伍之间的矛盾。而自己批判自己呢，人们不会自己下

第十一章
"功劳簿的反面就是墓志铭"：华为的自我批判

猛力，对自己都会手下留情。即使用鸡毛掸子轻轻打一下，也比不打好，多打几年，你就会百炼成钢了。自我批判不光是个人进行自我批判，组织也要对自己进行自我批判。通过自我批判，各级骨干要努力塑造自己，逐步走向职业化，走向国际化。只有认真地自我批判，才能在实践中不断吸收先进，优化自己。公司认为自我批判是个人进步的好方法，还不能掌握这个武器的员工，希望各级部门不要对他们再提拔了。两年后，还不能掌握和使用这个武器的干部要降低使用。"华为对不同级别的干部有不同的要求，凡是不能使用自我批判这个武器的干部都不能提拔。"自我批判从高级干部开始，高级干部每年都有民主生活会，民主生活会上提的问题是非常尖锐的。有人听了以后认为公司内部斗争真激烈，你看他们说起问题来很尖锐，但是说完他们不又握着手打仗去了吗？我希望这种精神一直能往下传，下面也要有民主生活会，一定要相互提意见，相互提意见时一定要和风细雨。我认为，批评别人应该是请客吃饭，应该是绘画、绣花，要温良恭俭让。一定不要把内部的民主生活会变成了有火药味的会议，高级干部尖锐一些，是他们素质高，越到基层应越温和。事情不能指望一次说完，一年不行，二年也可以，三年进步也不迟。我希望各级干部在组织自我批判的民主生活会议上，千万要把握尺度。我认为人是怕痛的，太痛了也不太好，像绘画、绣花一样，细细致致地帮人家分析他的缺点，提出改进措施来，和风细雨式最好。我相信只要我们持续下去，这比那种暴风骤雨式的革命更有效果。"

二 "只有自我批判才会成为强者"

企业生存离不开自我批判，企业要成为强者更需要自我批判。

华为：磨难与智慧

任正非有一段很精彩的话："自我批判，不是自卑，而是自信，只有强者才会自我批判。也只有自我批判才会成为强者。自我批判是一种武器，也是一种精神。""如果一个公司真正强大，就敢于批评自己，如果是摇摇欲坠的公司根本不敢揭丑。""惶者生存"，就是真正有危机感的公司才能生存下来。华为能不断成长，最重要的就是保持危机感，坚持自我批判。我们从任正非30多年来的讲话（文稿）中可以清晰地看到：有思想上的危机意识，才使自我批判、自我革新成为可能。从《反骄破满》《华为的红旗能打多久》到《华为的冬天》《成功不是未来前进的可靠向导》《前进的路上不会充满鲜花》等，华为每向前跨出一步，危机意味和自我批判就深化一步。

任正非告诉华为人：华为所有的领导层、管理层、骨干层，华为的所有产品体系干部，大部分是从交换（机）部门走出来的。他们带去了自我批判的风气，以及不屈不挠的奋斗精神。他们就像一个华为大学，源源不断地向公司输出了多少优秀干部。是自我批判成就了华为，成就了我们今天在市场上的地位。我们要继续提高竞争力，就要坚持自我批判的精神不变。

华为的这种自我批判文化，是在长期的奋斗实践中领悟出来的。任正非说："如果我们没有坚持这条原则，华为绝不会有今天。没有自我批判，我们就不会认真听清客户的需求，就不会密切关注并学习同行的优点，就会陷入以自我为中心，必将被快速多变、竞争激烈的市场环境所淘汰；没有自我批判，我们面对一次次的生存危机，就不能深刻自我反省，自我激励，用生命的微光点燃团队的士气，照亮前进的方向；没有自我批判，就会故步自封，不能虚心吸收外来的先进东西，就不能打破游击队、土八路的局限和习性，把自己提升到全球化大公司的管理境界；没有自我批判，我们就不能保持内敛务实的文化作风，就会因为取得

第十一章
"功劳簿的反面就是墓志铭"：华为的自我批判

的一些成绩而少年得志、忘乎所以，掉入前进道路上遍布的泥坑陷阱中；没有自我批判，就不能剔除组织、流程中的无效成分，建立起一个优质的管理体系，降低运作成本；没有自我批判，各级干部不讲真话，听不进批评意见，不学习不进步，就无法保证做出正确决策和切实执行。只有长期坚持自我批判的人，才有广阔的胸怀；只有长期坚持自我批判的公司，才有光明的未来。"

自我批判是企业成长强盛的基本法门，也是华为创造或者说再次证明人类进步的一个普遍法则。

三 华为红旗能打多久取决于自我批判

企业生存、发展和强大起来需要自我批判，企业能走多久多远更取决于自我批判、自我革命。

"自我批判让我们走到了今天；我们还能向前走多远，取决于我们还能继续坚持自我批判多久。"任正非认为，华为的红旗到底能打多久，取决于员工思想、品德、素质、技能创新等多方面的提高，而自我批判就是其中的一个优良的工具。

当今时代，新技术、新业务不断地涌现，华为要适应新发展，引领新进步，"这是万里长征，路途漫漫。科学无止境，奋斗无止境，必须在持续不断的自我批判中，吸收一切有益的营养，使我们的产品不断地向国际大公司的优良产品看齐，从中国市场走入世界市场"。

经历了几十年发展的华为，开始从幼稚走向成熟。华为越来越坚信，一个企业长治久安的基础，是它的核心价值观被接班人认可，而接班人必须具有自觉的自我批判素养。为此，在华为公司，不能自我批判的员工是不能被提拔的；不能自我批判的干部则将会被免职，不能担任管理工作；华为要通过长期的努力，在整个公司内部层层形成自我批判的风气；通过组织的自我批判，使公司流程更加优化，管理更加优化；员工通过自我批判，不断提高自我素质。

这样，成千上万的各级岗位上具有自我批判能力的干部队伍就会形成，华为自我批判的价值观就会生根开花，华为的红旗就将永远高高飘扬。

四 成功的模式"不可能复制"

华为可以说取得了"成功""繁荣"，华为处于一个上升发展时期，已走到了世界前沿。但"成功"是一把双刃剑，它可以激励你奋斗前行，但如果你陶醉于成果，那它的背后是危机。这是十分可怕的。只有对自己充满自我批判精神，反骄破满，在思想上继续艰苦奋斗，长期保持自我进取超越的态势，才能从成功走向新的成功。

2011年1月，任正非在全公司大会上以《成功不是未来前进的可靠向导》为题做了报告。他指出："华为公司过去的成功，能不能代表未来的成功？不见得。成功不是未来前进的可靠向导。成功也有可能导致我们经验主义，导致我们步入陷阱。历史上有很多成功的公司步入陷阱的，例子很多。时间、空间、管理者的状态都在不断变化，我们不可能刻舟求剑，所以成功是不可能复制的。"

2014年2月19日，任正非以《自我批判，不断超越》为题，就华为公司的组织变革给全体员工写了一封信。信中有这样一段话："在过去20多年中，不断主动适应变化、持续自我完善的管理变革帮助公司实现了快速的发展和商业成功，我们不能等到泰坦尼克号撞到冰山再去调整航向，而是在欢呼声中出海时，就针

第十一章
"功劳簿的反面就是墓志铭":华为的自我批判

对长远航程中可能遇到的挑战进行布局,未雨绸缪。功劳簿的反面就是墓志铭,近十年来多少行业巨头走向衰弱,就是不能适时顺应环境的变化,不能积极扬弃过去,不能主动打破自我舒适区。固守不变的优势,这也极有可能成为我们进一步成长和超越自己的最大灾难。未来是光明的,过程可能是痛苦的。今天我们迎来了ICT技术引领和驱动全社会创新发展的最好时代,同时我们又处于公司基于知识、技术、产品、人才以及客户基础等长期优势积累的最好时期,这是我们千载难逢的机遇,我们必须勇于自我批判,才能最终实现超越!"

华为人深知,时代发展很快,如果自满自足,就会故步自封,就会从历史上抹掉过去的成绩。因此,华为人必须长期坚持自我批判不动摇。任正非希望华为人架着大炮轰轰华为的问题,多找找华为的问题。他说,《我们眼中的管理问题》这厚厚的一大摞心得,其中每一篇文章都经我亲自修改,大家也可以在心声社区上发表批评,这样才有可能解决问题,公司才会不断优化进步。

任正非和他率领下的华为,一个令人敬服的品质是自觉的、常态化的自我批判精神。这就是胸怀、格局,这就是华为的底气、风骨。

五 "世界上唯一不变的就是变化"

世界在变,华为要生存和发展下去,就必须求变求进。

任正非分析说,我们处在IT业变化极快的十倍速时代,这个世界上唯一不变的就是变化。我们稍有迟疑,就失之千里。故步自封,拒绝批评,忸忸怩怩,就不只千里了。我们是为面子而走向失败,走向死亡,还是丢掉面子,丢掉错误,迎头赶上呢?要活下去，就只有超越，要超越，首先必须超越自我；超越的必要条件，是及时去除一切错误。

要"去除一切错误"，任正非指出，首先就要敢于自我批判。古人云：三人行，必有我师，这三人中，其中有一人是竞争对手，还有一人是敢于批评我们设备问题的客户，如果你还比较谦虚的话，另一人就是敢于直言的下属，真诚批评的同事，严格要求的领导。只要真正做到礼贤下士，没有什么改正不了的错误。没有自我批判，我们的 08 机早就死亡了。正因为我们不断地否定，不断地肯定，又不断地否定，才有今天暂存的 C&C08iNET 平台。如果有一天停止自我批判，iNET 就会退出历史舞台。如果没有长期持续的自我批判，我们的制造平台，就不会把质量提升到 20PPM。

六 "英雄是有一定时间性的"

在任正非看来，尽管华为还是一个年轻的公司，充满着活力和激情，但也充塞着幼稚和自傲，公司管理还不够规范。只有不断地自我批判，才能使我们尽快成熟起来。这些年来，公司在《华为人》、《管理优化》、公司文件和大会上，不断地公开自己的不足，披露自己的错误，勇于自我批判，刨松了整个公司思想建设的土壤，为公司全体员工的自我批判，打下了基础。一批"先知先觉"、先改正自己缺点与错误的员工，快速地成长起来。公司成功消除了滋生的骄傲自满、不思进取的情绪。

2000 年，作为华为最重要的部门——市场部，为了落实自我批判精神，实行了集体大辞职举措，所有领导干部一律打报告先辞职，然后再竞岗竞聘。这是一场自我革命的洗礼。任正非予以高度评价："他们留给我们所有人的可能就是一种自我批判精神。

第十一章
"功劳簿的反面就是墓志铭":华为的自我批判

必须经过严寒酷暑的考验,我们的身体才是最健康的。因此市场部集体大辞职实际上是在我们的员工中产生了一次灵魂的大革命,使自我批判得以展开。作为我个人也希望树立一批真真实实烧不死的鸟是凤凰"的鲜活实践。

任正非在一次大会上说,我们要深深地感谢各条战线上涌现出来的英雄,没有他们的奉献精神就没有我们今天的事业。但是,"我们也应当看到,英雄是有一定时间性的,今天的成功,不是开启未来成功之门的钥匙。要永葆英雄本色,就要不断地学习,戒骄戒躁,不断超越自我"。

也正因为这样,他"感谢"特朗普对华为的打压,使华为人警醒、奋起。在2019年6月28日的访谈中,任正非指出:"在特朗普没有打击我们之前,我们公司内部还是比较松散的;特朗普打击我们以后,我们内部'求生存、求发展',更加团结一心,而且意志更加坚强,大家工作干劲和热情更加高涨。"现在,"我们照样热火朝天地生产,员工人数从18.8万人扩展到19.4万人,因为要做版本切换磨合,需要增加工程师"。

七 "天将降大任于斯人也,必先苦其心志"

任正非引用了中国传统文化经典来启发华为人:自我批判不是今天才有,几千年前的曾子"吾日三省吾身";孟子"天将降大任于斯人也,必先苦其心志,劳其筋骨,饿其体肤,空乏其身,行拂乱其所为,所以动心忍性,曾益其所不能";毛泽东同志对写文章要求"去粗取精,去伪存真,由表及里,由此及彼",都是自我批判的典范。没有这种自我批判,就不会造就这些圣人。

现在华为人都比较年轻,也许真正能展示华为公司实力的,还是未来10年的事。"现在他们平均年龄二十七八岁，10年后才三十七八岁，正当年华。只要我们坚持自我批判，永不满足，他们火红的青春，就会放射光芒，就一定会大有作为。"

八 自我批判是为了提升华为的核心竞争力

无论公司还是个人，只有深入推行以自我批判为中心的组织改造与优化活动，才能发展和进步。

任正非认为："只有不断地自我批判，才能使我们尽快成熟起来。我们不是为批判而批判，不是为全面否定而批判，而是为优化和建设而批判，总的目标是要导向公司整体核心竞争力的提升。"对个体来说，"自我批判的目的是不断进步、不断改进，而不是停留和沉溺于自我否定"，所以，我们每个人都要拼命学习，不断修炼和提升自己。

批判是为了建设，否定是为了肯定。因此，任正非提醒员工，不要过度地自我批判，以至于破坏成熟、稳定的运作秩序，这是不可取的。自我批判的连续性与阶段性要与周边的运作环境相适应。我们坚决反对形而上学、机械教条的唯心主义，在管理变革中，一定要实事求是，不要形左实右。尽管我们要管理创新、制度创新，但对一个正常的公司来说，变来变去，反复无常，内外秩序就很难稳定和有序延续，另一方面，不变革又不能提升我们的整体核心竞争力与岗位工作效率，因此，变与不变要统一起来。

在肯定中否定，在传承中变革。任正非要求各级领导一定要把好这个关。我们开展自我批判的目的也不是要大家去专心致志地修身养性，或是大搞灵魂深处的革命。而是要求大家不断地去寻找外在的更广阔的服务对象，或是更有意义的奋斗目标。因为你的内心世界多么高尚，你个人修炼的境界要看你在外部环境中

第十一章
"功劳簿的反面就是墓志铭":华为的自我批判

所表现出来的态度和行为,它们是否有利于公司建立一个合理的运行秩序与规律,是否有利于去除一切不能使先进文化推进的障碍,是否有利于公司整体核心竞争力的发展。

这就需要我们不断地走出内心世界,向外去寻找更为广阔的服务对象和更有意义的奋斗目标,并通过竭尽全力地服务于他们和实现它们,使我们收获一个幸福、美好、富有意义的高尚人生。

九 "从泥坑里爬起来的人就是圣人"

2008年,华为召开了"核心网产品线"表彰大会,任正非以《从泥坑里爬起来的人就是圣人》为题发表了讲话。讲话中,他把自我批判分为思想批判和组织批判两部分,逐步从思想批判引向组织批判,同时也强调了个人(干部)自我批判的重要性。

他说,20多年的奋斗实践,使我们领悟了自我批判对一个公司的发展有多么的重要。如果我们没有坚持这条原则,华为绝不会有今天。从痛苦的实践中吸取智慧,在自我反省中接近真理。任正非用华为成长的正反两方面例子,说明自我批判的重要性。

"坚持以为客户服务好作为我们一切工作的指导方针。20年来,我们由于生存压力,在工作中自觉不自觉地建立了以客户为中心的价值观。应客户的需求开发产品,如接入服务器、商业网、校园网……因为那时客户需要一些独特的产业提升他们的竞争力。不以客户需求为中心,他们就不买我们小公司的货,我无米下锅,我们被迫接近了真理:但我们并没有真正认识它的重要性,没有唯一的原则,因而对真理的追求是不坚定的、漂移的。在20世纪90年代后期,公司摆脱困境后,自我价值开始膨胀,曾以自我为中心过。我们那时常常对客户说:你们应该做什么,不做什么……我们有什么好东西,你们应该怎么用。例如,在

NGN（NGN，即 next generation network，是下一代网络，一种业务驱动型的分组网络）的推介过程中，我们曾以自己的技术路标，反复去说服运营商，而听不进运营商的需求，最后导致在中国选型，我们被淘汰出局，连一次试验机会都不给；历经千难万苦，我们苦苦请求以坂田的基地为试验局，都不得批准；我们知道我们错了，我们从自我批判中整改，大力倡导'从泥坑中爬起来的人就是圣人'的自我批判文化。我们聚集了优势资源，争分夺秒地追赶。我们赶上来了，现在软交换占世界市场40%，为世界第一。"

回顾历史，华为的技术、设备、产品、组织、管理、制度、文化、干部，无一不是在自我批判中进步的，无一不是在不断优化改进自己的昨天中走过来的。正是因为华为人坚定不移地坚持自我批判，不断反思自己，不断超越自己，才有了今天的成绩，才有了华为的一批批"圣人"。

"自我批判，不是自卑，而是自信，只有强者才会自我批判。也只有自我批判才会成为强者。"

自我批判是一种武器，也是一种精神。华为的领导层、管理层、骨干层，都有自我批判的勇气，有不屈不挠的奋斗精神，在各条战线、各个领域起着表率作用。

是自我批判成就了华为，成就了它今天在市场上的地位。

任正非用诗样的语言赞美自我批判精神："沉舟侧畔千帆过，病树前头万木春。人类探索真理的道路是否定、肯定、再否定，不断反思，自我改进和扬弃的过程，自我批判的精神代代相传，新生力量发自内心地认同并实践自我批判，就保证了我们未来的持续进步。"

他希望华为的新员工，继承与发扬华为人的好传统，掌握好自我批判的武器，你们将会很快走向成熟，"业界必将对你们刮

第十一章
"功劳簿的反面就是墓志铭":华为的自我批判

目相看,世界将会因你们而精彩。只要切实地领悟和把握自我批判的武器,持续地学习,少发牢骚,少说怪话,多一些时间修炼和改进自己,加快融入时代的大潮流。脚踏着先辈世代繁荣的梦想,背负着民族振兴的希望,积极努力,诚实向上,我相信你们是大有可为的。希望寄托在你们身上!"

这个"希望",是对"自我批判"的期待!

十 新员工年终的"神秘的礼物"

自我批判作为个人的素养,作为华为公司的文化,自然是无处不在的。但这需要有一些震撼人心的"载体"。

比如,领导班子民主生活会、各类相关会议、《华为人》、心声社区等,都是华为人自我批判的平台。任正非曾在民主生活会议上说:"我们一定要推行以'自我批判'为中心的组织改造和优化活动。"

在华为,如新员工能工作到年终,任正非一定会赠给他们一份"神秘的礼物"。刚开始,很多人以为是额外的奖金或补助,等拿到"礼物"后才知道,这些弥足珍贵的礼物,原来是老总对指出的自己的缺点和提出的改进意见。

2000年9月1日下午,华为党委组织召开"研发体系发放呆死料、机票"活动暨反思交流大会,共6000余人参加。大会的一个主要内容,就是将前些年由于种种原因造成的大量废料作为奖品发给研发系统的几百名骨干,让大家刻骨铭记,让自我反省精神一代一代地传下去,为造就下一代领导人,进行一次很好的教育和洗礼。在会上,任正非以《为什么要自我批判》为题发表了重要讲话。他说:"我建议'得奖者',将这些废品抱回家去,与亲人共享。今天是废品,它洗刷过我们的心灵,明天就会成为优秀的成果,作为奖品奉献给亲人。牢记这一教训,我们将享用永远。我们将继续推行以自我批判为中心的组织改造与优化活动。我们也决定要把现在的骨干培养为具有国际先进水平的职业化队伍。我们希望一切骨干努力塑造自己,只有认真地自我批判,才能在实践中不断吸收先进和优化自己,才能真正地塑造自己的未来。公司认为自我批判是个人进步的好方法,还没掌握这个武器的员工,希望各级部门不要再给予提拔。两年后,还不能掌握和使用自我批判这个武器的干部,请降低使用。"

这次大会和会上发的特殊"奖品",在华为发展史上产生了深远影响。

十一 华为有一支蓝军

我们可以清楚地看到,华为提出的重大理念、原则和规划,都会得到强有力的执行和落实。华为的自我批判绝不是停留在精神理念层面,更不是只讲一讲、号召一下,开个会表个态就完事了,而是时时要得到体现的。

比如,华为就专门有"蓝军"建制,以作为"红军"自我批判的"武器"。

蓝军在华为存在于各个领域的方方面面,内部的任何方面都有蓝军。"蓝军"当然不是常设的实体组织,而是公司的一种文化和功能机制。比如,围绕一个观点、一个决策、一个项目,组织红蓝军争论对决。据了解,蓝军不只是一个上层才有的功能机制,在基层活动中也普遍存在,甚至要求每个人的思想里也要有红蓝对决的思维机制。任正非说:"我认为人的一生中从来都是红蓝对决的。我的一生中反对我自己的意愿,大过我自己想做的事情,就是我自己对自己的批判远远比我自己的决定还大。我认

第十一章
"功劳簿的反面就是墓志铭":华为的自我批判

为蓝军是存在于任何领域、任何流程,任何时间空间都有红蓝对决。如果有组织出现了反对力量,我比较乐意容忍。所以要团结一切可以团结的人,共同打天下,包括不同意见的人。"

"我特别支持无线产品线成立蓝军组织。要想升官,先到蓝军去,不把红军打败就不要升司令。红军的司令如果没有蓝军经历,也不要再提拔了。你都不知道如何打败华为,说明你已到天花板了。两军互攻最终会有一个井喷,井喷出来的东西可能就是一个机会点。""我不管无线在蓝军上投资多少,但一定要像董事们《炮轰华为》一样,架着大炮轰,他们发表的文章是按进入我的邮箱的顺序排序的。一定要把华为公司的优势去掉,去掉优势就是更优势。终端的数据卡很赚钱,很赚钱就留给别人一个很大的空间,别人钻进来就把我们的地盘蚕食了,因此把数据卡合理盈利就是更大的优势,因为我们会赚更多长远的钱。"

自我批判的"蓝军",实际上在华为内部创造了一种自我保护、自我成长的机制。所以,任正非坚持"一定要让蓝军有地位。蓝军可能胡说八道,有一些疯子,敢想敢说敢干,博弈之后要给他们一些宽容,你怎么知道他们不能走出一条路来呢?世界上有两个防线是失败的,一个就是法国的马奇诺防线,法国建立了马奇诺防线来防德军,但德国不直接进攻法国,而是从比利时绕到马奇诺防线后面,这条防线就失败了。还有日本防止苏联进攻中国满洲的时候,在东北建立了17个要塞,他们赌苏联是以坦克战为基础,不会翻大兴安岭过来,但百万苏联红军是翻大兴安岭过来的,日本的防线就失败了。所以我认为防不胜防,一定要以攻为主。攻就要重视蓝军的作用,蓝军想尽办法来否定红军,就算否不掉,蓝军也是动了脑筋的。三峡大坝的成功要肯定反对者的作用,虽然没有承认反对者,但设计上都按反对意见做了修改。我们要肯定反对者的价值和作用,要允许反对者的存在。"

最好的防御就是进攻，但华为的进攻首先是进攻华为自己，而且这种"进攻"永不停歇。坚持每日三省吾身，坚持自我批判，华为才能走向永远。任正非认为："全世界美国和日本自我批判的精神最强，他们天天骂自己，美国大片里描述的不是美国打输了，就是白宫被夷为平地了；日本也天天胆战心惊，如履薄冰。这实际上就是一种批判，现在我们很多人就容不得别人说半句坏话，进攻就是进攻自己，永无止境。"

蓝军是华为公司循环活力的重要动力。在任正非看来，"凡是不'骂'公司的人，他看不到改进的空间。你都没有思考华为哪儿做得不对，你怎么领导一个团队做对呢？蓝军不是一个常设组织，不是故意要反对华为公司，更不是东施效颦，而是给你一个随便乱讲话的权利，你可能讲对了，也可能讲错了，但是在这个过程中，你可以有更多的思考。我认为在蓝军问题上，我们构想的是一种思想和精神，而不是一种模型，自我批判就是用自己的脑袋打自己，本身就是蓝军思维"。

比如，任正非要求华为的研发系统，组建一支"红军"和一支"蓝军"。这样，"红军"和"蓝军"两个队伍同时进攻，"蓝军"要想尽办法打倒"红军"，千方百计钻他的空子，挑他的毛病。"红军"的司令官以后也可以从"蓝军"的队伍中产生。"蓝军"拼命攻"红军"，拼命找"红军"的毛病，过一段时间把原来"蓝军"中的战士调到"红军"中做团长。有些人特别有逆向思维，挑毛病特别厉害，就把他培养成为"蓝军"司令，"蓝军"的司令可以是长期固定的，"蓝军"的战士是流动的。每个产品线都应该增加一个标准队伍、一个总体队伍、一个蓝军队伍。不要怕有人反对，有人反对是好事，不是坏事，这会改变我们的惯性思维，打破我们的路径依赖。

华为还有意让蓝军在功能机制上实体化、常规化。比如，蓝

第十一章
"功劳簿的反面就是墓志铭":华为的自我批判

军也有它的假设、思想、理论、线路、方案等,有完整的一套体系,不是仅仅写两篇批判文章就可以的。任正非要求把大量的梯队放在蓝军里,蓝军应该是一个跟红军差不多相同的队伍。比如,有六个梯队,其实红军是一个,其余均为蓝军。红军坚定不移走"专用芯片+软件"这条路,蓝军就准备将来的路要比这条路还要宽10倍、20倍。为此怎么办,多模块叠加、时延如何办。传送图像的要害是成本,怎么办。没有低成本,4K就不能广泛应用。没有低时延,AI、AR、VR就难大规模在线。我们要确定下来,蓝军只是研究团队,不包括开发。开发是确定性工作,重心在交付。Intel用通用计算+软件来改变管道基础设施其实就是蓝军,我们华为也要关注。

十二 "2012实验室就是批判的武器"

在华为,有个著名的"2012实验室"(也许是根据玛雅人的预言"2012世界末日"而来的吧——笔者注),是专门进行技术创新开发和多维探索的研发组织机构。这个机构就是为了满足客户需求的技术创新和积极响应世界科学进步的不懈探索而建立的,它以这两个车轮子(方面)来推动着公司的进步。这个过程就包括自我批判。

任正非指出:"华为要通过自我否定、使用自我批判的工具,勇敢地去拥抱颠覆性创新,在充分发挥存量资产作用的基础上,也不要怕颠覆性创新砸了金饭碗。""我们的2012实验室,就是使用批判的武器,对自己、对今天、对明天批判,以及对批判的批判。他们不仅在研究适应颠覆性技术创新的道路,也在研究用今天的技术延续性创新迎接明天的实现形式。在大数据流量上,我们要敢于抢占制高点。我们要创造出适应客户需求的高端产品；在中、低端产品上，硬件要达到德国、日本消费品那样永不维修的水平，软件版本要通过网络升级。高端产品，我们还达不到绝对的稳定，一定要加强服务来弥补。"

十三 "屁股对着老板的人"反而会提拔

在华为，批判的文化在人各个方面都要体现出来。

华为人保持着高度的清醒："我们公司不是什么都好，大家看我们公司内部有一个心声社区论坛，骂华为的也很多，骂华为的很多都是优秀员工，批评华为哪里管理不好。我们经常要自我批判，然后去改进，才活到今天。如果我们有一天故步自封，一定很快就会死掉。我们不是上市公司，不用天天跟别人说我们好，然后股票就涨，说坏话就要承担责任。因为我们不上市，天天说自己的坏话，说习惯以后，我们公司就天天在改进自己的缺点和错误。"任正非如是说。

所以，"骂公司的帖子也不会被封"，任正非说，"如果真想了解华为的事情，就请看我们的心声社区。在心声社区上，即使骂公司的帖子也不会被封，反而是人力资源部要去看看他骂得怎么样，如果骂得很对，就开始调查，再看看前三年他的业绩，业绩也很好的话，就调到公司秘书处来，帮助处理一些具体问题，培训他、锻炼他，也就是给他一个到总参谋部来'洗澡'的机会，半年以后把他放下去，这些种子将来迟早是要当领袖的。"

骂华为只要骂得对，你的声音可以得到公开，而且任正非认为，敢于批评公司的干部、员工，只要批评得有理，就应该培养和重用。在他看来，只是表扬说好话的东西没有多大意义。"总说我们好的人，反而是麻痹我们，因为没有内容。如果没有自我批判精神，我们就不可能活到今天。"

第十一章
"功劳簿的反面就是墓志铭"：华为的自我批判

任正非在一次会上说："在华为，坚决提拔那些眼睛盯着客户、屁股对着老板的员工，坚决淘汰那些眼睛盯着老板、屁股对着客户的干部。前者是公司价值的创造者，后者是牟取个人私利的奴才。各级干部要有境界，下属屁股对着你，自己可能不舒服，但必须善待他们。"

这是一种彻底的自我批判精神！

任正非还支持这样的做法："我们在肯定一个部门的时候，不能以表扬为主，而是要校正它不正确的地方，使得它往正确的路上走。我们内部自我批判很厉害，常务董事会内部有时候都会吵架，争论到最后达成共识。"

华为人这种自觉自信的批判精神是十分可贵的。只有不断批判自我，不断超越自我，才会有新的进步。华为这一点做得非常好。有自我批判精神，看到问题才能清醒深刻；有自我批判营养，企业才能健康成长。这是华为的成功"秘诀"之一，也是事物发展的普遍规律。

这就是任正非的高明之处。自我批判是一种大胸怀、大品格，更是一种大智慧。

十四　华为"不是以老板为中心"

任正非是华为的创始人，是华为的掌舵人，也可以说是华为的领袖和灵魂。但是，他不是"神"，他是可以批评的。任正非把自我批判武器用于公司，也用于自己身上。这才是真正的、彻底的自我批判。

在2010年的《对"三个胜利原则"的简单解释》一文中，他明确反对以老板为中心的个人崇拜歪风：

"华为公司是以客户为中心，不是以老板为中心。如果以老板为中心，从上到下阿谀、逢迎、吹牛、拍马之风、假话之风就盛行。只要说几句假话，老板高兴，我就有希望；这个风气就是以老板为中心，我天天就要让老板舒服，老板舒服了，我就可以提拔，这个风气就是阿谀奉承之风。"

任正非有着强烈的自省意识，他指出："我不怕大家批评我，大家批评我，有人批评我是好事。员工以后最重要的不是要看我的脸色，不要看我喜欢谁、骂谁，你们的眼睛要盯着客户。客户认同你好，你回来生气了，就可以到我办公室来踢我两脚。你要是每天看着我不看着客户，哪怕你捧得我很舒服，我还是要把你踢出去，因为你是从公司吸取利益，而不是奉献。因此大家要正确理解上下级关系，各级干部要多听不同意见。公司最怕的就是听不到反对的意见，成为一言堂。如果听不到反对意见，都是乐观得不得了，那么一旦摔下去就是死亡。"

任正非亲力亲为，他每天早上7：30吃完饭就到公司上班，8：00—9：00批改文件和签发文件，9：00后开会或听汇报；到下午，就喝一杯咖啡，跟大家座谈，听听大家有什么批评意见。他说："我在网上大量看对我们的批评，包括对我的批评。我觉得他批评得对，有没有机会找他谈一谈，听他批评。"有些批评得很优秀的人，考察后可以重点培养和提议。

任正非强调，华为公司要允许批评："你们看我所有的讲话、所有的文章，都号召华为公司内部要出现敢于反对的声音、敢于反对我们的人。我们不可能事事都做得正确，至少我不会事事做得正确。因此要给大家解放一下思想，如果说哪个人因为说了两句错话被处分了，我负责平反。但是说错话了，一起开个讨论会，总结下次该如何纠正是必要的，不是打击报复，但不要和这个人的前途命运相连。希望大家把思想放开一些，我们的城墙这么紧固不好。"

第十一章
"功劳簿的反面就是墓志铭":华为的自我批判

任正非认为:"谁都不敢犯错误,就是让我犯错误。你们犯错多了,我就少犯点错。你们不替我顶着,就是让我自己去顶,我会喜欢你们吗?我费一次力讲话,就是因为你们不讲话,你们是个小靶子,本来就不显著,人家攻击你又不厉害,为什么不敢讲,不敢讲就是不敢承担责任,明哲保身的人就是最自私的人。"

任正非语重心长地说:"自我批判是拯救公司最重要的行为。从'烧不死的鸟是凤凰','从泥坑里爬出的是圣人',我们就开始了自我批判。正是这种自我纠正的行动,使公司这些年健康成长。"

早在1996年时,任正非就讲过一句很著名的话:"创造一个事业,就是给自己创造一个坟墓。历史从来就是这样的,每个人干的都是埋葬自己的工作。在这个过程中,要主动学习,要经常进步,否则就会被淘汰的。"

这是多么彻底的自我革命精神!

写到这里,我想赞美华为、赞美任正非先生的话很多。想来想去,最后归结为两句:

伟大的华为,确实是由磨难炼就的。

这样的华为,不伟大都是不可能的。

第十二章

"我手里提着一桶糨糊"：
华为的哲学智慧

> 我不懂技术，我不懂管理，也不懂财务，我手里提着一桶糨糊。华尔街日报记者说我卖萌。其实这桶糨糊，在西方就是胶水，这黏结人与组织的胶水本质就是哲学。
>
> ——任正非

对华为来说，2019年可谓"山雨欲来风满楼""黑云压城城欲摧"，来自美国的极限打压，把华为推向了世界"风口"，也让华为面临生与死的严酷考验。在"乱云飞渡"的艰难时刻，任正非却能淡定从容、自如应对；华为这架"飞机"虽被打得"千疮百孔"，却仍在蓝天白云间飞翔！

30多年来，华为为什么能一步步成长壮大？面对美国的倾国剿杀，华为为什么能屹立不倒并继续砥砺前行？

我们从华为成长的轨迹和这次华为事件的风雨中，可以真正领悟到任正非统领华为的战略思维和智慧。我们应该从任正非那里汲取丰富的营养和前行的思想力量。

面对美国急风暴雨般的打压，任正非处变不惊，从容应对，赢得国人一片喝彩和世人同情理解。笔者以为，一个重要的"知识背景"，就是他赋有深厚的哲学素养，具有清晰的逻辑思维和

第十二章
"我手里提着一桶糨糊"：华为的哲学智慧

驾驭复杂问题的理性能力。

翻开古今中外的历史，我们可以看到，凡要成就一番事业的人，总有其信奉的行事之"道"。古人云，形而上者谓之道，形而下者谓之器。至上之道，也就是法则，就是哲学。企业是一个生命体，有其自身的生存法则。企业生存和发展得如何，往往取决于它的引领者对这些法则的认知深度和应用的智慧水平。

那么，华为的生存之"道"、成长之"法"是什么呢？

一 哲学是什么？

2019年5月21日，《21世纪经济报道》记者问：在我们看来，华为的管理哲学、管理思想是任总的管理哲学和管理思想，您认为华为的管理哲学和管理思想的精髓是什么？国际的管理哲学长期为西方所主导，您认为，中国的管理哲学、管理思想是不是到了向世界输出的时候了？市面上有大量的书籍写华为的秘籍，有华为的秘籍吗？华为模式可以复制吗？

对此，任正非回答：华为没有哲学，我个人没有学过哲学，也没有认真读过哲学书。外面的书，作者我也没见过，不认识，也许是他编的吧。外面流传的华为哲学是大家随便说的，没有什么特别的东西。我认为，如果说华为公司有哲学，就一点"以客户为中心，为客户创造价值"。因为钱在客户口袋里，有三种方法可以拿到这个钱：第一，抢，这是犯罪；第二，偷，也不行，要在派出所待两三天才能被放出来；第三，客户心甘情愿把钱给你，你必须要提供好的商品，为他提供需要的服务。所以，秘密就这一条。

任正非在上述阐述中，既讲了"华为没有哲学"，又讲了"华为公司有哲学，就一点……"。其实，这就看如何理解"哲学"了。我们做人做事办企业,总会有自己认准了的"理",也就是自己信奉的一些原则、志向、信念、准则。你为什么要做这事、何以这样做?为什么这样做你认为是"正确的""应该的"?这就是做人做事的"哲理"。

当然,这些"理"有时自觉有时不自觉,有时零星有时系统,有时说出来有时不说出来,有时本能性一些有时理性化一些。不管怎么说,人们做事都或多或少有一定的"理儿",一定的"道儿"。把这些"理儿""道儿"加以提炼概括,便是哲学。当然,这类现实生活中的哲学,与课堂上、与哲学家著作中的"理论哲学",是不完全一样的。

这涉及"哲学"是什么?要回答清楚这个问题并不是很容易的。比如说,我们通常讲哲学是科学之科学,这一方面是指人类的多数学科是从哲学中分离出来,人类最早有宗教、哲学学科,后来从这里分化出许多具体的学科。另一方面,更是指各类具体学科越往"元理论"走,最后差不多都是哲学问题。这说明,哲学是人类思考、追寻事物最一般"原理",即"道"的学问。你对事物(包括人的行为、思想)何以存在、何以合理、何以如此、何以应如此的思考并以一定的逻辑和概念范畴(语言文字)揭示出来,就是哲学。当然,称得上哲学思想观点的,必定是有普适性、深刻性的,对人们也迪性。因而哲学又可以说是"智慧之学"。

当然,我们这里讲的"哲学",不只是作为学科、学问的"哲学",而主要指人们实际生活中客观存在的"哲学",也就是人们做人做事的世界观、价值观、方法论,即"道""理"。我曾经说过,哲学主要不是一种知识,而是一种思考范式。如果把这种"思考""思索"的一般规律加以系统总结,就是所谓的"哲学原理",也就是哲学教科书。这是理论化的哲学。这种"哲学"

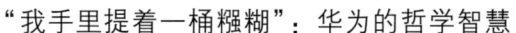

第十二章
"我手里提着一桶糨糊"：华为的哲学智慧

带有学科性、知识性。而真正的哲学，是你思考事物背后的内在之道、内在之理，即所思所行的"道理"。这是鲜活的哲学，是实践中的哲学。

这种鲜活的实践的哲学，人人都会有的。当然，多数人不可能去作系统深刻的思考，因为这需要有古今中外比较丰富的知识文化背景，也需要有个人丰富的工作阅历和工作生活环境。你接触和处理事情的范围广、层次高，就需要见多识广，同时还要善于学习总结提炼，这样才能形成哲学层面的思考结果，即事物背后哲学层面的"道道"。因此，人人都可能有一些哲学观点，但多数人难以做到有系统性的哲学思想。如果把自己的某个重大的哲学思想加以系统化、理论化，那就成了珍稀的哲学家。

这种实践的活的哲学，任正非当然有，而且运用得十分娴熟，他在看待事物和处理问题中，处处闪烁着哲学智慧。

哲学是一种思考的智慧。当我们说哲学是一种世界观和方法论时，也就意味着当你把事物、问题上升到什么"观"、什么"论"的时候，你就有了自己的原则、自己的信念、自己的"门道"了，就有了哲学。作为思考的智慧，是说只有思考问题比较深刻、视角独特、穿越时空性强、对人们富有启示性的思想观点，才称得上是哲学或哲学的智慧。

因此，人们生活中、工作中的实践哲学，实际上就是你看待事物、处理问题的有深度的智慧。这种智慧足以回答何以如此，给人以信念和启迪，觉得是一种有普适性的"正念""正道"。比如，任正非讲的"磨难是财富""资源是会枯竭的，唯有文化才会生生不息""惶者生存""成功不是引导我们走向未来的可靠向导""客户永远是华为之魂""从泥坑里爬起来的人就是圣人"等，都是充满哲学智慧的理念。

华为肯定也有自己行稳致远的哲学。从企业发展角度来讲，

207

我们首先应学习和领悟华为的哲学理念。企业做长久做强大了，自然都会有自己内在的"道"和"理"，有自己遵从的信条，有自己的价值观和文化，有自己灵魂性的东西。这些便是哲学的智慧。

二 "文件里面充满了哲学"

讨论华为有没有自己的哲学这个问题，似乎没有特别大的意义。因为，作为研究客体的华为实践已经客观地存在那里了。有也好，没有也罢，与华为关系不大，只与研究者有关。重要的还在于，看你在什么意义上理解哲学，何况任正非先生本人已经回答了华为既可以说有哲学，也可以说没有哲学。

显然，任正非是否定了华为和他本人有教科书式的"哲学"的，但华为客观上确实存在着企业生存和发展的"哲学"，而且任正非也正面回答了华为的哲学特点。

现在，我们首先最感兴趣的是，任正非先生本人对哲学感不感兴趣？他在一系列讲话中（我们所能看到的公开材料）是如何直接讲"哲学"的？

2011年，任正非在内部文稿中讲道"以客户为中心，以奋斗者为本，长期艰苦奋斗"是华为的一种利益驱动机制，是华为文化，"要春雨润物细无声般地将文化溶解在血液中"。在题为《从"哲学"到实践》的文稿中还讲道："是新教伦理揭示了中世纪宗教改革的哲学思维，这种对人性释放的哲学思维，它叫资本主义精神，开创了对人性的差异化的承认，对差异化也给予了保护，这种对人的权利的保护，释放了个人努力的主观能动性，促进了发展。这种精神同时也推动了西方的社会改革，从而形成今天繁荣、现代化的西方。"尽管文稿题目中的"哲学"用了引号，但

第十二章
"我手里提着一桶糨糊"：华为的哲学智慧

文中多次直接讲到"哲学思维"等有关哲学问题。可惜，此文稿尚属内部材料，笔者尝试借阅而未能看到全文。

1995年，任正非在市场总部高、中级干部就职仪式上以《英雄好汉站出来》为题的讲话中，要求华为的干部"应该具备科学家的才智，哲学家的思维，演说家的雄辩，社会改革家的抱负，还有宗教家乐观进取、奋斗不息的精神"。

2012年的某两天，任正非看了以王国维为题材的电视剧。王国维（1877年12月3日—1927年6月2日，浙江海宁人）是中国近现代历史上一位享有国际声誉的著名学者。鲁迅先生曾骂王国维为"不齿于人类的狗屎堆"。任正非认为："今天回过头看这个人的哲学思想是很伟大的，当年张之洞去开矿山、办工厂，李鸿章搞洋务的时候，王国维说：'振兴中华要靠哲学。'但是，他还是被抛进历史的垃圾堆，作为清华大学教授，最后投湖自尽，自杀了。中国有两个痛苦的灵魂，以前说最痛苦的灵魂是鲁迅，现在往前走一步，王国维也是中国最痛苦的灵魂。王国维讲哲学才能改变中国，今天来看确实是这样的。英国、美国、日本、法国、德国及整个欧洲社会，他们在哲学体系上搞清楚了。他们国家几百年没有动乱过。而我们的政策一会儿左，一会儿右，就是从上到下我们的价值观上没有统一，哲学观点没有统一。今天重新纪念王国维是来源于王国维这句话，是因为他对中国洋务运动的批判，中国应该先搞哲学，来改造人们的思想，国家才能有新的机制和体制产生，王国维以前是一个'不齿于人类的狗屎堆'，现在我们觉得他是很伟大的。还有一个伟大的人是李鸿章，李鸿章也是'不齿于人民的狗屎堆'，是中国最大的'卖国者'，不仅自己'卖国'，他去和日本谈判签《马关条约》的时候把儿子也带去了，让儿子也参与了《马关条约》的签订，结果爆发了五四运动。但是今天重新来看历史，重新来看《血色黄昏》，李鸿章是中华民族伟大的英雄，以后大家会重新去理解这个结论。所以不要为一时半时有没有光荣和功勋去计较。为千秋万代、中华民族要做出历史贡献。"

任正非结合公司又做了进一步分析："在看待历史问题的时候，特别是做基础科学的人，更多要看到你对未来产生的历史价值和贡献。我们公司要宽容'歪瓜裂枣'的奇思异想，以前一说歪瓜裂枣，他们把'裂'写成劣等的'劣'。我说你们搞错了，枣是裂的最甜，瓜是歪的最甜，他们虽然不被大家看好，但我们从战略眼光上看好这些人。今天我们重新看王国维、李鸿章，实际上他们就是历史上的歪瓜裂枣。从事基础研究的人，有时候不需要急功近利，所以我们从来不让你们去比论文数量这些东西，就是想让你们能够踏踏实实地做学问。但做得也不够好，为什么说不够好呢，就是我们的价值观也不能完全做到统一，统一的价值观是经过多少代人的磨合才有可能的，现在我们也不能肯定，但是我们尽力去做。"

在另一处，任正非又谈到王国维："包括王国维他对张之洞、李鸿章开矿山、建工厂不置可否，他说'振兴中国的基础在哲学'，尽管王国维被人骂，但有可能他看到了事物本质。一个国家有硬的基础设施，一定要有软的土壤，没有这层软的土壤，任何庄稼都不能生长。这层软土越厚越好，我们有五千年的积累，开放、改革、学习，一定可以支撑现代工业的。"

我们不讨论对历史人物的复杂评价，而只说任正非对王国维的赞美，主要是因为王国维的"振兴中华要靠哲学"这句醍醐灌顶的名句，并认为王国维讲哲学才能改变中国，"今天来看确实是这样的"。他还进一步认为，"英国、美国、日本、法国、德国及整个欧洲社会，他们在哲学体系上搞清楚了"。且不评论任正非先生这一见解，但从中可以看出，任正非先生的确是十分高看

第十二章
"我手里提着一桶糨糊"：华为的哲学智慧

哲学的。哲学在他心中之分量，也由此可见一斑。

2019年2月，在接受记者采访中，任正非谈到华为与西方公司的学习借鉴问题时说："还是我们自己在努力，自己的努力是最主要的。当然，这些努力中也有大量的是西方哲学。因为我们学习建立公司中，向西方学习了大量的哲学、文化、管理，所以你到我们公司来，感觉更像西方公司，不像中国公司。"他说，华为主要学习了两个文化：一是英国的文化，把主干文化管得很清晰、很标准；二是向美国学习，把末端文化很开放，允许开放、允许竞争，不把规范做得很细致。这都有影响。西方很多哲学、很多东西有很多丰富的内涵，所以我们在学习中还是起到很大作用。我每天写的文字中，既有规范的，又有诙谐、调皮、活泼的语言。

看来，华为学西方文化、管理，很重要是学习借鉴西方的一些哲学思想。

2019年5月21日，任正非在介绍5G特点和作用时，说："5G带宽的能量非常大，能提供非常多的高清内容，传播8K电视很简单。宣传上说费用下降了10倍，实际上可以下降100倍，这样老百姓也能看高清电视，文化就会快速提升。国家发展要靠文化、哲学、教育，这是发展国家的基础。因此，5G改变一个社会，它还有非常短的时延，可以用于工业的很多东西。"

2012年5月21日，任正非谈到了中国玄学及其"虚拟世界"在未来的可能意义。他说："中国过去的哲学体系是玄学，即使有佛教，也是梵文——西方推行的是形而上学和机械唯物论，产生了物理、化学、数学、几何学……各种学科，所以工业发达，建立了工业社会，占领了全世界。现在玄学没有说没用，搞虚拟世界，中国的游戏业发展很快，人类社会的很多生产方式也可能会虚拟化。人类在人工智能的科学家中，有50%左右是华人，如果他们受到排挤，拥抱他们进入中国，他们就会在底层平台上创新，给我们提供了一个基础。"把哲学、玄学、中国传统文化与当代世界人工智能、虚拟世界相结合，是一个颇有创新的重大见解，值得深入探讨。

2019年3月，任正非在接受采访时说："我认为，中国的改革开放更多是向西方学习了哲学，学习了西方的历史、西方的发展。中国有自己的文化，这个文化有五千年，但是五千年文化是比较封闭的，这五千年中国并没有繁荣富强。所以，中国这三十年是走向一个开放的心态。中国开放以后，这三十年就发生了翻天覆地的变化，中国认为开放和改革是为了这个国家未来的机会和希望，所以中国的政策会越变越好。对于西方来看，有些还不太完全理解中国的现状，但是对于我们身处这个时代的人，就感到每天都在改变。中国的法律、制度每天都在变，越来越好，越来越法制化，越来越市场化。所以，我们对未来发展还是充满了信心。"我们不评论这段的具体内容，但他又一次讲了"学习西方哲学"。

2013年，任正非在听取公司财政流程建设汇报时说："公司的管理哲学，就是天上的'云'。管理哲学、战略诉求、行业环境等内在及外在因素，共同形成了牵引公司运营的'云'。云下的雨，流到沟里，保证执行的准确度：'云'总要下点雨，这些雨沿着'沟'流入大海，就完成了水的循环。'雨'就是公司的经营活动，有业务活动，也有财务活动；在'沟'的关键节点上，还有财务的监控活动，水要沿着沟流，还要保证速度和质量。"这里，他直接讲到了华为公司的"管理哲学"。

2013年，在一次座谈会上，任正非指出，公司一定要有一条"沟"，将华为的水流集中起来发电，IFS/IPD/ISC/LTC要融会贯通，成为一条沟。华为的哲学是"云"，一定要下成"雨"才有

第十二章
"我手里提着一桶糨糊"：华为的哲学智慧

用，"雨"一定要流到"沟"里才能发电。若没有"沟"，"雨"到处泛滥，能量也就泛滥了。

2014年，任正非在德国考察期间指出："云是管理哲学，雨是经营活动，雨流到地上，一定要汇集到沟里面去，否则它就不能发电。这条沟在西方公司给我们提供的顾问文件里已经挖好了，但是我们没有读懂。华为公司可能有一些小溪流，已经形成了管理，但不是端到端的，有些是段到段的。这一段好像很优秀，但要翻一个大墙才流到下一段去，所付出的代价其实和这个沟没有挖是差不多的。我们现在最重要的就是要挖这条沟，要让这些段到段的流程，能够端到端地贯通。"

2019年3月13日，任正非在接受CNN采访时说："如果美国愿意跟我们加强合作，我们可能对人类的贡献还会更大。美国现在提出来要做6G，很好，可以和美国合作把6G做得更好，这应该是没有问题的，我不会斤斤计较。如果我是一个心胸很狭窄的人，其实就没有华为的今天。华为的今天之所以走到这样，其实是一种哲学，就是向美国学习的开放哲学。"任正非在这里把"开放"上升为哲学之道，认为开放对华为生存和发展具有根本性的意义。

2019年5月21日，任正非在接受中央电视台董倩专访时认为："从我们公司的缩影放大来看国家，国家也要走向这一步，否则是没有竞争力的。一个国家强大的基础是什么？有硬件基础，比如铁路、公路、交通设施、城市建设、自来水……各环节的硬件设施。硬件设施是没有灵魂的，灵魂在于文化，在于哲学，在于教育、艺术……在于人的文化素质。只有这样才能在硬质基础上，形成一个软质的黑土地，才能种活各种庄稼。"一语中的，哲学是灵魂性的东西。

2019年2月18日，任正非在接受BBC记者采访时，谈了一个很有趣的话题。

记者问：您一直以来是个很安静的人，面向媒体原来能不见就不见，大家都说您也好、华为也好，是很秘密的，为什么花了这么长时间才把您自己、才把华为向世界打开？为什么经历这样的危机才开放呢？

任正非回答：其实华为公司从来就是很张扬的，在外面张牙舞爪的，包括余承东、徐直军……我们所有领袖天天在外面讲。怎么他们就没有成网红，就把我盯住了呢？"我这个人是很羞涩的，不善于跟很多陌生人在一起交流沟通，我善于仔细研究我的文件。"

"善于仔细研究我的文件"，为什么？任正非谈了一个颇为私密的事。

"我太太问过我'你到底爱什么？'我说'我爱文件'。为什么爱文件？我说，文件里面充满了哲学、充满了逻辑、充满了东西，文件写出去、发出去以后，三五年大家都没有看到文件有什么影响，三十年后一看，这个公司队伍走得那么整齐，这就是哲学、逻辑和管理带来的东西。"

"爱文件"，因为"文件里面充满了哲学"！这是一种好高的境界啊！通常讲，外行看热闹，内行看门道。文件背后的"门道"，就是哲学，就是逻辑，也就是何以是如此的那个"理"。这是何等的深刻、何等的情怀！

任正非上班几乎是天天要看文件的。如此说来，他是天天都要同"哲学"打交道的。这几十年的"天天哲学"累起来、串起来，自然是足够打造一个哲学宫殿的。

值得一提的是，经华为CEO（首席执行官）徐直军等数十位中高层管理者审阅后，建议由作者自行决定是否公开出版的《下一个倒下的会不会是华为》一书明确指出："大量的关于任正非

第十二章
"我手里提着一桶糨糊"：华为的哲学智慧

和华为鲜为人知的故事，基于人性的独具特色的任正非管理哲学，使得本书具有极强的可读性和思想冲击力。""传统企业管理的理论与经验大多源于对非知识型劳动者的管理；任正非企业管理哲学对当代管理学的贡献在于：在互联网文化广泛而深刻的挑战面前，摸索出了一整套对知识型劳动者的管理理论和方法。"《下一个倒下的会不会是华为》一书的副题，就是"故事、哲学与华为的兴衰逻辑"。该书的"引子"标题则是"企业管理哲学：华为成功的神秘力量"，第五章的标题是"灰度哲学：欲望的激发与控制"[①]。而任正非先生本人也是看过这本书的："华为发生的很多事我都不知道，我是看了田涛和吴春波写的《下一个倒下的会不会是华为》这本书才知道华为曾经发生了这么多事的。"[②]

由此可见，华为公司高管们几乎也是认为华为是有自己的管理哲学（或者说"任正非管理哲学"）的。

三 把生命注入企业，企业要防止"熵死"

企业是一个生命的有机体。"生命"有"生"必有"亡"。任正非在《一江春水向东流》中说："历史规律就是死亡，而我们的责任是要延长生命。"任正非说的是，一个企业的历史宿命（状态），最终是要被历史淘汰而死亡的，而有责任、有抱负的企业家就是要努力去延长企业的生命。笔者以为，企业要延长寿命，重要的是应该有自己强大的灵魂。否则，企业将是短暂的，"英雄"也将是昙花一现。

任正非认为，华为公司的最低纲领就是要活下去。"活下去，

[①] 参见田涛、吴春波《下一个倒下的会不会是华为》，中信出版社2019年版，重印本，第62页；书套页对本书特点的介绍等。

[②] 见2015年12月18日《彭剑锋专访任正非纪要》。

永远是企业的硬道理。"

"活"就是一种"生命"。企业要一直活下去，不要死。这与自然人的生命有共同点也有区别之处。任正非认为，作为一个自然人，受自然规律制约，有其自然生命终结的时间。但企业作为一个法人，虽然不受自然规律的约束，但同样受到社会逻辑的约束。一个人再没本事也许可以活个60岁，但是，"企业如果没能力，可能连6天也活不下去。如果一个企业的发展能够顺应符合自然法则和社会法则，其生命可能达到600岁，甚至更长时间"。企业的生命受自然法则更受社会法则支配。企业生命力如何，关键的是企业里的所有人如何把自己融入企业，把企业人格化、生命化。

企业要生存下去和富有发展活力，根据热力学第二定律原理即熵增定律，一切事物（组织）的自发过程总是向着熵增加的方向演化的。"熵"常被用于计算一个系统组织的混乱程度。我们知道，大至宇宙、自然界、国家社会，小至企业、生命个体，都有一个盛衰的演变过程。熵的增加就是功能的减弱，如人的衰老等，其功能的价值创造就逐步缺乏活力；而熵的减少，就是功能的增强，比如人通过摄入食物、组织通过建立秩序等，就可以实现熵减而增强功能。

与熵增相反的是负熵。负熵是指能带来熵减的负熵因子，比如物质、能量、信息等。对人来说，良好的食物、运动、心态等，都是人的负熵；新的成员、新的政策、新的管理等，这些都可以是企业的负熵。从一定意义上讲，企业的经营管理实际上是一个用熵减来克服熵增的过程，也就是企业发展正能量（熵减）克服负能量（熵增）的过程。一旦熵增大于熵减，企业的活力就会开始下降；而熵减停止了，就意味着新陈代谢结束了，就是"熵死"了。正如任正非在2015年的《一次花园谈话》中说的：

第十二章
"我手里提着一桶糨糊"：华为的哲学智慧

"封闭系统内部的热量一定是从高温流到低温，水一定从高处流到低处，如果这个系统封闭起来，没有任何外在力量，就不可能再重新产生温差，没有风，也没有水蒸气蒸发与流动；第二，水流到低处不能再回流，那是零降雨量，那么这个世界全部是超级沙漠，最后就会死亡，这就是热力学提到的'熵死'。"

任何企业和组织要生存和发展，都必须是开放的，自我封闭、自我固化即意味着死亡。任正非在2011年的《从"哲学"到实践》的文稿中分析说："热力学第二定律阐述了，自然界不可能将低温自动地传导到高温，必须有动力才能完成这种逆转。人的天性会在富裕以后变得怠惰，这种自发的演变趋势现象并不是客观规律，人的主观能动性是可以改变它的。""我们组织的责任就是逆自发演变规律而行动，以利益的分配为驱动力，反对怠惰的生成。民意、网络表达多数带有自发性，我们组织却不能随波逐流。组织的无作为，就会形成'熵死'。"企业的经营管理就是减少"熵增"，激发企业发展的内外部各种因素的积极性。

任正非强调："企业能否活下去，取决于自己，而不是别人，活不下去，也不是因为别人不让活，而是自己没法活。活下去，不是苟且偷生，不是简单地活下去。活下去并非容易之事，要始终健康地活下去更难。因为它每时每刻都面对外部变化莫测的环境和激烈的市场竞争，面对内部复杂的人际关系。企业只有在不断地改进和提高的过程中才能活下去。""对华为公司来讲，长期要研究的问题是如何活下去，积极寻找活下去的理由和活下去的价值。活下去的基础是不断提升核心竞争力，核心竞争力提升的必然结果是企业的发展壮大。"

任正非主张，要用《动物法则》来构建华为走向大公司的最基本的法则。这是颇有启发的见解。其实，任何一个民族，任何一个公司或任何一个组织，只要没有了新陈代谢，生命便会停止。只要有生命的活动，就一定会有矛盾，一定会有斗争，也就一定会有痛苦。

早在1998年的《不做昙花一现的英雄》讲话中，任正非就曾反复强调，要把生命注入到永恒的企业管理、企业发展之中。他说，华为公司的第一、第二代创业者把生命注入到创业中去，获得了今天的成功。研发人员也宣誓要把生命注入到产品中去，因此我们管理者也应把生命注入到持续不断的管理优化中去。把生命注入并不是要你像干将、镆铘铸剑一样跳到熔炉里去，而是要用一丝不苟、孜孜不倦的精神去追求产品的成功。我经常看到一些员工给公司写的大规划，我把它扔到垃圾桶里去了，而那些在自己的管理岗位上本身进步了，改进了自己的工作，这时候向我提的建议和批评我倒是很愿意听的。把生命注入管理中去，不是要你去研究如何赶上IBM，而是研究你所处的那个管理环节如何成为全世界最优的，要赶上IBM不是你的事情，你也不具备这样的资历和资格，所以要面对现实，踏踏实实地进行管理的改进，这样公司才会有希望。现在公司说空话的人比干实事的人还要多，干部的幼稚比干部的成熟还要多。要把生命理解成一种灵魂和精神，就是要将这种灵魂和精神注入到管理中去。没有这种精神的干部要下岗。前些年，由于快速的发展，我们提拔了很多人，提拔时我们犯过乔太守乱点鸳鸯谱的错误，并不是我们选拔的所有干部都是合乎科学管理规律要求的。我们一定要把有责任意识、认真负责的员工选拔上来，给予培养的机会，通过这种置换，才能使我们的队伍更加强大。

"要把生命理解成一种灵魂和精神，就是要将这种灵魂和精神注入到管理中去。"企业有生命，生命有灵魂。有灵魂、有精神的生命才有持久的活力，这样的企业才有顽强的生存力和创造力。

第十二章
"我手里提着一桶糨糊":华为的哲学智慧

四 "唯有文化才会生生不息"

生命是有灵魂的。那么,企业生命的核心、灵魂是什么?任正非明确回答:是企业文化,或者说是反映在企业战略、制度、机制、管理以及企业文化中的核心价值观。

任正非认为,唯有文化精神生生不息,唯有思想智慧光照千秋!

任正非有这样一段十分著名的话:

> 资源是会枯竭的,唯有文化才会生生不息。一切工业产品都是人类智慧创造的。华为没有可以依存的自然资源,唯有在人的头脑中挖掘出大油田、大森林、大煤矿……精神是可以转化为物质的,物质文明有利于巩固精神文明。我们坚持以精神文明促进物质文明的方针。

这个十分独到深刻的思想,产生于1996年的某一天。那年,任正非和外经贸部西亚非洲司长等参加一个国际活动时,途中经迪拜转机,飞机快降落时,有人说飞机下面是一个中东的"香港"。当时任正非有点不太相信,怎么可能在沙漠里建一个那么繁荣的"香港"呢?的确,迪拜原来是一片沙漠地带,谈不上有多少发展的基础。但是,中东一些国家还是很重视文化建设的,国王家族或上层阶层大都把孩子们一批批送到欧美学习,注意不断提高整个社会文化素质水平,同时还制定一些先进的制度及规划,以此来吸引世界投资。

迪拜的崛起,深深震撼了任正非,对他启发很大,觉得迪拜这地方原本连一滴石油都没有,但只要营创一个好的环境,就能创造出发展奇迹。"资源是会枯竭的，唯有文化才会生生不息。"这句话就来自对"迪拜现象"的思考。他说："华为公司也是一无所有，只能靠自己，和迪拜的精神是一样的。"

在《逐步加深理解"以客户为中心，以奋斗者为本"的企业文化》一文中，任正非指出："我们在经历长期艰难曲折的历程中，悟出了'以客户为中心，以奋斗者为本'的文化，这是我们一切工作的魂。我们要深刻地认识它，理解它。"

任正非既指出了华为文化的基本点，又肯定了企业文化在企业一切活动中的灵魂地位。

五　华为文化的"四大支柱"及其他

在任正非看来，企业离开文化是不可想象的，企业领导者的基本职责和权力是创建企业文化。1995年，任正非在《目前的形势和任务》中指出："华为正在进行企业文化的教育。建立以国家文化为基础的企业文化是公司全体员工的黏合剂。爱祖国、爱人民、爱公司；奉献社会优质产品、优质服务；团结奋斗、拼搏，建立利益共同体；尊重知识、尊重人才、平等沟通；民主决策权威管理。这些从华为创建第一天就坚定的信念，正在演变成一种文化，并激励自己。它是公司最宝贵的无形资产。这是企业发展的灵魂，管理的精髓，规范员工行为的准则，增强沟通与理解（包括客户）的桥梁。我们将更加坚持集体奋斗，不断优化和精制我们的工作，使我们逐步与国际接轨。"

任正非一直把华为文化视为华为生命的灵魂。那么，几十年来，华为形成了什么文化呢？

过去有人讲，华为文化就是"狼性文化""床垫文化"。对此，任正非对华为文化曾作过全面的阐述。

第十二章
"我手里提着一桶糨糊"：华为的哲学智慧

他认为，首先要十分明晰地提炼概括出企业文化的核心内涵，并用十分精准简洁的语言来表述它，这样才能很好地传播，让企业文化深入人心。

其次，必须通过各种形式将企业文化变成全体员工的自觉行为，企业文化只有同理想信仰、制度规则、激励机制、人才提拔等利益关联起来，才会使人们逐渐意识到企业文化信念是真实可信的。

最后，企业文化随着企业发展是不断丰富提升的。企业文化的基本价值观是不能多变的，但可以在实践中完善，甚至侧重点方面可以转型创新。比如说，处于追赶期阶段的华为，曾被人们称为有着狼性文化的企业，尽管华为提倡过学习"狼"的优点，但从来没有正式确认为"狼性文化"。当然，华为人的血气方刚和强悍不懈，确实是存在并得到褒扬的。而随着华为的规模、业绩、实力已越来越处于全球通信产业发展的最前沿，华为便与时俱进，及时提出了"宽容、妥协与灰度的文化"，其实质是重在与世界同行携手合作、共创共赢。

华为文化的主要内容和核心本质是什么呢？我们来听听任正非的一些经典性阐述。

"什么是文化？我多次提到，华为是没有文化的，都是从世界的先进文化借鉴来的，就像洋葱一样，剥一层是日本的，再剥一层是欧美的……再剥一层是孔夫子的，再剥一层是反对孔夫子的，只要是好的，我们都要吸取，包含爱立信、阿尔卡特、朗讯、思科、微软，他们优秀的管理也要吸取。剥到最后，剩下的核心是很小的，就算是华为文化吧，就是奋斗精神和牺牲精神。其实奋斗与牺牲精神也是几千年来就有的，也不是我们发明的。过多强调华为自己的文化是没有必要的，只要这个文化与别的先进文化不融合，最后是存在不下来的。"

"华为文化的核心是什么，其实就两点：一个是以客户为中心，一个是以奋斗者为本。这些不是我们独特的文化，是普适的，而且都是从别人那儿学来的。没有什么掌握不了的，只要认真体会，都能做得到的。"

在《干部要担负起公司价值观的传承》一文中，任正非强调："'以客户为中心，以奋斗者为本，长期艰苦奋斗'，这是我们20多年悟出的道理，是华为文化的本质。我们所有的一切行为都归结为为客户提供及时、准确、优质、低成本的服务。以客户为中心、以奋斗者为本、长期坚持艰苦奋斗是我们的胜利之本。"

在2015年的一次谈话中，任正非认为："其实我们的文化就只有那么一点，以客户为中心、以奋斗者为本。世界上对我们最好的是客户，我们就要全心全意为客户服务。我们想从客户口袋里赚到钱，就要对客户好，让客户心甘情愿把口袋里的钱拿给我们，这样我们和客户就建立起良好的关系，怎么去服务好客户呢？那就得多吃点苦啊。要合理地激励奋斗的员工，资本与劳动的分配也应保持一个合理比例。"

2007年6月12日，任正非就新员工培训有个谈话，谈话的主题是"以生动活泼的方式传递以奋斗者为主体的文化"。他告诉大家："我们能够给新员工灌输的文化就是'奋斗'。我们华为公司是以奋斗者为本的公司，我们确定的是以奋斗者为主体的文化。华为公司所有的制度、所有的政策是以奋斗来定位的，不能奋斗者就不是华为人，是要被淘汰的。我们建立各项制度的基本假设是，员工是努力奋斗的，而公司决不让雷锋吃亏。"

"员工是努力奋斗的，而公司决不让雷锋吃亏"，这是华为所有制度、政策和华为文化的基本依据（"假设"）。当然，在具体表述上，华为的核心价值观和华为文化也有一个演化过程。比如，华为核心价值观早在1995年就有了系统的表述。

第十二章
"我手里提着一桶糨糊":华为的哲学智慧

当年(1995年),华为的销售额达到了14亿元人民币,员工已近2000人。这个时候,任正非发现,随着企业扩张及人员规模的扩大,公司上下什么想法都有,什么声音都有。为此,他意识到需要建立一套华为自己的核心价值观,来明确各种假设,来统一公司的发展方向和群体行为。于是,1995年他请了中国人民大学的六位教授,花了3年时间,帮助起草了管理大纲,即《华为基本法》。

《华为基本法》最核心的内容就是核心价值观的表述。当时有七个方面:

第一条[追求]　华为的追求是在电子信息领域实现顾客的梦想,并依靠点点滴滴、锲而不舍的艰苦追求,使我们成为世界级领先企业。通过无依赖的市场压力传递,使内部机制永远处于激活状态。

第二条[员工]　认真负责和管理有效的员工是华为最大的财富。尊重知识、尊重个性、集体奋斗和不迁就有功的员工,是我们事业可持续成长的内在要求。

第三条[技术]　广泛吸收世界电子信息领域的最新研究成果,虚心向国内外优秀企业学习,在独立自主的基础上,开放合作地发展领先的核心技术体系,用我们卓越的产品自立于世界通信"列强"之林。

第四条[精神]　爱祖国、爱人民、爱事业和爱生活是我们凝聚力的源泉。责任意识、创新精神、敬业精神与团结合作精神是我们企业文化的精髓。实事求是是我们行为的准则。

第五条[利益]　华为主张在顾客、员工与合作者之间结成利益共同体。努力探索按生产要素分配的内部动力机制。我们决不让雷锋吃亏,奉献者定当得到合理的回报。

第六条［文化］　资源是会枯竭的，唯有文化才会生生不息。一切工业产品都是人类智慧创造的。华为没有可以依存的自然资源，唯有在人的头脑中挖掘出大油田、大森林、大煤矿……精神是可以转化成物质的，物质文明有利于巩固精神文明。我们坚持以精神文明促进物质文明的方针。这里的文化，不仅仅包含知识、技术、管理、情操……也包含了一切促进生产力发展的无形因素。

第七条［社会责任］　华为以产业报国和科教兴国为己任，以公司的发展为所在社区做出贡献。为伟大祖国的繁荣昌盛，为中华民族的振兴，为自己和家人的幸福而不懈努力。[1]

到了2010年，华为对公司的核心价值观又做了梳理和提炼，并在2010年的年报上予以发布：

公司核心价值观是扎根于我们内心深处的核心信念，是华为走到今天的内在动力，更是我们面向未来的共同承诺。它确保我们步调一致地为客户提供有效的服务，实现"丰富人们的沟通和生活"的愿景。

成就客户：为客户服务是华为存在的唯一理由，客户需求是华为发展的原动力。我们坚持以客户为中心，快速响应客户需求，持续为客户创造长期价值进而成就客户。为客户提供有效服务，是我们工作的方向和价值评价的标尺，成就客户就是成就我们自己。

艰苦奋斗：我们没有任何稀缺的资源可以依赖，唯有艰苦奋斗才能赢得客户的尊重与信赖。奋斗体现在为客户创造

---

[1] 转引自杨爱国《华为奋斗密码》，机械工业出版社2019年版，第13页。

第十二章
"我手里提着一桶糨糊"：华为的哲学智慧

价值的任何微小活动中，以及在劳动的准备过程中为充实提高自己而做的努力。我们坚持以奋斗者为本，使奋斗者得到合理的回报。

自我批判：自我批判的目的是不断进步、不断改进，而不是自我否定。只有坚持自我批判，才能倾听、扬弃和持续超越，才能更容易尊重他人、与他人合作，实现客户、公司、团队和个人的共同发展。

开放进取：为了更好地满足客户需求，我们积极进取、勇于开拓，坚持开放与创新。任何先进的技术、产品、解决方案和业务管理，只有转化为商业成功才能产生价值。我们坚持客户需求导向，并围绕客户需求持续创新。

至诚守信：我们只有内心坦荡诚恳，才能言出必行，信守承诺。诚信是我们最重要的无形资产，华为坚持以诚信赢得客户。

团队合作：胜则举杯相庆，败则拼死相救。团队合作不仅是跨文化的群体协作精神，也是打破部门墙、提升流程效率的有力保障。[1]

此后，华为的核心文化或者说核心价值观的表述，就更加简短明了、富有个性，并且长期相对规范和统一。

任正非曾把华为的主要文化或者核心文化，总结概括为四大方面：一是坚持以客户为中心；二是坚持以奋斗者为本；三是坚持自我批判的价值；四是坚持开放、妥协、灰度（"灰度"意即适度）原则。

这就是华为文化这个体系的"四大支柱"，其中"奋斗""自我批判"是华为文化最具特色的核心内容。

---

[1] 转引自杨爱国《华为奋斗密码》，机械工业出版社2019年版，第15页。

那么，这"四大内容""四大支柱"又是怎么一种内在关系呢？下面我们对华为的这些核心文化试作整体性分析和讨论。

此外，任正非还多次把诚信、开放理念上升为哲学高度，对此，我们也将其视为对华为发展具有本体性或者说基本世界观、方法论意义的核心文化，一起加以分析。

六　客户至上：华为的生命之本

华为是有生命理想和意义的。华为存在和发展的本体意义，就是为人类、为社会创造价值，而这种价值就体现在华为为客户创造优质的产品和服务上。

企业为客户、为社会创造价值，才能实现自己的存在价值，这个生命存在的本末不能倒置，这个初心更不能忘记。所以，华为一以贯之地坚持"以客户为中心"。这是华为的本体价值，也是华为生存和发展的依据、使命之所在。几十年来，任正非总是反复加以强调，华为是有高远理想的，是要冲向世界最高点的，但只有通过"为客户创造价值"才能达到生命的理想境界。

任正非甚至认为，华为存在的唯一理由，就是为客户服务，为客户持续创造价值。正因为如此，任正非才说，如果华为有什么经营哲学的话，那就是"以客户为中心"，坚持客户价值至上。这是华为的"秘密"所在，也是华为的生命意义所在。所以，任正非总是想方设法要确保公司"以客户为中心、为客户创造价值"的共同价值观得到切实的守护与长久的传承。他明确强调，华为的接班人最主要接的就是这个价值观的"班"。

为客户创造价值作为哲学之理，说明了一个组织、一个企业、一个人及其行为，何以存在、何以合理、何以正确做事的本体依据。也就是合规律性与合目的性、合客体性与合主体性、合意志性与合实践性的辩证统一。

七　奋斗为本：华为的生命之力

任正非说过，"我们还必须长期坚持艰苦奋斗，否则就会走向消亡"，"艰苦奋斗是华为文化的魂，是华为文化的主旋律，我们任何时候都不能因为外界的误解或质疑动摇我们的奋斗文化，我们任何时候都不能因为华为的发展壮大而丢掉了我们的根本——艰苦奋斗"。

运动是生命存在的基本方式，而动能、动量是生命活力的基本标志。企业生存和发展质量取决于全体员工的"奋斗"。企业的生命和价值理想，都是靠奋斗出来的。

关于华为公司的体制机制和企业文化，任正非明确地概括为：以客户为中心、以奋斗者为本，认为这是华为最深层、最核心的价值所在。华为就是在华为人奋斗中成长的。任正非强调："我们过去从落后到赶上，靠的是奋斗；持续的追赶靠的也是奋斗；超越更要靠奋斗；安享晚年，还是要靠奋斗。我们要逐步建立起以奋斗者为本的文化体系，并使这个文化血脉相传。"

他告诫华为的年轻人："奋斗，创造价值是一代青年的责任与义务。"

他深情地说："三十年的奋斗，我们已从幼稚走向了成熟，成熟也会使我们息惰。只有组织充满活力，奋斗者充满一种精神，没有不胜利的可能。炮火震动着我们的心，胜利鼓舞着我们，让我们的青春无愧无悔吧。"

在长期的实践中，华为培育和形成了十分著名的"奋斗者"文化。任正非曾经说过，"以客户为中心，以奋斗者为本"是两个矛盾的统一体，它们构成了企业内外的生态平衡。对市场，以客户为中心，对企业内部，以"奋斗者"为本。这样才能形成内外互动的"平衡"格局。

但华为的奋斗是集体奋斗。在华为，人人都可以成为奋斗的英雄。任正非说，华为公司是一个以高技术为起点，着眼于大市场、大系统、大结构的高科技企业。以它的历史使命，它需要所有的员工都必须坚持合作，走集体奋斗的道路。我们的唯一武器是团结，唯一的战术是开放。既团结又开放，怎能不领先世界呢？所以，华为非常重视培养和锻造一支善于学习创新、勇于开拓进取、乐于勤劳奉献的"奋斗者群体"。这是一支具有"血性"文化又富有人文情怀，以及团结力凝聚力战斗力极强的"华为铁军"。华为人引以为自豪的企业文化和华为的精神财富，最核心的就是"以客户为中心，以奋斗者为本，长期坚持艰苦奋斗"的核心价值观。

"以奋斗者为本"，提倡奋斗者精神，同时也体现在"不让雷锋吃亏"、"知识是价值"（"知本主义"）、"绩效高薪"等方面，让雷锋精神、阿甘精神的价值在华为得到真正的尊崇和体现。

在2007年一次会议上，任正非指出，我们华为公司是以奋斗者为本的公司，我们确定的是以奋斗者为主体的文化。华为公司所有的制度、所有的政策都是以奋斗来定位的，不能奋斗者就不是华为人，是要被淘汰的。我们建立各项制度的基本假设是，员工是努力奋斗的，而公司决不让雷锋吃亏。我建议新员工在培训中只学四篇文章，《致加西亚的信》大家必学。学完之后，找你我身边的加西亚，而不要讲你的感受，讲你的感受有什么用？你身边就有加西亚，你能不能向他学习。我建议再学三篇文章，《致新员工书》《天道酬勤》《华为的核心价值观》。其他的只是辅助性读物，仅为参考。

华为公司过去从创办到生存，靠的是奋斗；从落后到追赶，

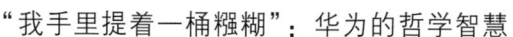

第十二章
"我手里提着一桶糨糊"：华为的哲学智慧

靠的是奋斗；再持续进行赶超，还是靠奋斗；超越先进更要靠奋斗。我们要逐步建立起以奋斗者为本的文化体系，并使这个文化血脉相传。历史和现实都表明，一个没有艰苦奋斗精神做支撑的民族，是难以自立自强的；一个没有艰苦奋斗精神做支撑的国家，是难以发展进步的；一个没有艰苦奋斗精神做支撑的政党，是难以担当起历史重任的。同样，一个没有艰苦奋斗精神做支撑的企业，也是难以长久生存和发展的。

所以，任正非说，艰苦奋斗是华为文化的魂，是华为文化的主旋律，我们任何时候都不能因为外界的误解或质疑动摇我们的奋斗文化，我们任何时候都不能因为华为的发展壮大而丢掉了我们的根本——艰苦奋斗。

血汗铸就成功，磨难点亮未来。奋斗或者说群体奋斗作为哲学之理，揭示了一切生命体的生存基本规律，就是要有生命的活力。而生命的活力来自生命主体的能量活动。奋斗（活动）是一切生命体存在和展开的过程，是生命力的表现。人的生命能量、质量靠自己的"奋斗"，企业的生命价值同样靠员工们的奋斗。一切都是奋斗出来的。"奋斗"是人们生存和发展的基本源泉，是主体意志与行为的统一，是主体与外界能量交换的过程，也是个体和人类社会进步的不二法门。

八 诚实守信：华为的生命之基

信则立，不信则废。诚信是生存之本，发展之基。企业能不能生存和发展，企业能不能成功，取决于客户、市场、社会和企业内部员工的认可。而要被人认可的前提是要讲诚信讲法制。这是华为成功的又一个"生命逻辑"。

正如任正非所说，"诚信文化是公司最重要的无形资产"，如果华为有哲学的话，那就是诚信。华为始终坚持不以利润为最高原则，而是"以长远的眼光来经营公司，以诚实面对客户，诚实地经营，诚实地发展公司，依靠诚实换取客户对我们的满意、信任和忠诚"。

任正非在回顾华为创业过程时说："在早年创业过程中，我们没有技术，也没有背景，也没有资金，我们就是有诚信，帮助别人卖机器，中间得一些佣金，这样发展起来。"2002年，任正非在总结10年奋斗经验时就指出，华为发展铸造的就只有"诚信"两个字："诚信——对客户的诚信，对社会、政府的诚信，对员工的诚信。只要我们坚持下去，这种诚信创造的价值是取之不尽、用之不竭的，要认识到我们花掉的很多钱是要形成未来的财富。我们……在市场上塑造了两个字'诚信'，这是我们的立身之本，是我们的核心竞争力，是华为公司对外的所有形象，这个无形资产是会给我们源源不断带来财富的。"

做企业做人第一位的是必须要讲诚信。所以在任正非看来，企业并没有什么赚钱的商道，所谓"商道"捷径是要害人的，企业品牌的核心就是诚信。只要你诚信，你就可以活下去。任正非这里讲的"商道"，自然是小九九的赚快钱的"捷径"，是小商人之"小道"，而非商界之大理、商人之大道。不讲诚信的人和企业，也许一时能赚点小钱小利，但绝对成不了大气候，办不了大事业。

诚信作为哲学之理，因为它是做人做事之本，也是企业、市场、社会运行的基本规则和生态环境。诚信具有普适性和人类发展的基础性意义。

九 开放创新：华为的生命之道

一个不开放的组织，迟早会走向衰亡。一个不开放的文化，

第十二章
"我手里提着一桶糨糊"：华为的哲学智慧

就不能汲取别人的优点，也必然会被边缘化，是没有出路的。一个不开放的企业，只会昙花一现，迟早会成为一潭死水而死亡。华为的生存和发展，就在于它从不故步自封，不过多地强调自我，而是主动开放包容，向一切先进的东西学习。开放是华为文化的一个基本特色，也是华为生存发展的根本之道。

生命大厦要生存和进化，必须是一个开放的生态系统。我们知道，生命内部要新陈代谢才能获得新的生长基因，在与外界的开放交流中则能获得新的生长能量。封闭、僵化是生命死亡的开始，也是企业生存的大敌。企业只有在开放变革中才能抗风雨，才能提升竞争力，才能日新日日新，才能学习先进和超越自我。华为内部从来没有停止过变革，向外部先进同行学习借鉴合作也从来没有止步过。用任正非的话来说，就是既要让别人来革自己的命，又要自己革自己的命。这就是华为内外一体的开放变革的生态系统。

在开放问题上，任正非除了强调内部变革创新、外部交流开放的意义外，还有一个重要观点，就是开放与妥协、灰度的内在联系。他认为，开放就是与外界系统的互动，企业在前进中随着时间、空间的变化，需要与各相关方相互宽容和妥协，从而审时度势地进行正确的决策。所以，开放必然要体现宽容和妥协，也就是要掌握好灰度。正因为如此，任正非通常把"开放、妥协、灰度"三词并列使用，并把开放、妥协、灰度看作"华为文化的精髓"。

开放是事物内外的变革互动过程，也是事物共融共生的过程。在这个生命的开放系统中，任何一方都不应唯我独尊，搞什么你死我活的"封闭自杀"，而要宽容妥协，合作互生，共同生长。华为的成长发展史，就是一部开放变革史，也是逐渐学会与外界"灰度"共生的历史。这就是任正非反复强调的，如果华为有哲学的话，那就是"开放"的哲学，向美国学习的"开放"哲学；我们华为还是要持续走向开放的，只有开放才能获得发展的战略机遇点；我们自己要活下去，也要让人家活下去；人家活得好，自己才能活得更好。

开放作为哲学之理，已由"工具技术"上升为事物生长的本原性依据，而不只是一种社会政策。"开放"是一切自然生态和企业生命生存发展的不二法门和根本路径。

十 妥协灰度：华为的生命之圈

企业要持续生存，需要企业内外各个利益相关者（包括政府、社区、社会各方）形成一个良好的发展生态圈，这就需要运用妥协、宽容、灰度的思维和方法，各方达成共识，打造合作共赢的环境。有利于自己生存，也有利于他人生存。在良性的竞争中实现优胜劣汰。

如果从企业内外两个方面而言，"开放、妥协、灰度"作为一种思维方式和领导艺术，一方面可以说是企业内部管理的一种生态文化：运用得当，有利于高级干部的互相包容，开阔心胸，合作共事，防止出现各自为政、相互对立的"山头"主义政治。另一方面，也是塑造企业发展外部环境的一种生态文化：多边合作，亦敌亦友，有战有和，互利共赢。领导干部要懂些辩证法，要有适度的"权变"艺术，化不利因素为有利因素，凝聚各种力量为企业发展创造内外部的良好环境。当然，战与和，进攻或妥协，坚守和变通都是有原则、有条件的，并非一成不变的教条[①]。

对企业来说，最大的利益相关方是产品的生产者和产品的使

[①] 参见田涛、吴春波《下一个倒下的会不会是华为》，中信出版社2017年版，2019年第6月第15次印刷。

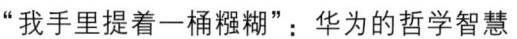

第十二章
"我手里提着一桶糨糊"：华为的哲学智慧

用者，即企业员工与客户。两者的利益在一定条件下是矛盾的，彼多则此少或者反之。正如任正非指出，华为公司以客户为中心与以奋斗者为本是两个矛盾体，它们又是统一的，具有共同的利益，因此可以构成企业与客户的平衡，其中需要掌握的就是妥协和灰度。如何将它们统一起来，掌握合适的"灰度"？这就考验领导者、管理者的水平。

企业重要的利益相关方还有上游的原料供应方和一切合作方，以及相关的同行业、政府等相关组织，都需要处理协调好利益关系，以形成有利于企业发展的良好环境。从一定意义上说，企业间的竞争，说到底是管理的竞争，即如何有效提高管理效率的竞争，而管理的要领和精髓，是如何掌握"灰度"，协调好各方利益，使企业运行达到高效而又平衡的状况。这样才能行稳致远。

任正非指出，我们看待一切事物都不能封闭僵化，处理一切问题都不能绝对化，非黑即白、非此即彼的形而上学终将会导致进入死胡同。"坚定不移的正确方向来自灰度、妥协与宽容。我们常常说，一个领导人重要的素质是方向、节奏。他的水平就是合适的灰度。"如果领导干部真正领悟了妥协的本质，学会宽容大度，就能保持开放的心态，就能达到灰度的境界，就能从千变万化、错综繁杂的事物中确定前行的方向，就能团结一切可以团结的力量，从而使我们走得更扎实更长远。

"灰度"作为哲学之理，反映了事物发展的普遍特性和状态，更是人类社会运行的一个重要生存法则。因而"妥协""灰度"具有哲学世界观意义，它也应该成为人们普遍的思维方式，尤其应是领导者的基本素养和工作方法。妥协、灰度是企业生存和发展的重要法则之一，也是华为走向世界、谋求人类文明融合、创造相关利益方合作共赢生态圈的一条重要经验。

十一 自我批判：华为的生命之源

华为最富特色的就是将自我批判作为自己的基本武器，认为自我批判是华为推动企业发展和拯救公司最重要的行为。这是华为文化的最精彩之笔，也凸显了任正非过人的智慧胆识。

任正非说，从"烧不死的鸟是凤凰"，再到"从泥坑里爬出来的就是圣人"，我们一开始就坚持自我批判。正是这种自我反省、自我警醒、自我纠正、自我变革的行动，使华为保持蓬勃的活力和持续的成长。长期以来，华为以满足客户需求的技术创新和积极响应世界科学进步的不懈探索这两大车轮子，持续推动着公司的进步。华为正是通过这种不断变革发展、不断自我否定和自我批判的工具，勇敢地去拥抱探索创新、拥抱未来。华为人坚持对自己、对今天、对明天进行批判，尤其是对批判本身也进行批判（这是更高层面、更彻底的批判，是一种高度自觉的理性行为，也是一种开放循环式的辩证批判），从而不断探索技术创新的道路，不断变革企业经营管理方式，不断充实提升企业文化价值观，不断扩大和完善人才队伍，使华为不断抢占发展制高点，始终保持发展活力。正因为华为长期坚持自我批判不动摇，才不断面向未来。

自我批判作为哲学之理，反映了事物运动由肯定到否定再到肯定的螺旋式发展规律。一切生命体的活力都来自于不同形式的自我批判和自我否定。企业的发展进步需要有变革的动力，而这种动力来自于内部和外部两大方面。就其内部动力而言，主要是企业主体意识到自我利益的实现和自我否定、自我超越的批判精神。自我批判精神是企业主体最高层面的自觉行为，也是企业发展最深层、最自觉、最持久的活力之源。唯有自我批判，才能自

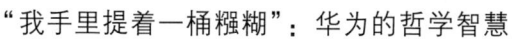

第十二章
"我手里提着一桶糨糊"：华为的哲学智慧

我超越，才能迈向卓越。

十二　"糨糊哲学"：华为的生命之核

但凡生命，都是自生体与周围不同生命体互存互生的生态交流过程。企业的生存和发展也同样如此。企业如何把内部的各个"生命体"和外部的客户、竞争同行、政府以及一切直接间接相关的"生命体"，相互"连接"起来形成企业发展的良性共同体？这里"门道"很多，"学问"很深。如何驾驭和掌握它们，取决于企业领导者和决策层的学识、智慧、胆识、胸怀、能力。

华为之所以如此辉煌成功，任正非之所以成为世界级商界精英，当我们读懂他下面这几段话后，也许就能领悟其中最大的奥秘之所在。这些奥秘构成了华为生命之树的灵魂和内核。

2019年4月13日，任正非接受了CNBC记者阿尔琼·卡帕尔的采访。其中有这样一段对话：

> 阿尔琼·卡帕尔：刚才您提到苹果、乔布斯，在中国特别是在技术行业，您也被认为是一个非常有远见的商业领袖。乔布斯在国际上的影响力更大，您的影响力在国际上为什么没有达到像乔布斯那样的水平？您觉得原因是什么？
>
> 任正非：因为我不懂技术，也没什么发明。
>
> 阿尔琼·卡帕尔：但是您打造了全世界最大的电信设备公司。
>
> 任正非：我既不懂技术，也不懂管理，不懂财务。我就提了一桶"糨糊"，把18万（目前华为已超过19万员工——笔者注）员工黏结在一起，让他们努力冲锋，这个功劳是18万员工建立的，不是我一个人建立的。我不可能享受像乔布斯那

样的殊荣。有时候国家想给我荣誉，我就觉得很惭愧，事情不是我做的，怎么帽子要戴在我头上？

2015年12月18日，任正非在接受彭剑锋先生专访时，也曾自我调侃地说：我个人谈不上伟大，是个普通人。我几乎什么都不懂，也什么都不会。只能借助比我更专业和更有能力的人来推动华为的发展。我们不懂管理，就花钱请IBM来帮我们做流程和供应链管理，请Hay来做职位评价体系与任职资格体系；我个人能力不够，只能靠团队智慧来决策，靠机制和制度来管人，所以我们推行了轮值CEO，形成适度民主加适度集权的组织决策体制；我对具体业务不清楚，日益远离经营，甚至远离管理，变成一个头脑越来越发达、四肢越来越萎缩的人；华为发生的很多事我都不知道，我是看了田涛和吴春波写的《下一个倒下的会不会是华为》这本书后，才知道华为曾经发生了这么多事。我什么都不懂，我就懂一桶糨糊，将这种糨糊倒在华为人身上，将十几万人黏在一起，朝着一个大的方向拼死命地努力。

2017年10月初某一天，在加拿大滑铁卢大学的一次演讲中，任正非又风趣地说："我在达沃斯有一个全球直播的讲话，记者提问，我说首先我不懂技术，我不懂管理，也不懂财务，我手里提着一桶糨糊。华尔街日报记者说我卖萌。其实这桶糨糊，在西方就是胶水，这黏结人与组织的胶水本质就是哲学。前面三十年我提着这桶胶水，浇在大家脑袋上，把18万员工团结起来了。现在我又提着这胶水到加拿大来了，也要浇到加拿大你们这些伟大人物身上，把全世界的科学家紧密连接成一个群体。这个哲学的核心就是价值创造、价值分享，共有共享，保护每一个贡献者的合理利益，形成一个集群，这个战斗力是很强的，这个就是分享的哲学！这个哲学要黏结全世界优秀的人。"

第十二章
"我手里提着一桶糨糊"：华为的哲学智慧

2015年9月6日，任正非在接受福布斯中文网采访时说："我们的分享制，从20多年来对资本与劳动的分享实践，逐步扩展到对客户、供应商分享成功。同时，与领导这个世界的先进公司合作共同制定标准、路标，一起为社会做出更大贡献。我们没有狭隘到如何消灭别人。不断烧钱的目的，是烧到对手烧不动了，就垄断了。我们不谋求市场垄断。我们并没有蚕食它们，也从来不想蚕食他们。而是千方百计希望它们强大。像诺基亚和阿朗的合并，我们都非常高兴。诺基亚的奋斗精神，我认为比别的公司要强，所以诺基亚能重新回到世界舞台上。我们加强和它们的合作，共同为这个社会提供服务。"华为几十年坚持下来的"胜则举杯相庆，败则拼死相救"的光荣传统，在企业内部管理和外部友商合作等制度上被固化下来，从而保证后方支持队伍与前方作战队伍、主攻作战和协同作战的友军一起分享胜利果实。

2012年3月19日，任正非在基层作业员工绝对考核试点汇报会上，以《绝对考核的目的是团结多数人》为题发表了讲话。他说："咱们公司是分享制，我是宁可A（考核评为最好的A级——笔者注）越多越好，你拿得越多，公司也赚得越多。所以只要我们确立这种分享模式在考核机制中是基于贡献分成，我不怕员工进步，我巴不得员工进步，我盼望员工进步，都进步了，创造的绩效就更多了，为公司的贡献也就多了。"华为实行的"获取分享制"具有包容性等特点，它包容客户、员工的利益，也包容资本的利益，包容各种要素（如知识产权）的利益。华为不仅对企业员工实行分享，而且对供应商、零售伙伴等也实行分享机制。华为视客户的利益就是自己的利益。通过推动客户利益的实现，进行客户、企业、供应商在利益链条上的合理分解，各得其所，从而形成了利益、命运共同体。

企业就是一个员工、客户、合作方和社会各界相互依存、相互交融的开放的生命共同体。共创共享、共生共长的价值构成了华为生命大厦生存和发展的哲学灵魂。以客户为中心、为客户创造价值是这座生命大厦的生存和发展之本；奋斗者的奋斗则是这座生命大厦生存和发展的基本动能和推力；诚信和法则是这座生命大厦生存和发展的根基；开放创新是这座生命大厦生存和发展的基本路径；妥协灰度是这座生命大厦生存和发展的基本生态环境；自我批判是这座生命大厦生存和发展的基本动力。所有这一切，都是由共创共享、共生共长这个"灵魂"来统领的。华为就是一个充满激情活力、内外黏合度强、能量巨大、汹涌澎湃的强大生命体。这就是由任正非构筑的庞大而严密的华为生命体的哲学大厦。这座大厦由黏性极强的"糨糊""胶水"（任正非的胆识、智慧）无缝连接。

任正非"糨糊哲学""胶水哲学"的实质，就是共创共享、合作共赢、共同生长进步。用任正非的话来说，"这个哲学的核心就是价值创造、价值分享，共有共享，保护每一个贡献者的合理利益，形成一个集群，这个战斗力是很强的，这个就是分享的哲学！"

透过华为 30 多年漫长的时光岁月，我们看到了华为成长前行的必然逻辑。读过任正非 30 年来一次次洒落睿智、视野宽阔、观点独到、见解深邃、纵横驰骋的讲话（包括近年来的专访录），我们领悟到了任正非高远的家国情怀和智慧的内心世界。

任正非为华为公司精心打造和培育了"华为战略""华为文化""华为精神"。华为的思想力、智慧力、文化力正是驱动华为成长的根本动力，而这些动力的"灵魂""内核"，就是任正非的共创共享哲学。

任正非让世人看到了企业家思想的深度和智慧的厚度，看到了这种智慧和思想的强大力量！

第十三章

任正非的心灵内核

在我写作本书稿过程中，一直有个问题萦绕在脑海：华为之所以是华为、任正非之所以是任正非，一个最重要的标志是有思想深度。原来企业是可以有思想的，而思想是有巨大力量的。

一 任正非创造了"三个华为"

显然，有思想的企业和企业家古今中外都是凤毛麟角的，而有系统性、深刻性和可操作性（导引性）的思想体系，就更是少之又少。华为就是这样一家令人敬重的企业，任正非就是这样一个令人敬重的有思想深度的企业家。

所以，笔者强烈地感受到：任正非实际上创造了"三个华为"：一是在信息通信产业方面创造物质设备和技术产品、为广大客户和几十亿民众提供服务的"实体华为"；二是创造了具有独特的运行组织和管理方式的"制度华为"；三是以上述实践为基点、以古今中外历史文化和当代人类文明成果为背景而形成的指引现代企业成长和发展的"思想华为"。"思想华为"也可以说是"哲学华为""文化华为""精神华为"。即便未来的某一天"实体华为""法人华为"消亡不在了，它的管理和"制度华为"仍将产生长期影响，而"思想华为"更将汇入人类文明大河，奔腾不息。

"思想华为"和"制度华为""实体华为"一样，都是任正非对华为的"假设"认知的行为化，通常前者是后二者的先导，后二者是前者的实践。当然，它们统一于华为的发展过程之中。在这方面，任正非先生有一个非常重要的观点，就是他十分看重人类的"假设"功能（权）。不错，就其实质而言，任何一个理想目标、规划计划、管理制度等，都是人类对事物未来发展的一种"假设"（超前预见、预想）。

任正非认为，"没有正确的假设，就没有正确的方向"。"假设"对一个组织来说是最重要的，一个有效的制度、有效的政策，都要基于正确假设，特别是对人性、人的活动特性的假设。在 2011 年《从"哲学"到实践》一文中，任正非说："新教伦理揭示了中世纪宗教改革的哲学思维，这种对人性释放的哲学思维，它叫资本主义精神，开创了对人性的差异化的承认，对差异化也给予了保护，这种对人的权利的保护，释放了个人努力的主观能动性，促进了发展。这种精神同时也推动了西方的社会改革，从而形成今天繁荣、现代化的西方。"

从一定意义上讲，人的任何活动及其产物都可以看作"假设"的结果。因为人的行为事先都是有主观意图（主观假设）的。1976 年出生的著名学者尤瓦尔·赫拉利（Yuval Noah Harari）在风行一时的名著《人类简史——从动物到上帝》中甚至认为，所有人类社会里的现象，"其实都只存在人类自己发明并互相讲述的故事里。除了存在于人类共同的想象之外，这个宇宙中根本没有神、没有国家、没有钱、没有人权、没有法律，也没有正义"。作者把"标致公司"、国家等一切人间事物，都认为是"由想象所建构的秩序"、是"虚构的故事"。"然而，要说出有效的故事，其实并不容易。难点不在于讲故事，而在于要让人相信。

第十三章
任正非的心灵内核

于是，历史上也就不断围绕着这个问题打转：究竟某个人是如何说服数百万人去相信神、民族或是有限公司这些故事？然而，要把故事说得成功，就会让智人拥有巨大的力量，因为这能使得数以百万计的陌生人合力行事，为了共同的目标而努力。""人类已经编织出了一个极其复杂的故事网络。在这个网络中，像标致公司这种虚构的故事不仅存在，而且力量强大。这种通过故事创造的东西，用学术术语来说就称为'小说'、'社会建构'或者'想象的现实'。然而，所谓想象的现实并不是'谎话'。"我们人类"一直就生活在一种双重的现实之中。一方面，我们有像是河流、树木和狮子这种确实存在的客观现实；而另一方面，我们也有像是神、国家和企业这种想象中的现实。随着时间过去，想象现实也日益强大：时至今日，河流、树木和狮子想要生存，有时候还得仰赖神、国家和企业这些想象现实行行好、放它们一马"[1]。

所谓"虚构的故事""想象的现实"，对人类创造的事物是有合理性的。我们总是根据自己的认识、想象和"假设"去行动并创造人化的世界。这实际上是自己"何以如此做"的理由的思维呈现。任正非的一个过人之处，就是娴熟地运用企业家的"假设""特权"。他认为，假设权是企业的最高权力，并且是凌驾于其他权力之上的。他的思维逻辑是："没有正确的假设，就没有正确的方向；没有正确的方向，就没有正确的思想；没有正确的思想，就没有正确的理论；没有正确的理论，就不会有正确的战略。"

我们认为，假设→方向→思想→理论→战略的逻辑链条是否完全合理，是可以讨论的。但是，所有有关方向、思想、理论、战略，的确都可以说是一种假设。凡面向未来而提出的思想理

---

[1] ［以色列］尤瓦尔·赫拉利：《人类简史：从动物到上帝》，中信出版社 2017 年版，第 26、30、31 页，2017 年 9 月第 17 次印刷。

论、战略策略、目标蓝图、制度安排等,无疑是以一定的"假设"为前提的。所谓"假设",就是"之所以如此"的依据,是你对对象事物发展的预知、理解、洞察水平的综合反映,也可以说是"思想力"的表现。

由此我们可以说,企业文化、企业价值、企业管理、企业产品的深层根基是思想文化,企业最深层次的竞争,实际上是企业家思想力、思维力的竞争。

二 任正非是企业思想者

尽管思想家和企业家可以是两种职业,有思想的人不一定能当好企业家;成功的企业家也不一定有多少思想。但能引领世界某个产业、某些技术走在时代前沿的大企业,它的指挥者、决策者、率领者——企业家,必定是有一定思想洞察力的。任正非就是当今中国和世界为数不多的有思想深度的一位企业领袖。

任正非是企业家,也是思想者。他有丰富的商业思想、企业管理智慧,而且他的思想立足于华为大厦又穿越行业和时空,具有深厚性和普适性。尽管人们的观点、见解、理念、主张、设想、计划等都有对象性,有适用的领域和具体的时空条件,但凡称得上理论、思想的东西,尤其达到哲理高度的思想,必然具有长远的、普遍的人类价值。

任正非创造了华为的生长(包括管理)哲学,进而创造了企业(包括商业)哲学,再进而汇入人类的文明哲学(对人类普遍适用的思想)。"文明哲学"就是人类创造文明成果或者说推动文明演化进步的理性智慧。任正非是华为的教父,也是现代中国和人类文明的贡献者。

任正非的思想是丰富而深刻的,本书各章实际上都从不同侧

第十三章
任正非的心灵内核

面介绍了任正非的思想和观点。如果从哲学层面来概括提炼，笔者以为下述几个方面尤其值得一提。

三 任正非的企业本体论

"本体论（哲学）"就是事物存在和发展的最终、最根本的依据，是事物发展的最基本规律问题。至于企业本体论哲学，就是企业何以产生、何以存在的根本问题。任正非认为，为客户创造价值就是企业存在的唯一理由，企业必须以客户为中心，不能以自我为中心；客户永远是华为之魂；客户的成功就是华为的成功；企业从客户那里赚钱，也要让利于客户；企业员工要对市场、客户负责，要屁股对着企业领导，不能对着客户，等等。这是对企业、对事物"何以来"的本体追问及其答案。

四 任正非的企业理想论

人是有理想目标追求的动物，创业做事办企业是理想的外在化、行为化。任正非和华为是极具理想、信念、使命的。

从"活下去是最低纲领"到"理想比金钱重要"、华为不受资本"绑架"，从为自己、为家人、为国家、为民族奋斗到为人类社会信息智能化服务（"构建万物互联的智能世界"），从在通信产业占有一席之地到"三分天下有其一"，从中国一家小小民营企业到"站在世界最高点"的世界级一流企业，任正非是一个行动的理想主义家，他反对缺乏理想的实用主义和机会主义。

当然，在企业发展的进程中，目标理想会有阶段性和侧重点，也必须具体落实到各个环节。但在任正非的内心始终有一个理想世界：最低纲领活下去，最高纲领攻上通信行业的"上甘岭"，成为引领行业发展的世界先进企业，进而迈入"无人区"开辟新"航路"；在最低目标与最高目标之间则有无数现实可行的目标群。也许，任正非的那一代人更富有理想和使命色彩。比如，创建于20世纪八九十年代以后的四家中国知名企业，分别叫：巨龙通信（由1953年出生的邬江兴于1995年创办）——"龙"是中国的象征；大唐电信（由1944年出生的周寰于1998年创办）——"唐"是中国历史上最鼎盛的朝代之一，也有"中国精神"的指代意义；中兴通讯（由1942年出生的侯为贵于1985年创办）——中华复兴；华为技术（由1944年出生的任正非于1987年创办）——中华有为，为中国崛起而奋发有为，都有着强烈的理想使命（"巨大中华"）。再比如，在华为创办10年后刚刚站稳脚跟时，当任正非向他的部下提出华为的"世界级梦想"时，华为人要么半信半疑，要么认为"老板脑子坏了"。

企业没有近、中、远结合的理想目标，自然无法行稳致远。企业的理想信念、目标使命，就是企业（事物）"向何去"的终极追问，是指向未来的使命关照。任正非引领的华为发展（包括技术创新线路等）极具目标感、方向感、想象感、使命感，这是华为成功的密码之一，是华为成长富有历史厚重性和时空穿透力的重要原因，也是任正非对企业管理理论的重大贡献。

企业要成就一番大事业，是需要梦幻般理想的。引领企业的领袖，必定是富于想象力、感召力和坚强意志力的理想主义者。

五 任正非的企业主体论

"企业的主体哲学"就是企业生存和发展依靠谁的问题。企业要活下来、要实现发展目标理想、要为客户创造价值，要由谁、靠谁去实现？这涉及企业发展或创造财富的主体问题。在华

第十三章
任正非的心灵内核

为的世界里,任正非十分鲜明地提出,"以奋斗者为本"。华为的主体是包括出资的资本所有者、企业管理者、企业员工等所有的"华为人"。但"华为人"应该是"奋斗者"。奋斗是华为的"大道理";奋斗创造财富;"不奋斗,华为就没有出路";华为人要有狼和狈的主动进取和群体协作精神;"华为文化的核心是奋斗精神"。任正非的智慧和成功之处,是带出了一支"奋斗者"队伍,尤其"奋斗者"中的各类杰出人才。华为的主体就是"奋斗者",华为人也成了当代中国和世界"奋斗者"的经典形象。华为"攻城略地"、开疆拓土,跨越"上甘岭",进军"珠穆朗玛峰",攻入"无人区",必须有这支能征善战的主力军。

六 任正非的企业战略论

所谓企业的"战略论(哲学)",就是企业贯彻始终的由近及远又能适时校正的"发展方向"。这是企业生存和发展的战略线路。

任正非在实践中提炼和概括出企业发展的一个核心战略问题:即"方向大致正确"[①]。企业发展不能发生方向性错误,企业领导要有"方向感"。企业发展"方向"是企业本体、目标理想的深化和行动化,是引领"奋斗者"冲锋的"上甘岭"。华为的战略方向现在就是"信息管道"和"智能社会"。华为几十年来集中对准这个"城墙口"大规模投入和"炮击",坚守这个战略定力不动摇,全然不顾"路两旁的鲜花",坚持"傻

[①] "方向大致正确,组织充满活力",是任正非 2017 年 5 月在上海召开的战略务虚会上概括总结的,为华为未来的发展提供了方针。如何应对企业发展的不确定性,成为方向大致正确、组织充满活力的关键。而以提升核心竞争力驾驭不确定性,是实现"方向大致正确"的根本途径。

干""坚持只干一件事"的专业、工匠精神。企业的战略方向,就是企业的核心竞争力,就是别的企业难以轻易取代的竞争优势。华为的核心竞争力,是通信技术的先进性,华为自己掌握、研发的核心技术。不创新死路一条。创新有风险,不创新才是更大风险。要把知识变成钱,也要把钱变成知识。华为多年来坚持用150亿美元左右作为研发经费,其中30%用来做基础理论研究和创新研究,以技术的核心竞争力驾驭不确定性。没有核心竞争力的护城河和防火墙是不安全的,没有扎根大地的摩天楼是顶不住台风袭击的。华为要用"一杯咖啡吸收宇宙能量",在"无人区"安装大量"探照灯",在全球建立"强大的能力中心"和"思想火花研究院"(思想研究院),在无数"不确定性"中寻找"确定性",确保"方向大致正确",防止出现颠覆性的方向错误。

任正非在企业发展方向问题上的理念和举措,具有鲜明的创新性,是对人类商业文明、企业经营管理哲学的重大贡献。

七 任正非的企业动力论

所谓企业的"动力论(哲学)",就是企业生存和发展的主要推动力量问题。确定了企业发展目标理想、战略方向之后,如何把所有华为人组织起来,积极性调动起来,也就是任正非讲的"让组织充满活力"。

"让组织充满活力",这是事关企业生存和发展的又一个带有根本性意义的课题,其实质就是企业的组织管理、人力资源管理问题。任正非认为,企业作为社会法人,必然有一个生长、发展和死亡的过程,企业家的职责在于有效延长企业的生命,而延长企业生命就必须让企业充满活力。企业死亡是一个永恒的话题,

第十三章
任正非的心灵内核

说到底，组织存在的使命就是如何活得更长久些。

而企业的活力取决于企业所有人为自己的理想和利益去拼搏奋斗，并且长期艰苦奋斗。华为所有管理活动和制度的假设就是，员工是努力奋斗的，企业是不让雷锋吃亏的。华为的价值评价标准从不模糊，以奋斗者为本，多劳多得，干得好多发钱，雷锋更要先富，这样人人才会想去当雷锋，因而基于贡献拉开分配差距，打破平衡形成张力和活力。华为的奖金分给三部分人：补发给洗盐碱地、构建格局的前人，发给当期的贡献者，另外就是递延到项目全生命周期结束后发放，以确定最后真实的盈利，这也可以形象地概括为"给栽树的前人，育树的当期人，摘果子的后人"。

另一方面，光靠物质激励，就是雇佣军，雇佣军作战，有时候也许比正规军厉害得多，然而没有使命感、责任感，没有这种精神驱使，这样的能力是短暂的，只有正规军在使命感和责任感的驱使下才可以长期作战。[①] 这就是企业管理制度的正向激励作用。华为按贡献实绩考核分配，评价选拔干部，对贡献多的员工实行配股制，加上全方位的理想精神教化，使华为人一直充满发展动力。

正如任正非指出："我可以告诉你，释放出我们10多万员工能量的背景是什么，就是近20年来，华为不断推行的管理哲学对全体员工的洗礼。如同铀原子在中子的轰击下产生核能量一样，你身上的小小的原子核，在价值观的驱使下，发出了巨大的原子能。"[②] 任正非认为，"企业管理哲学""企业文化权""假设权"，是企业高层决策者少数人的特权，因为它们意味着企业的战略设

[①] 参见《任正非与中国地区部代表及主管座谈》（2017）。
[②] 转引自田涛、吴春波《下一个倒下的会不会是华为》，中信出版社2017年版，2019年6月第15次印刷。

计和企业的战略发展，它们需要有理论、思想的支点，它们有时还需要仰视星空，穿越天际。

企业的发展动力除了物质激励（包括职务提升等）和精神激励（包括价值、理想、事业、地位、荣誉等）外，华为还有一个特别重要的做法是忧患危机和自我批判。这是华为有别于一般企业的高明之举。在这个世界上，最难的是长期揭自己的短。人贵有自知之明，企业难有自责之举。坚持不懈的长期艰苦奋斗和长期自我批判，构成了华为长期保持旺盛活力的正反向统一的动力之源。企业、企业家和企业每个部门、每个人，都不可避免会有失误、缺点。能够日日正视，天天改进，坚持自省自警，自我批判，这是纠错完善的机制，是自我变革的动力，是自身强大的表现。"自我批判"实际上是生命体保持新陈代谢、增强自我免疫力的强大功能。

尤其难能可贵的是，华为的忧患危机、自我批判不只是表面上装装样子，而是实实在在落到企业日常管理中的，不只是坚持一年二年，而是几十年一以贯之长期坚持的。这样的企业能不充满活力、能不战胜各种困难吗？

如果说一般企业多重视正向激励动力的话，那么，华为是构筑起正与反相结合、互补互动的双向激励动力。这是任正非的又一个重要思想和对企业管理理论的又一个新贡献。

八 任正非的企业危机论

企业从诞生起，就始终存在着生长与死亡、进步与退化两股相克相成的因素和力量。后者我们统称为导致企业消退消亡的危机因素。所谓企业的"危机论""忧患论"，就是解决企业生存和发展风险问题的理论。

第十三章
任正非的心灵内核

任正非认为，企业从发展过程的最终结果看，总会死亡的，这是历史规律；从发展过程看，每天都会面临着死亡的威胁；企业的所有决策都有失败的风险；企业发展的外部环境和未来都存在着不确定性；企业的制度和管理都有固化僵化的可能；企业的领导和员工都会有观念、知识的落后和消极的惰性；华为的"冬天"一定会到来；繁荣的背后是萧条；等等。任正非把企业的生长进步过程看作热力学第二定律的"熵减"过程，把企业的死亡消退因素看作"熵增"过程。企业家的职责和一切努力，都在于减少"熵增"，增加"熵减"，延长企业生命。为此，企业必须是一个能新陈代谢的开放系统，能在稳定的轨道上不断变革创新，必须有危机意识、危机管理，有"极限生存假设"和"备胎计划"，必须以能控的确定性去应对化解（减少）不确定性，使企业长期保持积极进取、充满活力的成长状态。

华为在应对企业危机和不确定性方面，从思想理念到制度机制都形成了独特的系统。比如，以内部规则的确定性，应对外部环境的不确定性；以过程的确定性，应对结果的不确定性；以过去与当下的确定性，应对未来的不确定性；以遵守法律规则（包括知识产权、专利）的确定性，应对政治的不确定性；以组织的活力应对制度的僵化；以一杯咖啡吸收宇宙能量；以一桶糨糊黏接世界智慧；以高强度创新投入的确定性，应对技术颠覆的不确定性；允许异见，就是战略储备；以方向大致正确的确定性，应对产业发展和技术线路的不确定性；以企业文化价值观的确定性，应对企业运营管理变革、人员变化的不确定性；等等。

华为把危机和"不确定性的事情，由精兵组织来应对。确定性的事情，由平台或共享组织来支持与服务。对不确定性的考核是风险的把握；对确定性的考核是效率与效益"[①]。华为从吸收全球智慧、确保方向大致正确，掌握核心技术和专利技术，遵守国内国际法律，完善企业管理制度，实施"备胎计划"，引进和培养大批人才，大规模投入研发，公司高层集体决策制度等方面，建立健全了反危机、反熵增和应对不确定性的机制，这是华为成长和化解风险的成功"密码"，是十分宝贵的经验，也是任正非对企业管理哲学的重大贡献。

企业管理不但要有注重激活动力的正向制度和办法，同时还要有抑制"促退"因素、化解风险危机的反向制度和办法，而后者决不只是"管束"、惩罚违反正向制度的一种"补充"，实际上是企业领导者最需要花费心血的常态工作。虽然反危机、反死亡的举措不直接表现为企业发展的正向动力，却是维护正向动力所必需的推进器。

九 任正非的企业生态论

企业发展内外都需要一个良好的生态环境，而且越是知名的企业越需要重视这种环境。

1987年创立以来的十多年，华为以其"饿狼扑食"的进攻性态势在严酷环境下脱颖而出。但无数事实证明，没有统一意志的组织迟早会垮掉，一味高度集权、紧张进攻而没有回旋缓冲、弦绷得过紧的企业同样难以行稳致远。特别当华为的发展迈入国际化、专利诉讼纷至沓来的转型时期，迫切需要调整内外关系，磨合"跨文化冲突"，营造良好生态环境。任正非从欧美近现代大国兴衰的历史经验教训中吸取智慧，从"民主是灰色的，妥协是

[①]《埃森哲董事长拜访任正非的会谈纪要》（2015）。

第十三章
任正非的心灵内核

金色的""妥协是政治的灵魂"的理念中受到启发,先后提出了"以合作换取和平"(学习以色列前总理的"以土地换取和平")、华为不做"黑寡妇"、妥协是一种"丛林智慧"、竞争对方是"友商"("友商"的理念是华为首次提出来的)、像苹果那样撑起产业链"大伞"、开放合作才能"永存"、"宽容是一种美德"、干部沟通部门"有些事情你们知道了就烂在肚子里……"等理念并付诸实践。总之,任正非认为,"开放、妥协、灰度"是企业发展必不可少的逻辑,是华为生存发展的一大"秘密武器",任正非认为企业需要"东西南北风一起大合唱"才能和谐发展。

"灰度"是物理学原理(没有绝对"黑白",只有黑白之间灰色原理)在企业管理中的创造性运用。"灰度"的精义就是不走极端,要宽容、妥协,善于吸收各家之长,平衡各方利益,处理各方关系,调动方方面面的积极性。企业管理高层的民主讨论决策、"胜则举杯相庆,败则拼死相救"、稀释股权让"工者有其股"、宽容干部职工"个性""小毛病"、要"广开言路"反对"一言堂"、"允许异见,就是战略储备"、谈判达成契约、市场公平交易,如此等等,都是"妥协""灰度"的表现。所以,任正非不但把开放、妥协、灰度视为思维方法和领导艺术,而且上升为华为的文化核心价值观,是华为行稳致远的生存之道。当然,妥协、灰度是有原则的,不是"老好人""和稀泥"。比如,任正非倡导妥协精神、妥协主义,但他也明确强调:"在奋斗这个问题上我们不容妥协,不奋斗的人、明哲保身的人,该淘汰就坚决淘汰,否则无法保证公司的长治久安。"

开放、妥协、灰度是一种理性主义精神,是一种统筹综合的思维方式,也是尊重各方、平衡矛盾、调动方方面面积极性的领导艺术,其实质是营造企业发展的生态环境(商业等生态环境),是一种整体的系统观,也可以说是企业发展的一种"灰度管理"

的方法论。这是任正非对企业管理理论的又一个重大的创造性贡献。

十　任正非的思想是有力量的

要想真正了解华为，了解任正非，是件很难的事。

任正非率领华为人用30年左右时间，将一个小作坊的华为打造成世界通信行业一流的跨国大企业。华为的成长（任正非常常认为华为还没有成功，只是成长）经历了多少惊涛骇浪，越过了多少急流险滩。要破解华为成长之因、成功之道，也许只有任正非本人才能做到，旁人只能从某些侧面予以解读。

而且，任正非本身是一位"多面的、立体的商业思想家。任正非的身上充满了坚定与灵活、铁腕与柔性、理性与感性、强悍与软弱、攻击性与妥协精神等多重矛盾，华为的文化图谱也混杂着亦中亦西、传统与现代、保守与创新的多种基因"[①]。

的确，任正非和华为书写了一部现代中国企业崛起的"天书"。在这部"天书"里，有中国改革开放、中国优秀文化、中国民营企业、中国复兴崛起、世界通信技术、世界人工智能、世界跨国公司，以及现代政治、经济、文化、外交等繁杂元素。正因为如此，任正非后来总结道，华为的成长和走向更广阔的未来，需要"开放、妥协、灰度"的哲学。"灰度"哲学，其实是"王者之道"，也就是领袖（导）处事御人的胸怀、风范和艺术。

我们讲华为是本"天书"的故事，是要说明，把华为的成长、成功只归结到某一个方面或几个方面，都是不当或冒失的。有不少人认为，企业要想经营成功，就要务实再务实，少谈或不

[①] 田涛、吴春波：《下一个倒下的会不会是华为》，中信出版社2017年版，第160—161页，2019年6月第15次印刷。

第十三章
任正非的心灵内核

谈思想、理论，多谈技术、产品、管理、服务就行了。这有其合理性，因为企业毕竟要有钱赚才能生存。

可是，企业一切要素的背后是"人"，企业一切行为展开的过程是"人"的行为，而"人"或者说"人的行为"都是有"想法"和"态度"的。所以，聪明的企业家一定会在有形的东西后面看到无形的东西，看到思想、文化的力量。

那么，人的"想法""态度"又是怎么形成的呢？这又是一个复杂多元的问题。从形成的途径来讲，人的想法是由自身内省认知和外界影响双向作用而形成的；从想法形成的时序讲，有存量想法和增量想法两大类；从想法的变化状况讲，有确定性和不确定性两个方面；从想法的性质讲，通常有积极进取和消极怠惰（相对目标而言）两种。所有这一切都说明了一个企业有没有思想、理论、文化润泽和武装是极为重要的。高明的企业家不但能看到思想、文化的力量，而且能运用思想、文化的力量去推动企业发展。

问题的关键还在于，是用什么样的思想、文化去武装企业（人）。如果仅仅借用人家的、现有的、零散的思想、文化移植到本企业，以此来教育员工，那只是生搬硬套。这样的企业文化只有"讲法"而没有"想法"，注定存活不了多久。大多数企业家是把人家的理论拿来，又能结合本行业本企业实际情况，形成自己的企业文化，但往往不够系统、不够深刻，缺乏鲜明独到的企业文化。这样的企业文化更不能满足以知识分子居多的企业发展，成不了真正的企业之"心"。这也符合企业群体的生态规律，前者没有或只搬用人家的企业文化，属于草创企业、很快被淘汰的企业群体；后者有一些自己企业文化但不够深刻系统，它们构成了企业群体的主体。正因为如此，多数只能是中间状况的企业。

自然，智慧的企业家只能是少数。他们通过长期打拼，又善于学习、善于总结、善于思考,具有丰富的知识、广阔的视野、活跃的思维、高远的情怀,能形成既立足时代、立足本行业本企业、立足企业人,又融合古今中外有关知识、思想,并富有自己独到创见的鲜明的企业思想文化。任正非就是极有智慧的企业家。华为的以客户为中心、以奋斗者为本,长期艰苦奋斗,坚持自我批判,坚持开放、妥协、灰度,以及围绕这些企业核心文化价值所形成的华为"思想文化圈",既有人类企业共通的普适价值,又有华为独特的个性;既有完整的系统性,又极具深刻性。这样的企业思想文化,给人以方向定力,开智启迪,信服内省,感召奋进,成为企业的旗帜,员工的脊梁,具有强大的凝聚力、向心力、感召力和意志力。

然而,世界上有不少著名企业,几乎都有差不多的企业核心文化价值观。比如,惠普的企业文化价值导向是:(1)重视技术创新,坚持在研发上的大幅投资;(2)倡导激发员工的主动性;(3)为员工提供优先股权和利润分享,通过分享价值来共同创业。而柯达企业文化的核心是:(1)永远以客户为中心,以诚信为首要;(2)永远致力于追求行业最新的科技水平;(3)重视人才发展,创立分红,与员工分享利益。看来,大多能够成为业界领导者的优秀成功公司,在文化和技术层面倡导的东西都是类似的,而且不会过时,今天华为倡导的也是这些东西,问题的关键是落实、坚持、固化。[①]

企业思想文化要有力量,不但要具有既普适又有独特个性的核心价值观,而且还必须形成"思想文化圈"。光有核心文化价值观而没有形成相应的"思想文化圈",就会流于空洞的口号,成为表面文章,难以让人信服和彻底武装人。几十年来,华为的

[①] 参见田涛、吴春波《下一个倒下的会不会是华为》,中信出版社2017年版,第27、24页,2019年6月第15次印刷。

第十三章
任正非的心灵内核

核心文化价值观是始终如一的,但在核心周边布满了更具体、更鲜活的思想文化。华为的思想是要落地生根、开花结果的。为此,首先要处理好"道"与"术"的关系。比如,华为以奋斗者为本,推崇艰苦奋斗精神,就形成了一系列"狼性优点""芭蕾脚情怀""不让雷锋吃亏""知本主义"等一系列的"奋斗文化"和功能制度设计。其次,要处理好"存量"与"增量"的关系。比如,华为的核心文化价值理念、基本制度规则是一以贯之的,必须长期坚持的,但在不同阶段会有变革创新,不断丰富完善。再次,要处理好"想道"与"布道"的关系。提出了"华为之道",必须利用各种平台和机会,不厌其烦地加以宣传教育,"用最优秀的人去培养更优秀的人"。任正非坚信一个国家的强盛是小学教师在讲台上完成的,同样,一个企业的成长壮大也是在教育培训中实现的。由此我们就能理解任正非和华为,为什么那么重视企业思想文化建设和员工的教育培训。任正非是要让所有员工的血液里都流淌着华为文化。正是由于围绕着华为核心文化价值形成了更具体更接地气的"思想文化圈",并在不同发展阶段不断予以充实丰富,才使得华为思想具有指向实践的力量,能保持着与时俱进的生命活力。

企业思想文化要有力量,不但要形成更具体层面的"思想文化圈",而且要落实到企业的经营管理制度上。思想文化的功能和作用毕竟是引领性、指引性和感召性的,思想的力量要转化为制度的力量,才能现实地、持久地起作用,反过来再转化为人们的内动力和行为的自觉性。华为的人力资源管理、考核奖励以及干部、市场、研发、项目等管理制度,都可以看作华为思想价值观的制度化和实体化。没有严格的制度和管理,就等于没有方圆,一个组织不可能生存下去。一个企业领袖需要有思想力,也需要用制度力来体现和落实其思想理念。

华为：磨难与智慧

企业思想文化要有力量，不但要转化为制度力，更重要的是转化为组织的执行力。思想观念、文化价值也好，企业制度、管理也好，都是要靠组织、靠组织中的人去执行的。一个企业家的领导力和权威力，最重要的是有组织（人）、有团队去执行和落实。在华为，任正非提出的重要思想总是能得到有效的执行。而这种有效执行，是以华为强有力的有效组织做保证的。一般而言，企业组织构架主要由提出思想文化、战略决策的最高层，制定规则政策、谋划战术策略、组织指挥实施的管理层（中间层）和具体实施的基础层这样三个层次组成。领袖层主要务虚，负责出思想、出主意、用干部；管理层则是"功能派"，主要对企业领袖的哲学思考具体化、战术化、技术化，组织指挥实施。管理层（中层干部以下）就是贯彻落实。中层和基层，总体上都属执行层。经过30多年打磨，华为已经初步形成了一个更为多层的组织框架。田涛、吴春波认为华为的"金字塔"组织是：最高层是思想领袖群体；次高层是一批企业战略家和技术领袖；第三层是数百位各个功能体系的指挥员，他们必须具备战略思维，同时又有调兵遣将、决策局部战役的统帅力；第四层是数千位经营、管理与研发方面的中基层管理者、技术领头人；基座则是10多万普通的知识员工，他们代表着华为这架商业战车冲锋陷阵的战斗力。[①] 笔者不完全赞同这类划分。我们把最高层与基层之间划为中间的"管理层"。企业最高层通常是一个决策团队。一个企业只能有一个思想、精神领袖。这个领袖通常并不只是出出思想和点子，肯定还要参与决策层的重大活动。所以，企业最高层应包括思想领袖和参与战略谋划、重要干部选用的决策团队。

---

① 转引自田涛、吴春波《下一个倒下的会不会是华为》，中信出版社2017年版，第16页，2019年6月第15次印刷。

第十三章
任正非的心灵内核

十一　任正非的心灵内核

华为是一个有思想文化、思辨色彩很浓的企业。任正非是一位极富智慧、又极具行动意志的商界精英，是华为的教父，也是当代中国和当今世界一流的著名企业家。

任正非给作者感悟最深的，是他有深刻的思想，有感染力、穿透力，而且付诸行动、实践。他创造了华为商业帝国，更塑造了一个华为思想王国。这个思想王国的内核，当然是哲学理念。

30多年来，任正非的讲话、文章汗牛充栋，思想、观点也琳琅满目，但他对华为帝国的基本思想从未改变过，那就是以客户为中心，以奋斗者为本，长期坚持艰苦奋斗，坚持自我批判。正如任正非所言："是什么使华为快速发展呢？是一种哲学思维，它根植于广大骨干的心中。这就是'以客户为中心，以奋斗者为本，长期坚持艰苦奋斗'的文化。这并不是什么背景，更不是什么上帝。"[①]

后来，在此基础上，任正非又加进了"开放、妥协、灰度"的哲学理念。而笔者在通读完任正非的400多篇讲话稿，特别是看了他讲自己的职责、使命、长处就是"提着一桶糨糊"的内心告白后，深切地体悟到，任正非的灵魂深处蕴藏着更深层更广阔的哲学世界，而这个哲学信条恰恰在华为成长的实践中得到验证，结出了果实。也就是说，在华为四个核心文化价值体系中，还有一个内核，这就是任正非的"分享哲学"：

我在达沃斯有一个全球直播的讲话，记者提问，我说首

[①] 转引自田涛、吴春波《下一个倒下的会不会是华为》，中信出版社2017年版，第16页，2019年6月第15次印刷。

华为：磨难与智慧

先我不懂技术，我不懂管理，也不懂财务，我手里提着一桶糨糊。华尔街日报记者说我卖萌。其实这桶糨糊，在西方就是胶水，这黏结人与组织的胶水本质就是哲学。前面三十年我提着这桶胶水，浇在大家脑袋上，把十八万员工团结起来了。现在我又提着这胶水到加拿大来了，也要浇到加拿大你们这些伟大人物身上，把全世界的科学家紧密连接成一个群体。这个哲学的核心就是价值创造、价值分享，共有共享，保护每一个贡献者的合理利益，形成一个集群，这个战斗力是很强的，这个就是分享的哲学！这个哲学要黏结全世界优秀的人。①

由此我相信，企业生存和发展，要比技术、比产品、比服务、比投入、比管理、比人才，还要比情怀、比意志、比文化、比思想。思想力是企业竞争最深层、最持久的力量。而一般企业家是难以达到这个境界的。

由此我也相信，思想是有力量的，"思想的力量"是可以跨越时空，有普遍久远价值的，它也许可以超越其他任何"力量"。

由此我更相信，任正非是个孤傲的思想者，他总在痛苦中经受磨难。因为，他要在思想的炼狱中"脱俗"，在火中重生，成为"烧不死的金凤凰"。他"除了痛苦，就没有不痛苦"。但他也是搏击风浪的快乐"蛟龙"。因为，思想王国是最高贵的创造者的乐园。

任正非作为"冥思者""思想者"，他是孤寂的，在浮躁的喧嚣中不可能产生深层的思想，但他总是处于不息的思索之中，因而他的心灵是充实、忙碌而不孤独的。思想的创新不但需要理性

---

① 2017年10月在加拿大滑铁卢大学的演讲。

第十三章
任正非的心灵内核

的平静，还需要激越澎湃的情怀，自由奔放的想象。孤寂的心灵总会伴随着暴风骤雨般的洗礼。任正非在充实忙碌中走向孤独的世界，但他又总能从孤零世界走回激越奋战的部队里，站在"城墙口"上摇旗呐喊，指挥他的战士冲向更高的"上甘岭"。

任正非是华为之道的沉思者、开拓者，也是布道者、传播者。他能让公司员工虔诚地追随着他，能让华为的旋律节拍激情起舞歌唱；而他与客户、国家政要人士、商界巨头的交流，每次都能让对方留下关于华为故事的深刻印象；他还能娴熟地运用图片、照片、影视等艺术作品，恰到好处地宣传华为文化和他的思想信念，让人久久深思、反复体悟；他能让华为近乎所有的舞台，都演奏华为之道的哲学进行曲，不厌其烦地进行"诵经般的灌输"，把10多万人都塑造成有共同哲学信念和价值观的华为人，即使离开了华为的人仍会以"华为人"为荣，这不能不说是华为独有的风景和奇观。这是一种商业奇迹，更是一种思想奇迹。任正非是华为名实相符的教父，是一位有自己独到思想、能娴熟传播自己思想，并能让思想开花结果的杰出企业（商界）领袖。

任正非在思考，华为在成长。

任正非有颗澎湃的心，华为在波涛滚滚中前行。

结束语

玫瑰花与大蛋糕

> 如果华为死了,请你带一束玫瑰花放在墓前;如果华为还活着,我会送你大蛋糕。
>
> ——任正非

公元 2019 年 5 月 24 日,任正非接受了彭博电视记者的采访。其中有一段悲壮的对话:

记者:您今天坐在这儿,想象一下 5 年以后华为什么样?对华为 5 年以后的愿景是什么?您的期望是什么?

任正非:5 年时间不想象,先把 3 年的事情说清楚。3 年以后你再来看我们,如果华为死了,请你带一束玫瑰花放在墓前;如果华为还活着,我会送你大蛋糕。我希望你 3 年后来的时候不要带玫瑰花,而是我给你现做一个大蛋糕,这是我的理想。但是眼前怎么样,还是未知数。

记者:还是生存?

任正非:生存永远是第一位的,没有生存就不可能有发展。我从来没有做梦,去梦想怎么样,还是要现实主义来解决问题。

面对美国如此残酷的极限打压,华为的确有一个严峻的生存

结束语
玫瑰花与大蛋糕

考验，是实力、技术的考验，更是意志、精神、智慧的考验。但是，现在的华为早已不是一棵"小草"，而是一艘能经受住大风大浪考验的航母，是一架能鹰击长空的战机。任正非斩钉截铁地说，"这些东西阻挠不了华为前进的步伐"，对美国的打压，尽管大大超出了华为事先预测的程度，但华为早已有所准备。尽管这艘航母和飞机遭到无情打压，弹痕累累，但它的心脏、油箱、发动机、构架完好，仍然可以迎风前进。

华为一边前进，一边"修补洞"，这个洞修好了，我们的飞机照样自由飞翔。华为一边以开放包容的胸怀继续寻找与美国公司的合作，一边抓紧开发自己的芯片、程序，并最终达到不依赖美国供应商的目的；华为一边向世界舆论客观公正地介绍华为，驳斥美国的谎言，一边运用司法手段起诉美国政府，以法律实证说话；华为一边咬紧牙关、从容淡定渡难关，一边深思熟虑、运筹帷幄谋长远。

华为在突围，华为在决战。

2019年，世界因华为而精彩。5G在普及，社会智能化在腾飞。

2019年，中国因华为而自豪。几百年来，中国人终于有了让世人震撼的先进科技。

2019年，美国因华为而苦恼。倾一国之力打击一个中国企业，开历史先河，且打而不倒，进退两难。

2019年，华为因美国而名扬天下。天下人天下事，华为将酝酿走遍世界的契机。

2019年，华为人在经历世纪磨难。磨难是财富，逆境出将军。磨难的背后是伟大。

2019年，华为人实现了1995年做出的承诺："我们总有一天，会在世界通信的舞台上，占据一席位子。任何时候、任何地点都不要做对不起祖国、对不起民族的事情。"

2019年，华为人在脱胎换骨，在浴火重生，在苦难中崛起。

2019年，华为人在接受时代洗礼，他们又将是"烧不死的鸟就是凤凰"，又将是"从泥土里爬出来的圣人"。

2019年，华为人深知，华为的最大杀手是："自己对未来没信心，自己没有意志，自己没有坚强的努力，这才是真正杀死自己的最大杀手。"

2019年，华为人更加众志成城，更加热血沸腾、义无反顾地冲向那个伟大的"城墙口"。

2019年，任正非霸气告诉世人："现在美国肯定建不成先进的信息网络，因为我们不会在美国做5G的任何销售。"

2019年，华为抱着拼死一搏的决心：即使倒下了，也无怨无悔，要"潇洒走一回"。

2019年，任正非断定：美国"封锁"华为5G只是开始，未来华为在物联网领域将再次引领全球，目前华为在物联网领域已经远超全球，即便美国高通也还没有涉及。

2019年8月9日，当笔者刚好写到这里的时候，传来了一个振奋人心的消息：华为正式发布自主操作系统"鸿蒙"，而且比安卓操作系统更强大，它可以成为安卓的全球替代品。这是华为公司历史上、也是世界智能化发展史上值得记住的一天。

2019年，华为又一次证明：自古以来，英雄都是多磨难的，一代天骄笑苍穹，数风流人物，还看今朝。

2019年，必将是华为跃上新平台的转折之年，华为不但不会倒下去，这一年还将是开创更加美好未来的辉煌之年。

华为是骄傲的，华为是不朽的！

任正非要准备的是"大蛋糕"，中国人民送给华为人的礼物是——

致敬，伟大的华为！

后 记

2019年，美国总统特朗普让中国人和世界人民重新认识了华为公司及其掌门人任正非。华为走进了千家万户，走向了天涯海角。我过去只闻华为之名，只知华为发展之好，但不了解具体情形。2019年，美国极限打压华为，促使我去了解华为、研究华为，从而让我对华为公司和任正非先生有了新的具体认识。说起来，这要"感谢"特朗普总统，他使我有机会、有兴趣去研究当今中国这么一家如此伟大的民营高科技企业！要知道，华为的成长及遭遇的"磨难"，是可以证明当今中国许多发展大逻辑的，也是可以说明当今世界大变局的许多"烦恼躁动"的。

华为遭到美国如此"高规格"的打压，更引起了中国企业界的高度关注。2019年5月份，浙江一些企业家组织的活动，要我去讲一讲经济形势和如何提高新环境下企业的竞争力等问题，我想，华为的成长和今天的"应对"，本身就是如何提高竞争力的经典案例。于是，我就开始更具体地研究华为，认真研阅能公开找到的任正非的所有讲话文稿和采访对话录，并在此基础上形成了自己的演讲提纲。几次演讲都引起浙商们的强烈反响！不少企业家和出版部门希望我出一本研究介绍华为的著作。

任正非先生的祖籍在浙江金华浦江县，他也可以算是一位广义的浙商。我作为金华人和浙商发展研究院院长，自然多了几份特殊情怀。2019年半年多来，我的兴奋点都放在研究华为上了。7月份我还专程到华为的杭州研究所和全球培训中心去学习考察。8月份我在出访东欧期间，千方百计利用晚上等空闲时间写作修改本书书稿。累并兴奋着！

在本书写作过程中，我还参考了《以客户为中心——华为公司业务管理纲要》（黄卫伟主编，中信出版社2016年7月第1版）、《以奋斗者为本——华为公司人力资源管理纲要》（黄卫伟主编，中信出版社2014年11月第1版）、《华为启示录——从追赶到领先》（董小英等著，北京大学出版社2018年9月第1版）、《任正非传》（孙力科著，浙江人民出版社2017年4月第1版）等书籍和材料。需要说明的是，本书中直接或间接引用任正非的讲话文字，大多出自任正非的1994—2018年的400多篇讲话文稿，2019年任正非接受国内外媒体采访的公开采访录，以及《以客户为中心》《以奋斗者为本》二书。由于引用较多，有些又有个别文字上的改动，就不再一一注明出处。这里诚向原作者致谢！

本书在写作和出版过程中，华为浙江代表处负责人方晓、华为浙江公司政府部门负责人朱卓同志给予了诸多帮助，浙江大学科研助理王智媛、浙江大学博士生尹江燕、王永珍、王政剑帮助收集了大量资料并认真校阅书稿，责任编辑喻苗就书稿布局和阅改付出了大量劳动，《浙商》杂志、浙商发展研究院秘书处的同志们，也提供了大量帮助。这里一并致谢！

当我刚写完后记时，有朋友发来任正非先生的新近一次讲话。

2019年8月19日，美国商务部宣布再延长华为"临时通用许可证"90天。美国国务卿蓬佩奥20日就华为问题又作出最新的表态：美国在华为问题上没有发送含混的信号，美国认为华为对其所谓国家安全构成"威胁"。

后　记

同样是在当天（20日），华为创始人任正非接受美联社采访时称，预计美国不会松绑对华为的出口管制，但华为依靠自身技术仍然可以蓬勃发展。而对于之前特朗普提出的将华为纳入中美贸易磋商中，任正非坦言，如果美国想以减轻对华为的制裁来换取中国在贸易摩擦中的让步，那他宁可不要美国放宽制裁。

2019年5月，美国总统特朗普曾提出，希望将对华为采取的措施纳入中美经贸磋商当中。特朗普暗示，如果中方愿意在中美贸易和技术纠纷上达成协议，那美国就取消对华为的制裁。对此，任正非拒绝了这一做法。他说，华为不能用可能损害中国贫困人民利益的方式去寻求好处。"如果一些穷苦人民为华为的利益牺牲了自己的利益，我无法接受。"

2019年8月20日，在华为心声社区发布的任正非接受英国天空新闻电视台采访纪要中也明确指出，特朗普想让中国用一些利益来换取华为生存，中国政府凭什么要把利益给美国来换华为生存呢？任正非说，我们自己可以生存下去，美国打不垮华为，虽然有可能活得没有想象中那么好。中国没有必要把中美贸易和华为捆在一起给美国让利，这样做我觉得对不起中国老百姓，中国老百姓比我穷得多，怎么能为了我们，拿穷人的钱去送给特朗普换取我们的利益？

任正非明确表示：华为不希望跟中美贸易捆在一起，我们坚定不移地自己去克服困难，不叫苦，不喊天，相信我们一定会打赢这场硬仗。

绝不拿穷人的钱去和特朗普交换华为的利益！

这是何等的意志信念，何等的家国情怀！

华为在经受磨难。磨难是财富，磨难炼就不朽！

华为在决战。在决战中突围，在突围中冲向新的制高点！

华为是伟大的、不朽的!
谨将此书献给不朽的华为。

王永昌
2019 年 8 月 25 日于杭州竺泉斋